Klaus von Dohnanyi
Im Joch des Profits?

Klaus von Dohnanyi

Im Joch des Profits?

Eine deutsche Antwort auf die Globalisierung

Deutsche Verlags-Anstalt
Stuttgart

Die Deutsche Bibliothek – CIP-Einheitsaufnahme

Dohnanyi, Klaus von:
Im Joch des Profits? : eine deutsche Antwort auf die
Globalisierung / Klaus von Dohnanyi. –
Stuttgart : Deutsche Verlags-Anstalt, 1997
ISBN 3-421-05112-7

Satz: Steffen Hahn GmbH, Kornwestheim
Druck und Bindearbeiten: Friedrich Pustet, Regensburg
Printed in Germany
ISBN 3-421-05112-7

Inhalt

Die Folgen der internationalen Informationsgesellschaft

Die Chancen der Politik

Ansätze zur Selbstbehauptung des Deutschen Modells

Ein jeder Mensch hat seine besondere Art, gesund zu sein,
an der er, ohne Gefahr, nicht ändern darf.
Immanuel Kant,
Brief an Moses Mendelssohn

Dank

Bei der Arbeit an diesem Buch haben mir wieder viele Kollegen, Wissenschaftler, Institute und Behörden durch Hinweise und Materialien geholfen; ihnen allen möchte ich hierfür sehr herzlich danken, wie auch Frau Erika Radtke, die das Manuskript mit großer Geduld immer wieder abgeschrieben hat. Einen besonderen Dank schulde ich meinem Mitarbeiter Dr. Jörg Adolf, der mit großem Sachverstand unermüdlich sowohl Ratgeber als auch Kritiker war.
Inhalt und Ergebnis verantworte ich selbstverständlich allein.

Klaus v. Dohnanyi
Hamburg, im August 1997

Vorwort

Steigende Arbeitslosenzahlen, folgenreiche Einsparungen der öffentlichen Finanzen und schmerzhafte Einschränkungen für viele private Haushalte haben in allen Industriestaaten das Gefühl einer Zeitenwende entstehen lassen. Von einer inzwischen kaum noch überschaubaren Literatur beschrieben, scheint das Thema »Globalisierung« alle anderen politischen Fragen zu überlagern. Internationale Mächte werden verantwortlich gemacht für den wachsenden Konflikt zwischen nationalen Traditionen und den Herausforderungen einer neuen Welt der Kommunikationstechnik.

Europa spürt diesen Druck nicht allein. Alle Industrienationen fühlen sich heute in ihren gewohnten Lebensformen bedroht. Viele Jahrzehnte Wohlfahrtsstaat ließen keine Seite des menschlichen Lebens unberührt, und soziale Einschnitte berühren heute folglich das ganze Gewebe der Gesellschaft. So wird jeder Einzelne durch den beschleunigten Wandel von Wissenschaft und Wirtschaft betroffen. Nur Deutschland schien bis Anfang der neunziger Jahre eine Ausnahme zu bleiben. Nun aber wird auch hinter unsere bisher so erfolgreiche soziale Marktwirtschaft ein deutliches Fragezeichen gesetzt.

Die neue Zeit hatte nach 1945 zunächst an die Türen der Schwächsten der Entwicklungsländer geklopft, ihre traditionellen Kulturen weitgehend zerstört, ihre Verschuldung himmelhoch getrieben; Westeuropa und die USA waren damals die Gewinner. Dann begannen technische Umwälzungen und die immer schneller zunehmende Öffnung der Weltmärkte auch für die bisher so erfolgsverwöhnten Bewohner der Industrienationen ein zweite, eine bedrohliche Perspektive zu gewinnen: Zunächst als Umweltzerstörung; Erdaufwärmung, Anhebung des Meeresspiegels und Ozonloch waren die Stichworte. Schon längst hatte die zunehmende Internationalisierung von Industrie und Handel zwar auch die Arbeitsstätten der Industrieländer erreicht; aber diese Berührung geschah erst am Rande. Sie zerbrach zunächst alte Industriezweige wie die Textilindustrie, die den Industriestaaten im Rahmen einer weltweit aufgefächerten Arbeitsteilung notfalls noch entbehrlich erschienen. Sie traf dann die USA mit ihrem vergleichsweise hohen Lebensstandard früher – und auch heftiger – als die Europäer; Japan eroberte amerikanische Märkte der optischen Industrie, des Automobils und der Elektronik. Großbritannien verlor wesentliche Teile seiner Automobilindustrie, des Maschinenbaus und der Elektrotechnik. Deutschland mußte die optische Industrie weitgehend aufgeben; Teile der Elektronik und wichtige Teile des Maschinenbaus folgten. Im Nachfrageboom der Maueröffnung hatten wir zwar einige Jahre Schonzeit, während andere Europäer schon schmerzhaft auf die sich immer schneller verändernden Bedingungen reagieren mußten. Dann erreichte auch uns die hohe Arbeitslosigkeit, und soziale Einschnitte wurden unausweichlich.

Es ist nicht meine Absicht, die Einzelheiten dieser großen Veränderungen hier noch einmal zu beschreiben; wir alle erlebten und kennen sie. Die Ursachen sind Entwicklungen in den Naturwissenschaften und der Technik, die von den Kräften des Marktes durchgesetzt werden. Mir geht es hier um die Beantwortung der Frage: Gibt es für die soziale Marktwirtschaft deutscher Prägung eine Chance, im Sturm dieser Veränderungen zu überleben? Müssen wir alle den von den USA vorgezeichneten Weg gehen, dem Großbritannien in den achtziger Jahren so entschlossen gefolgt ist? Oder gibt es Möglichkeiten einer anderen, einer »deutschen« Antwort auf die »Globalisierung« – und wie könnte diese lauten?

Die Menschen warten auf diese Antwort, doch die Hilflosigkeit der Politik ist erschreckend. Während Naturwissenschaften den Raum für Vermutungen und Spekulationen durch immer präzisere Erkenntnisse systematisch eingrenzen, gelingt es den Sozialwissenschaften kaum, die Komplexität der menschlichen Gesellschaft in vergleichbarer Weise zu durchdringen. Diese unterschiedliche Nähe zur überprüfbaren Wirklichkeit markiert nicht nur die wachsende Kluft zwischen Naturwissenschaften und Geisteswissenschaften, den »zwei Kulturen«, wie C. P. Snow diese Distanz schon vor vierzig Jahren charakterisiert hat. Diese Kluft zu den Ergebnissen moderner Naturwissenschaft und Technik kennzeichnet auch die demokratische Politik. Immer schwieriger wird es im schnellen Strom der von den Naturwissenschaften verursachten technisch-wirtschaftlichen Veränderungen, die soziale Entwicklung auf einem entsprechend rationalen Kurs zu halten. Die Politik erscheint zunehmend hilflos; immer mehr schwindet das Vertrauen der Wähler, der Demokraten.

Politik ist nicht Sozialwissenschaft. Aber um in Zeiten großer Veränderung erfolgreiche Politik machen zu können, ist es wichtig, die bewegenden Kräfte dieser Veränderungen zu kennen; ihre Quellen und die Richtung ihres Stroms vorausschauend einzuschätzen. Denn nur mit solchem Wissen haben wir die Chance politischer Selbstbehauptung in der reißenden Strömung der Geschichte.

In Deutschland wird heute viel Politik mit der Angst gemacht. Die Medien, gleichgültig welcher politischen Richtung, spielen dabei leider oft eine verheerend populistische Rolle. Es ist doch klar, daß auch der normale Arbeitnehmer in einer Zeit großer Umbrüche von Einsparungen und Beschränkungen nicht verschont bleiben kann. Aber wenn jede derartige Maßnahme in den Schlagzeilen der Boulevardpresse gleich als »Zumutung«, als »Griff in die Tasche« gebrandmarkt wird – wen kann es da wundern, wenn die Menschen ihre Lage weder verstehen noch einschätzen können? Die Politik ist auf die Medien als Verständnis-

Vermittler angewiesen, doch informierte öffentliche Urteilskraft fördern diese Medien nicht. Professor Benjamin Barter hat recht, wenn er schreibt: »Die Medien haben die bürgerliche Gesellschaft um des privaten Profits willen im Stich gelassen, denn dort legt keine Verantwortung vor der Öffentlichkeit ihrem Drang nach Kommerz Fesseln an.« Ihrem Drang nach Kommerz? Haben die Medien eine Wahl? Stehen sie nicht selbst in den Zwängen des Wettbewerbs?

Angst vor dem Vorsprung des Konkurrenten; Angst vor dem Verlust von Wählerstimmen; Angst vor der Zukunft einer neuen Welt – wir spüren die Angst überall. Doch Angst ist ein schlechter Ratgeber. Dieses Buch will ein Beitrag sein zum Verständnis der Entwicklungen und zu einem Realismus, der uns etwas mehr Mut und Selbstbewußtsein für eine schwierige Zukunft geben kann.

Das Deutsche Modell

Deutsche beginnen aus der
Perspektive der Gesellschaft,
Amerikaner aus der Perspektive
des Individuums.
David McClelland,
The Achieving Society (1961)

Vorbemerkung über die sozialen Leistungen der deutschen Nation

Jedes Land hat seine sozialen Besonderheiten, seinen sozialen Charakter. Wenn auch alle Industrienationen von der wachsenden Internationalisierung gefordert werden, so muß doch jede Nation zunächst nach ihren Gegebenheiten, Eigenschaften und nationalen Traditionen auf diese Herausforderung antworten.

Deutschland hatte seit der zweiten Hälfte des 19. Jahrhunderts in der Sozialpolitik eine wegweisende Führungsposition. Dieses historische Verdienst um den modernen Sozialstaat konnte auch die Nazi-Diktatur nicht zerstören. Das deutsche Vorbild der Sozialversicherung wurde und wird noch immer von vielen anderen Staaten übernommen. Das Modell »Soziale Marktwirtschaft« der Jahre nach 1945, das »Deutsche Modell«, war über Jahrzehnte eine positive Orientierungsmarke für viele andere Länder. Heute zeigt es Risse und Fehlentwicklungen; es bedarf ohne Zweifel der Erneuerung, in Teilen vielleicht sogar des Umbaus.

Geschichte ist eine mächtige Kraft in unserer gesellschaftlichen Gegenwart. Dies ist einer der Gründe, warum die europäischen Staaten heute nicht in erster Linie mit dem Bewußtsein europäischer Einheit, sondern eher mit der Besinnung auf ihre jeweiligen nationalen Besonderheiten antworten: Unterschiedliche Traditionen gelangen im Schmerz der Veränderung wieder stärker ins Bewußtsein. Im Prozeß einer wachsenden internationalen Verflechtung und vertiefter europäischer Integration wird deswegen die Selbstbehauptung aller Staaten eine nationale Selbstverständlichkeit.

Der französische Soziologe Pierre Bourdieu hat nach den Parlamentswahlen im Juni 1997 das Gefühl vieler Franzosen so ausgedrückt: »Besser französische Verhältnisse als amerikanische Zustände«. So sind die Alternativen zwar nach meiner Meinung falsch formuliert, aber kulturelle Selbstbehauptung muß auch für uns Deutsche vorrangige Selbstverständlichkeit sein.

Auch wir Deutschen müssen, ganz auf unsere Interessen abgestellt, ebenso ehrliche wie kompetente deutsche *Antworten auf die neuen Herausforderungen geben. Denn im Zuge zunehmender internationaler Verflechtungen werden sich zwar einerseits Wirtschaft und Gesellschaft der verschiedenen Nationen zwangsläufig ähnlicher; sie alle müssen sich mit denselben wissenschaftlich-technischen Entwicklungen auseinandersetzen. Zugleich werden aber andererseits eben durch diesen Anpassungszwang die verbleibenden Unterschiede immer bedeutsamer, denn sie entscheiden dann über Erfolg und Mißerfolg im Wettbewerb der Nationen. Deswegen müssen auch wir Deutschen versuchen, unsere Tradition eines wettbewerbsfähigen Sozialstaates als Stärke zu verstehen und einzusetzen.*

Nation und Nationalstaat

Der Nationalstaat steht in einem tiefgreifenden Wandel. Welche Bedeutung hat für uns heute noch die Nation? Haben wir Deutsche überhaupt eine »nationale Identität«? Wie werden technischer Fortschritt und globale Märkte auf unsere deutschen Besonderheiten und Gewohnheiten einwirken, und wie können wir darauf reagieren? Können, sollten – und müßten! – wir Deutsche jeden Schritt tun, den zum Beispiel die USA oder Großbritannien zur Wiedergewinnung ihrer Wettbewerbsfähigkeit erfolgreich getan haben? Welche Vorgaben erfahren wir aus unseren eigenen nationalen Traditionen und kulturellen Besonderheiten? Was bedeutet für uns in diesem Sinne die Nation heute? Sind wir nicht längst mehr Europäer als Deutsche?

Andere Nationen in Europa stellen solche Fragen kaum. Frankreich, Großbritannien, die Niederlande, Dänemark, Schweden oder die Schweiz haben – mit sehr unterschiedlichen Ergebnissen – ganz selbstverständlich versucht, auch ihre nationalen Traditionen zur Selbstbehauptung gegenüber den neuen Herausforderungen einzusetzen. Deutschland aber zögert und zaudert. Kein nationaler Wille ist spürbar. Denn anders als unsere Nachbarn sind wir, das von der Nazidiktatur noch immer gebrandmarkte Volk, eine weitgehend entnationalisierte Nation.

Diese Tatsache steht nicht im Widerspruch zu dem Jubel jener Tage im November 1989. Es waren damals weniger nationale als menschliche Gefühle, die uns bewegten: Das Gefängnis ging auf; der Stacheldraht verschwand; die Menschen konnten sich wieder begegnen. Die Freude der Deutschen im November 1989 entsprang in erster Linie einem Gefühl neu gewonnener Freiheit in Deutschland und in Europa. Die Menschen im Osten spürten vielleicht auch noch wirkliche »National«-Gefühle; im Westen aber gab es sie nur noch bei der älteren Generation.

Denn der Westen Deutschlands hatte das historische Nationalgefühl weitgehend durch eine soziale und rechtsstaatliche Zusammengehörigkeit ersetzt. Nationalgefühle waren 1945 fast ganz erloschen. Rechtsordnung, Wirtschaftspolitik, Sozialrecht und deren Finanzierung gewährleisteten den Zusammenhalt in der westlichen Teil-Nation. Nachdem der Nationalismus (definiert als Patriotismus ohne Nobilität) so extrem giftige Früchte hatte reifen lassen, trat in der alten Bundesrepublik ein ziviler Sozialstaat an die Stelle der Nation; und Deutschland im Westen wurde bald die am weitesten »säkularisierte« Nation Europas.

Auch im vereinigten Deutschland heute halten viele Menschen den traditionellen Nationalstaat für überholt und überflüssig. Sind wir nicht wirklich eher Europäer – oder gar Weltbürger? Haben nicht Nationalbewußtsein und seine Entartung, der militante Nationalismus, viele Völker – und ganz besonders das unsere – ins Unglück getrieben? Was soll eine deutsche »Nation« in Zukunft noch in einem immer umfassender integrierten Europa?

Der Nationalstaat brachte die Verbindung von Volks-Identität und Staatsorganisation. Historisch diente die »Nation« der Einbindung der Bürger in einen Staat, der erst durch die Zustimmung seiner Bürger Legitimation gewann. Eine besondere Bedeutung hatte diese emotionale Bindung des Bürgers in Zeiten der Gefahr, des Krieges. Wie sonst hätte man das Opfer des Lebens für die Nation erwarten können? In einer Zeit jedoch, in der der große Krieg – und wohl auch Kriege mit einer hohen Bevölkerungsbeteiligung überhaupt – jedenfalls für unsere Breiten nahezu unvorstellbar geworden sind, entfällt dieser historische Grund für die »Nation im Staat«. Wozu also ist die »Nation« heute noch gut – wozu noch erforderlich?

Der Weg von obrigkeitlich-feudaler Staatsherschaft zum Nationalstaat brachte zumeist auch den entscheidenden Schritt zur Demokratie. Als für den Zusammenhalt des Staates die obrigkeitlichen Herrschaftsrechte des staatlichen Gebietsherren nicht mehr ausreichten, berief sich die »Nation« auf die Zusammengehörigkeit der Bewohner, noch bevor diese wirklich freie, demokratisch berechtigte Bürger waren. Die Bewohner des Staatsgebietes forderten mehr Mitwirkungsrechte. Alle demokratischen Bewegungen des 19. Jahrhunderts sind deswegen zugleich auch nationale Bewegungen gewesen; das gilt insbesondere auch für die »Achtundvierziger« im Deutschland des 19. Jahrhunderts. In Deutschland allerdings, wo Rechtsstaat und Reformen »von oben« eine größere Bedeutung hatten, gewann der Staat im Verhältnis zur Nation ein besonderes Gewicht.

Aus historischen wie aus praktischen Gründen ist der Nationalstaat noch immer das Fundament der Demokratie westeuropäischer und atlantischer Prägung; das Gebilde des National-Staates ist auch als inter-nationaler Baustein immer noch unentbehrlich. Trotz europäischer Integration blieben daher alle europäischen Staaten bis heute zugleich »Nationalstaaten« im traditionellen Sinn, auch wenn sie von den Folgen der Internationalisierung tiefgreifend verändert wurden und viele von ihnen sogar um die innenpolitische Zustimmung von Minderheiten zu kämpfen haben. Frankreich ringt um Korsika; Spanien um das Baskenland; Großbritannien um Schottland, Wales und Nordirland; Italien um die Einheit von Nord und Süd. Aber diese europäischen Staaten bestehen dennoch als Nationalstaaten ohne grundsätzlich inneren Zweifel; dies gilt auch für die neuetablierten ost- und mitteleuropäischen Staaten. Sie alle leben von ihrer historischen Substanz, von einer kollektiven nationalen Erinnerung.

Auch Deutschland ist zwar heute wieder ein »Nationalstaat« im formalen Sinn. Aber anders als in den übrigen europäischen Nationalstaaten gibt es trotz aller öffentlichen Bekundungen in

Deutschland kaum noch ein gemeinsames und in beiden Teilen der Republik selbstverständlich akzeptiertes, positives »nationales« Erbe: Uns fehlt die positive nationale Erinnerung, wie sie für unsere Nachbarn meist selbstverständlich besteht. Dies ist nicht in erster Linie eine Folge der Teilung. Folgenschwerer war der historische Einschnitt der Nazidiktatur, insbesondere die Bedeutung der Naziverbrechen für das Bewußtsein der Deutschen. Dies wurde lange Zeit unterschätzt. Wie tief dieser Einschnitt jedoch war, sieht man aber immer wieder an scheinbar nebensächlichen Vorgängen, wie etwa der heftig umstrittenen Teilnahme des Bundeskanzlers an der Umbettung Friedrichs des Großen von der Hohenzollernburg nach Sanssouci, übrigens nach Friedrichs eigenem Willen; oder auch an der Frage, ob es in Deutschland eine Bismarck-Stiftung geben dürfe. Die Gleichgültigkeit, mit der von den Deutschen heute das große geistige und politische Erbe, von Luther bis zum 20. Juli, behandelt wird, und die Erfahrung, daß Geschmacksfragen, etwa bei der Wiederherstellung der Alten Wache in Berlin, zu Richtungsentscheidungen der aktuellen deutschen Politik hochstilisiert werden können, sind Anzeichen für die große Unsicherheit, die Deutsche beim täglichen Umgang mit ihrer nationalen Geschichte haben. Es ist deswegen schwer, wenn nicht unmöglich, heute in Deutschland von einem »nationalen Erbe« zu sprechen. Denn eine Erbschaft muß man annehmen, um sie zu besitzen.

Es gibt allerdings ein historisches Thema, das alle Deutschen heute immer wieder zusammenführt; das im freien Deutschland seit 1945 auch alle bedeutenden politischen Debatten über Deutschland bestimmt hat – von Karl Jaspers' »Wohin treibt die Bundesrepublik?« bis zu Daniel Goldhagens »Hitlers willige Vollstrecker«: der Holocaust und die deutsche Verstrickung. Die Nazi-Erfahrung ist heute das mächtigste Kapitel deutscher historischer Erinnerung. Es waren Hitler und die Deutschen selbst, die mit den deutschen Verbrechen einen unbefangenen Zugang zur deutschen Geschichte als unserem »nationalen Erbe« zerstört haben. Wenn es heute überhaupt eine »nationale« Bindung der Deutschen gibt, dann ist sie zuerst negativ geprägt. Dies müssen wir – mit Trauer – erkennen.

Formal ein »National«-Staat, ist Deutschland heute deswegen materiell nur noch ein Staat von überwiegend deutschsprachigen Menschen. Muß das im Zuge der »Globalisierung« ein Nachteil sein? Angesichts der Internationalisierung der wirtschaftlichen, aber auch vieler anderer kultureller und persönlicher Beziehungen in unserer Zeit unterliegen Staat *und* Nation unausweichlich tiefgreifenden Veränderungen. In allen Ländern wird von der Entmachtung nationalstaatlicher Politik gesprochen. Grenzüberschreitende wirtschaftliche Verflechtungen führen überall zu Beschränkungen staatlicher Handlungsmöglichkeit. Und auch dort, wo das historische, nationale Erbe noch selbstverständlich ist, lockern sich die emotionalen Bindungen der Bürger an ihre traditionelle »nationale« Gemeinschaft. Dies ist besonders spürbar in den Grenzgebieten der europäischen Nationalstaaten, wo heute gemeinsame Interessen der Grenzbewohner oft gewichtiger geworden sind als die früher so manifesten nationalen Gegensätze. Sogar in den geographischen Kernen der Nationalstaaten werden die grenzüberschreitenden Interessen von Unternehmen und einzelnen Bevölkerungsgruppen immer spürbarer. Das gilt zwar in der ganzen Welt, ist aber selbstverständlich für die europäischen Nationalstaaten als Mitglied der Europäischen Union, des Binnenmarktes und einer zukünftigen Währungsunion in besonderer Weise spürbar.

Mit Blick auf diese Enwicklungen könnte die »Entnationalisierung« Deutschlands sogar Vorteile haben; Deutschland ist in dieser Hinsicht »moderner« als seine Nachbarn. Die Empfindlichkeiten, zum Beispiel, der britischen Euroskeptiker, wenn sie an Straßburg statt an Westminster denken müssen; oder der Widerwille der französischen Sprachschützer, wenn sie englischsprachige Schlager im öffentlichen Rundfunk hören: Sie erschweren diesen Nationen den Umgang mit der neuen globalen Wirklichkeit. Wir haben solche Probleme kaum, und manche Bedenken unserer Nachbarn erscheinen uns Deutschen deswegen auch antiquiert und unverständlich. Nationalbewußtsein ist uns eben Nebensache geworden; wir haben Interessen, aber wenig historisch geprägte nationale »Ehr«-Empfindlichkeiten.

Ein Volk, ein Staat, braucht aber neben den nüchternen Bindungen von Recht und Staatsangehörigkeit, von Verfassung und ihren Institutionen doch auch *Gefühle* einer *besonderen* Zusammengehörigkeit. Etwas, das einen gemeinsamen politischen Willen formen kann; eine Grundlage für jenes »tägliche Plebiszit«, das im Sinne von Ernest Renan den nationalen Zusammenhalt der Menschen erkennbar macht. Schon aus Gründen einer demokratischen Legitimierung sozialer Umverteilungen im Staatsgebiet: Die Westdeutschen würden eben nicht für jedes Nachbarvolk tun, was sie heute bereit sind, finanziell für die Ostdeutschen zu leisten. In diesem Sinne besteht auch in Europa ein Bedarf für den Nationalstaat fort, und insofern ist die historische »Nation« auch heute noch unentbehrlich.

Hier zeigt sich die Schwäche der so lange geteilten deutschen Nation. Die deutsche Teilung bewirkte weit mehr als das Entstehen von zwei deutschen Staaten und die Einbindung beider in zwei verfeindete Militärbündnisse. In Deutschland entstanden nach 1945 zwei völlig verschiedene Gesellschaftssysteme, und das hat auch nach dem Zusammenbruch des Kommuismus und der Auflösung der Sowjetunion in dem nun staatlich wiedervereinten Deutschland tiefe Spuren hinterlassen.

Die fortbestehenden »äußerlichen« Unterschiede sind bekannt und lassen sich in wenigen Zahlen umreißen: Ostdeutschland umfaßt ein Drittel der Fläche und beherbergt etwas weniger als ein Fünftel der Bewohner Deutschlands; obwohl der Westen jährlich (nach Abzug der an den Bund zurückfließenden Steuern) etwa 150 Mrd. DM nach Ostdeutschland transferiert, entsteht dort nur knapp ein Zehntel des deutschen Sozialprodukts und kaum ein Fünfzigstel des deutschen Exports. Dabei handelt es sich im Osten mit Ausnahme von Mecklenburg-Vorpommern um alte Kernländer deutscher Industrie. Die Arbeitslosigkeit (rechnet man öffentliche Arbeitsbeschaffungsmaßnahmen usw. hinzu) liegt in Ostdeutschland bei etwa dreißig Prozent und macht damit gut ein Drittel der gesamten deutschen Arbeitslosigkeit aus; sie ist etwa dreimal so hoch wie im Westen.

Die soziale Teilung Deutschlands dauert also fort; sie ist notwendigerweise eng verbunden mit einem in Ostdeutschland ebenfalls fortdauernden und sich erneuernden Bewußtsein, nach 1945 zunächst von der Geschichte und nach 1989 vom Westen im Stich gelassen worden zu sein. Es geht bei diesen Empfindungen nicht einmal in erster Linie um die gegenseitige Einschätzung von »Ossis« und »Wessis«, ihre unterschiedlichen Mentalitäten und angebliche (oder wirkliche?) »Mauern in den Köpfen«. Es geht auch nicht nur um sehr differente historische Kenntnisse und Einschätzungen; um divergierende Parteipräferenzen und Politikerbewertungen und so weiter. Es geht viel grundlegender um das Vertrauen des Ostens in das bestehende demokratisch-marktwirtschaftliche Ordnungssystem unserer im Westen geschaffenen Gesellschaft selbst.

Es gibt wohl in der sogenannten westlichen Welt kein anderes Land, in dem in ganz zentralen gesellschaftlichen Fragen die Ergebnisse von Meinungsumfragen so unterschiedliche Antworten so exakt entlang einer geographischen inneren »Grenze« feststellen wie noch heute in Deutschland. Ostdeutschland ist ein überwiegend religionsloses Land geworden; ein Gebiet auch ohne beständiges Vertrauen in die zentralen Institutionen der Verfassung und der Politik. Am bedeutendsten scheint mir aber das unterschiedliche Vertrauen von Ost und West in die Fähigkeit von Demokratie und Marktwirtschaft, die wachsenden Probleme der Arbeitslosigkeit und ihrer sozialen Folgen zu meistern. Für die große Mehrheit der Westdeutschen, die nun über viele Jahrzehnte die wirtschaftlichen Erfolge der Nachkriegsdemokratie erlebt haben, gibt es trotz vieler Rückschläge und des oft unverständlich zähen parteipolitischen Streits im Grunde keine Alternative zu dem im Westen entwickelten marktwirtschaftlichen System. Unsere marktwirtschaftliche Ordnung bedarf zwar der Reform und der Erneuerung, aber im Westen will man sich nicht aufmachen, um erneut nach einem »dritten« Weg zwischen westlicher Marktwirtschaft und dem (früheren) östlichen Staatssozialismus zu suchen. Im Osten Deutschlands hingegen ist diese Überzeugung durchaus nicht so eindeutig verankert.

Frage: Wie sind Sie zufrieden mit dem Stand der Demokratie?[1]

	eher zufrieden	eher unzufrieden	keine Angabe
West	62	35	3
Ost	37	63	–

Gewiß, auch bei unseren westlichen Nachbarn gibt es zwischen verschiedenen Bevölkerungsschichten und Wählergruppen erhebliche Meinungsunterschiede. Bei uns bestehen sie jedoch in großer Schärfe *regional* entlang der ehemaligen Grenze von Mauer und Stacheldraht. Das Vertrauen und der Anspruch, nur der Staat könne und müsse die bestehenden Schwierigkeiten im Rahmen des heutigen Sozialsystems regeln; die Überzeugung, daß schmerzhafte Fehlentwicklungen und Einschränkungen immer zunächst eine Forderung an die Politik und nicht an uns selbst bedeuten: Diese Vorstellungen sind im Osten Deutschlands wesentlich weiter verbreitet als im Westen. Angesichts der langen Jahrzehnte, in denen dort Staat und Staatswirtschaft alle Versorgungsaufgaben übernommen hatten, ist dieses Ergebnis zwar nicht verwunderlich. Aber es ist ein Faktor, den wir berücksichtigen müssen, wenn wir versuchen, die Festigkeit der Bindungen der Deutschen an ihre wiedergewonnene nationale Gemeinschaft zu beurteilen: Die fortbestehenden sozialen Unterschiede haben ein emotionales

1 Repräsentative Meinungsumfrage IPOS Institut für praxisorientierte Sozialforschung, Mannheim 1994

Zusammengehörigkeitsgefühl, wie es in der alten Bundesrepublik bestand, für das vereinte Deutschland noch nicht wieder entstehen lassen.

Deutschland ist heute also ein europäischer Nationalstaat ohne wirkliche nationale Identität, wenn man diese in einer ungebrochenen historischen Tradition und in einem selbstverständlich und positiv akzeptierten nationalen Erbe sucht. Es ist gewiß richtig, daß Ungewißheit über die nationale deutsche Identität die Deutschen und ihre Nachbarn schon seit dem 18. Jahrhundert beschäftigt hat. Aber während bis zur Reichsgründung 1871 – und leider auch danach! – diese Unsicherheit wesentlich aus einer Unklarheit deutscher Grenzen und der großen Zahl deutschsprachiger Staaten erwuchs, gibt es heute für den wiedervereinigten deutschen Nationalstaat eindeutige und allgemein akzeptierte geographische Grenzen; Deutschland ist nun wirlich in jeder Beziehung politisch »saturiert«, um Bismarcks Formulierung aufzugreifen. Was dem heutigen Deutschland jedoch fehlt, ist jene emotionale Bindung, jenes »tägliche Plebiszit« der Deutschen in Ost und West, das über eine nur staatliche Gemeinschaft hinausreicht. Einen erkennbaren nationalen Willen jedenfalls hat Deutschland heute nicht mehr. Dafür ist in Deutschland der Staat als *Sozialstaat* in den Mittelpunkt gerückt. Wir werden sehen, welche große Bedeutung dies für das Bewußtsein der Deutschen in der entstehenden Weltgesellschaft haben könnte.

Nation und Sozialstaat

Nation, Nationalstaat und der moderne Sozialstaat gehören zusammen. Sie haben wichtige gemeinsame Wurzeln in der Französischen Revolution. Diese ließ nicht nur zum erstenmal ein ebenso selbstbewußtes wie aggressives Nationalbewußtsein des ganzen Volkes entstehen, den ersten expansiven Nationalismus, wie er später so viele Nationen ergriff, am schrecklichsten die unsere. Auch der Sozialstaat hatte hier seinen Anfang. Die Menschenrechtserklärung der Verfassung von 1791 enthielt die Formulierung, es solle »eine allgemeine Einrichtung für öffentliche Hilfe geschaffen und organisiert werden, um ausgesetzte Kinder zu erziehen, arme Kranke zu unterstützen und armen Gesunden, die sich keine Arbeit verschaffen konnten, Arbeit zu verschaffen«. In der jakobinischen Verfassung von 1793 hieß es dann noch weitergehend, daß die Gesellschaft ihren Bürgern im unverschuldeten Notstand Arbeit oder Existenzmittel schulde. Diese ausdrückliche Feststellung sozialer Grundrechte schuf zwar kein einklagbares Recht, gab jedoch dem Staat eine sozialpolitische Verantwortung, die den menschenrechtlichen Freiheiten des Bürgers gleichwertig gegenüberstand.

Zeitlich nur ein wenig später hat auch das Allgemeine Preußische Landrecht von 1794 den Staat verpflichtet, für die »Ernährung und Verpflegung derjenigen Bürger zu sorgen«, die sich ihren Lebensunterhalt nicht selbst verdienen können, oder diesen eben Arbeit nach ihren »Fähigkeiten und Kräften« anzuweisen. Das war ganz im Einklang mit älteren deutschen Traditionen allgemeiner Verantwortung des Staates für die soziale Sicherung seiner Bürger. Später als die Staaten auf dem Kontinent löste sich auch Großbritannien von einer historisch der Kirche und den Gemeinden überlassenen Armenhilfe zugunsten eines allgemeinen Armengesetzes (1834); doch dieses Gesetz verfolgte vorrangig den Zweck, die vermuteten negativen Folgen einer bisher angeblich zu »großzügigen« Fürsorge im Interesse eines stärkeren indirekten Arbeitszwanges abzulösen. Eine soziale Verpflichtung des Staates, wie Frankreich und weite Teile Deutschlands sie spätestens seit dem Ende des 18. Jahrhunderts kannten, bestand hier in der Frühzeit der Industrialisierung nicht.

Der moderne Sozialstaat, der heute mehr oder weniger alle Industrie- und viele Entwicklungsländer kennzeichnet, entstand wesentlich in Reaktion auf die negativen sozialen Folgen der frühen Industrialisierung. Aus ursprünglich familiärer, kommunaler und kirchlicher Armenfürsorge wurde schrittweise ein umfassendes und immer komplexeres System öffentlicher Regulierungen zum Schutz der Menschen. Zum Sozialstaat zählt deswegen heute nicht nur die ursprünglich zentrale Aufgabe der Unterstützung von Menschen, die ihren Lebensunterhalt selbst nicht bestreiten können: Aus der »Armenfürsorge« wurde im modernen Sozialstaat ein eng geflochtenes Netz umfassender rechtlicher Regulierungen, die letztlich von der Sozialhilfe bis zum Umweltschutz reichen; vom Arbeitsrecht bis zum Wettbewerbsrecht; vom Gesundheitsschutz, der Rentensicherung und der Chance auf eine würdige Alterspflege bis hin zu den Rechten auf Bildung und Ausbildung.

Es gibt heute keinen Industriestaat, der ohne ein solches umfassendes Netz sozial- und gesellschaftspolitischer Regulierungen auskommen könnte. Und der beschleunigte weltwirtschaftliche Strukturwandel trifft die Souveränität der Staaten deswegen in ihrem Sozialsystem auch empfindlicher als in Fragen außenpolitischer Unabhängigkeit. Denn im Sozialsystem eines Nationalstaates spiegeln sich seine Geschichte, seine Tradition und die

Mentalität seiner Bürger ebenso deutlich wider wie in kulturellen Ausprägungen der Literatur oder der bildenden Künste.

Die Herausforderungen durch die wissenschaftlich-technische Entwicklung und die Internationalisierung von Wirtschaft und Gesellschaft sind zwar für alle Nationen letzten Endes die selben: Die neuen Bedingungen treten allen in fast derselben Gestalt gegenüber. Aber sie treffen dennoch die Nationen notwendigerweise mit sehr unterschiedlichen Folgen: Regionen der Grundstoff- und Massengüterproduktion erfahren andere Zwänge als Dienstleistungs- oder *High-tech*-Zentren; Nationen mit schwacher Arbeitnehmerorganisation (Gewerkschaften und/oder Betriebsräten) stehen andere Wege offen als solchen mit starkem Arbeitnehmereinfluß im Wirtschaftsgeschehen. Individualistisch organisierte Gesellschaften ermöglichen andere Reaktionen als kollektivistisch geordnete; privatwirtschaftlich organisierte Systeme können anders reagieren als Syteme, die in höherem Grade von Unternehmen in staatlicher Hand getragen werden. »Staatsgesellschaften«, wie Ralf Dahrendorf Deutschland und andere kontinentaleuropäische Länder nennt, werden sich anders verhalten als »Zivilgesellschaften«.

Wir kennen diese Unterschiede als wichtige Merkmale der Nationen, wir wissen um ihre Vorteile und Nachteile im internationalen Wettbewerb. Aber obwohl uns durchaus bewußt ist, daß sie angesichts ihrer stärker sozial und demokratisch ausgerichteten, sozialstaatlichen Traditionen, zum Beispiel bei den skandinavischen Nationen, den weltweiten Herausforderungen nicht mit den Strategien der USA begegnen könnten, diskutieren wir politisch oft so, als seien die erfolgreichen Antworten einer Nation ohne weiteres auf jede andere Nation übertragbar. Als könne jede Nation – um mit Immanuel Kant zu sprechen – auch auf die Art des Nachbarn gesund sein.

Während die außenpolitischen Optionen jedes Landes von seiner geographischen Lage maßgeblich geprägt werden, werden die gesellschaftspolitischen und die sozialpolitischen Optionen von den gewachsenen gesellschaftlichen Strukturen bestimmt. Man muß deswegen diese Besonderheiten der einzelnen nationalen Sozialstaaten beachten, will man ihre möglichen Wege, Risiken und Chancen bei der Bewältigung des weltwirtschaftlichen Strukturwandels realistisch abschätzen und beurteilen.

Es ist gewiß wichtig, im internationalen Vergleich die Wege und Erfahrungen anderer Nationen und Sozialstaaten zu beobachten, die Folgen ihrer Maßnahmen zu analysieren und auch die Übertragbarkeit positiver Ergebnisse zu prüfen. Aber der Erfolg hängt eben in jedem Einzelfall entscheidend von den historisch gewachsenen Voraussetzungen der einzelnen Nation ab. Sicherlich – es kann für jede Nation immer wieder auch notwendig werden, von guten Traditionen schmerzhaften Abschied zu nehmen. Aber ob neue weltwirtschaftliche Bedingungen zu den Traditionen einer Nation in so grundsätzlichem Widerspruch stehen, daß ein Kulturbruch unvermeidlich ist, oder ob diese Traditionen auch in sich eine Chance der positiven Fortentwicklung bergen könnten – diese Frage bedarf sehr sorgfältiger Prüfung. Denn Traditionen zu verlassen bedeutet für jede Gesellschaft immer auch ein Risiko.

Betrachtet man aus diesem Blickwinkel die heutige Lage in Deutschland, so ergeben sich zunächst drei wesentliche Feststellungen: *Erstens* war der moderne, systematisch organisierte Sozialstaat weitgehend eine deutsche Erfindung, auch weil in der deutschen Aufklärungsdebatte das soziale, gemeinschaftliche Element eine größere Rolle gespielt hatte. Der deutsche Sozialstaat wurde weltweit zum Vorbild vieler sozialstaatlicher Entwicklungen. Der Sozialstaat wurzelt daher tiefer in historischen deutschen Traditionen als der anderer großer Industriestaaten, insbesondere des angelsächsischen Kulturkreises. *Zweitens* war der nach 1948 entscheidend modernisierte deutsche Sozialstaat bis in das letzte Jahrzehnt des nun zu Ende gehenden Jahrhunderts im wesentlichen erfolgreicher als andere Sozialstaatssysteme, auf jeden Fall der großen Industriestaaten. Dieses Ergebnis war in der Welt lange Zeit unbestritten, das »Deutsche Modell«, gelegentlich wird es auch das »rheinische Modell« genannt, wurde immer wieder bewundernd zitiert. Die Tatsache, daß sich das Deutsche Modell heute als reformscheu erweist, ist für sich noch kein Beweis gegen die Kreativität der gewachsenen Strukturen des deutschen Sozialstaates. Denn es ist eine alte menschliche Erfahrung, daß es immer schwerer ist, Wege bisherigen Erfolges zu verlassen, als unter dem Druck des Mißerfolges neue Wege zu suchen. Und *drittens* weist das Deutsche Modell in seinen Grundstrukturen einige wesentliche Elemente (z.B. politische Dezentralität und Subsidiarität; eine noch immer hervorragende Arbeitgeber-Arbeitnehmer-Kooperation auf Betriebsebene; Strukturen der Selbstverwaltung usw.) auf, die gerade für einen erfolgreichen Umgang mit den *neuen* weltwirtschaftlichen Bedingungen von großer Bedeutung sein könnten. Dies wird Gegenstand des letzten Abschnittes (V) dieses Buches sein.

Die Kräfte des wissenschaftlich-technischen Wandels sowie ihre weltwirtschaftlichen und sozialen Folgen zu erkennen, ist unerläßlich, denn auch wir Deutschen werden uns diesen stellen müssen. Aber Geschichte und Strukturen des Deutschen Modells zu verstehen und diese in den Veränderungen auch positiv zu nutzen, wird ebenso wichtig sein, um den richtigen Ansatz für eine erfolgreiche deutsche Reformpolitik zu finden. Deswegen will ich hiermit beginnen.

Entwicklung und Gestalt des Deutschen Modells

Die historischen Wurzeln des deutschen Sozialstaats

Die Wissenschaft unterscheidet drei Typen von Sozialstaaten: Solche, die sich in erster Linie auf den Staat, auf Regulierungen öffentlicher Gebietskörperschaften stützen; Sozialstaaten, die das soziale Sicherungssytem und zahlreiche andere sozialpolitische Aufgaben vorrangig der markt- und privatwirtschaftlichen Dynamik überlassen; und schließlich Sozialstaaten, die ein Mischsystem zwischen staatlicher und privater Verantwortung entwickelt haben.

Das Deutsche Modell gehört unzweifelhaft zu den Mischsystemen und nimmt auch dort wiederum einen besonderen Platz ein. Dies mag zunächst insofern erstaunen, als sich nach einer bei uns verbreiteten Auffassung der deutsche Sozialstaat in erster Linie auf staatliche Regulierungen stützt. Deswegen wird die innenpolitische Reformdebatte fast ausschließlich mit dem Schlagwort »weniger Staat« geführt. Aber Deutschlands Sozialstaat gründet zwar auch auf starken staatlichen Einflüssen, zugleich ist es jedoch deutsche Tradition und deutsche Gegenwart, daß wesentliche sozialstaatliche Funktionen entweder der staatlichen Regelung – Beispiel: Tarifautonomie – oder der staatlichen Durchführung – zum Beispiel: Unabhängigkeit er Bundesbank – weitgehend entzogen sind. Es gibt einen sehr starken privatwirtschaftlichen Sektor, der darüber hinaus auch in Selbstverwaltung sozialstaatliche Verantwortung trägt. Wirklich staatsorientierte Sozialstaaten, wie z. B. Frankreich und in früheren Jahren sehr deutlich auch Schweden, zeigen markant stärkere Staatsakzente in der Sozialordnung und (so Frankreich) auch im Unternehmensbereich als die soziale Marktwirtschaft des Deutschen Modells.

Um diese sozialstaatlichen Besonderheiten, das deutsche Mischsystem zu erklären, muß man weit in die deutsche Vergangenheit zurückblicken. Denn einige der noch heute wesentlichen deutschen Strukturen gehen auf politische, gesellschaftliche und soziale Bedingungen einer langen historischen Entwicklung zurück.

Für die heutigen sozialstaatlichen Strukturen in Deutschland spielt das relativ späte Entstehen des deutschen Nationalstaates eine zentrale Rolle. Die Vielzahl kleiner Einzelstaaten behinderte noch bis tief in die zweite Hälfte des 19. Jahrhunderts das Entstehen großer, grenzüberschreitender Märkte und Unternehmen. Zollgrenzen förderten in den Teilstaaten alle möglichen Regulierungen zum Zwecke des Schutzes der heimischen Produzenten, der Entwicklung regionaler Märkte sowie regionaler, mittelständischer Unternehmen. Die föderale Struktur Deutschlands dämpfte damit den Wettbewerb und zögerte auch den gesellschaftlichen Strukturwandel hinaus; ökonomisch und sozial. Vielgestaltiger Föderalismus als Zeitpuffer gegenüber dem Druck der Märkte ist eine Erfahrung, die wir auch heute in Europa, zum Beispiel im Vergleich mit dem kontinentalen Markt der USA, machen; eine Erfahrung, die übrigens auch für die Schweiz als föderal organisiertem Nationalstaat gilt. Die »Verspätung« des deutschen Nationalstaats im 19. Jahrhundert hatte also eine gesellschaftspolitisch konservierende Wirkung. In der zweiten Hälfte des 19. Jahrhunderts fand dann eine sehr unmittelbare Begegnung der zum Teil noch vorindustriellen Gesellschaftsstrukturen mit fortgeschrittener Wissenschaft und Technik statt.

Kein anderes europäisches Land, mit der Ausnahme vielleicht Italiens (das ja ebenfalls erst spät zu nationaler Einheit fand), hat deswegen bis heute eine so gleichmäßig dezentral und regional verteilte Wirtschaftsstruktur aufzuweisen wie Deutschland. Der Grund: Die vielen kleinstaatlichen Zentren entwickelten zunächst kleine, aber oft hocheffiziente Handwerks- und Industriebetriebe für ihre Märkte. Diese deutsche Kleinstaaterei des 18. und frühen 19. Jahrhunderts hatte noch eine weitere Wirkung: Sie ließ eine dezentrale, hochdifferenzierte und vielfältige Wissenschafts- und Kulturlandschaft entstehen, die, wenn auch in sehr verblaßten Umrissen, noch heute erkennbar ist. Das Zusammenspiel der regionalen Wirtschaft mit den Kultureinrichtungen der Residenzen, ihren Akademien (oder hansestädtisch: Forschungs- und Bildungseinrichtungen) und Verwaltungen wurde zu einer entscheidenden Voraussetzung der späteren regionalen Entwicklung. Es bildete sich hierbei auch ein enges Zusammenspiel des Staates mit allen gesellschaftspolitischen Funktionen heraus. So wurden damals staatliche Einflüsse für die gesellschaftliche Entwicklung oft wichtiger, als es die Kräfte des Marktes zunächst sein konnten.

Rechtsstaat, Demokratie, Gemeinwohl

Das späte Entstehen eines deutschen Nationalstaates war auch die Ursache für die Begründung rechtsstaatlicher Institutionen durch die absolutistischen Höfe selbst als Gesetzgeber. Bevor die Höfe einer wirksamen parlamentarischen Kontrolle unterworfen waren, entstand so der »Rechtsstaat« in Deutschland. Rechte, die das Individuum gegenüber der Obrigkeit damals erhielt, waren verliehen und nicht erstritten. Die Ausgestaltung dieser Rechte, ihre Auslegung, Durchsetzbarkeit und gerichtliche Überprüfung waren lange Zeit hindurch Gegenstand von heftigen Auseinandersetzungen innerhalb höfischer Machtstrukturen und Administrationen. Bis weit in die zweite Hälfte des 19. Jahrhunderts waren die Bürger Deutschlands gegenüber der Obrigkeit auf diese Rechte angewiesen; eine vergleichbare, parlamentarisch gestützte Wählermacht stand ihnen nicht zur Verfügung.

Vermutlich liegt hier auch eine der Quellen für die noch immer spürbare Neigung der Deutschen, dem geschriebenen Recht gegenüber einem eher politisch bestimmten, gesellschaftlichen Entwicklungsprozeß den Vorzug zu geben. Auch wenn die Anekdote historisch zweifelhaft ist, so bleibt sie doch bemerkenswert: Schon der berühmte Müller bei Schloß Sanssouci berief sich gegenüber Friedrich dem Großen eben nicht auf ein Parlament, sondern auf das Kammergericht in Berlin. Und Michael Kohlhaas ist eine sehr deutsche Figur.

Der Rechtsstaat ist selbstverständlich eine der großen zivilisatorischen Errungenschaften. Wird aber dem geschriebenen Recht als Ordnungsfaktor eine so überragende Rolle zugewiesen, wie das aufgrund der späten Demokratisierung in der deutschen Gesellschaftsgeschichte der Fall sein mußte, dann kann die deutsche Neigung zu rechtsstaatlichem Regelungsperfektionismus kaum noch überraschen. Im Deutschen Modell spielt dies daher noch heute eine wesentliche und oft auch hinderliche Rolle. Denn jede zu sehr ins Detail gehende Rechtsregelung erschwert die schnelle Anpassungsfähigkeit der Gesellschaft. In dieser Anpassungsfähigkeit liegt aber eine wesentliche Herausforderung der internationalen Informationsgesellschaft.

Die politischen Nachteile der zunächst schwachen, »verspäteten« deutschen Nation zeigten allerdings schon im 19. Jahrhundert wiederum auch positive Kehrseiten der Medaille: Die kleinen politischen Einheiten ließen ein sehr spezifisches bürgerschaftliches Gemeinschaftsbewußtsein entstehen; und mit dieser Fähigkeit auch ein Bedürfnis nach Konsens und Harmonie. Diese deutsche »Konsens-Orientierung« wird in unseren Tagen oft kritisch als ein Hindernis auf dem Wege zu den notwendigen, aber nur streitig durchsetzbaren Reformen erwähnt. Wir müssen uns mit diesem Aspekt deutscher Tradition etwas näher auseinandersetzen.

Das Gemeinwohl als Staatsaufgabe hat in Deutschland tiefe Wurzeln. Schon im Mittelalter wurde das »Gemeinwohl« als Aufgabe der Kaiser und Könige angesehen. Nikolaus von Dinkelsbühl formulierte diese Aufgabe für König Sigismund als »bonum commune« schon 1414 auf dem Konstanzer Konzil. Und fast ein halbes Jahrtausend später antwortete 1865 Otto von Bismarck im preußischen Landtag auf einen rechtsliberalen Vorwurf, er habe arbeitslosen Webern eine Audienz beim preußischen König beschafft und dieser habe den Bedrängten Mittel aus seinem Privatvermögen für die Gründung einer Genossenschaft zugesagt, »daß die Könige von Preußen niemals vorzugsweise Könige der Reichen gewesen sind, sondern sich besonders um den Schutz und die Verbesserung der Situation der Armen bemüht hätten«, wie Gerhard A. Ritter in seinem Buch über die Entwicklung des Sozialstaates berichtet.

Angesichts derartiger Traditionen, die nicht auf Preußen beschränkt waren, ist es kaum verwunderlich, wenn die Ursprünge des deutschen Sozialstaates zunächst einen eher paternalistischen Charakter aufwiesen. Als sich dann in der zweiten Hälfte des 18. Jahrhunderts der Untertan auch in Deutschland langsam und schrittweise zum Staatsbürger wandelte, wurde die Aufgabe der »Wohlfahrt« immer häufiger grundsätzlich vom Staatszweck selbst abgeleitet. In Deutschland verband sich der Begriff vom »Sozial-*Staat*« (ein Wort, das Adolph Wagner prägte) mit dem älteren Begriff des Rechts-Staates und verschmolz dann auch mit dem Begriff von der »Sozialen Demokratie« (Lorenz von Stein).

In der angelsächsischen Gesellschaftsauffassung, die in den USA eine besonders markante Ausprägung fand, wurden schon früh vor einer übermächtigen Rolle des Staates auch im sozialen Bereich gewarnt. Obwohl es frühzeitig Regeln des Arbeitsschutzes und des Koalitionsrechts (für Gewerkschaften) gab, wurde die soziale Sicherung der Arbeiter mehr als eine Aufgabe der Selbstverantwortung des Individuums verstanden. Demgegenüber bestand seit dem ausgehenden Mittelalter im deutschen Kulturraum eine Vielzahl von *gemeinschaftsorientierten* Selbstschutzorganisationen, in den Zünften, den Knappschaften, Gesellenvereinigungen und so weiter, die wiederum schon früh in eine enge Kooperation mit staatlichen Aufgabenbereichen traten.

Der Sozialstaat als politische Organisation schließlich war eine deutsche Erfindung. Kein Land der Welt hat im Bereich der sozialstaatlichen Organisation eine so eindeutige Vorreiter- und Vorbildrolle innegehabt wie das Deutsche Reich im 19. Jahrhundert. Bismarcks Sozialgesetzgebung kam einer europäischen Revolution gleich, und Deutschlands Selbstdarstellung als Sozialstaat auf Weltausstellungen zum Ausgang des 19. Jahrhundert setzte Zeichen für die Bedeutung, die das Deutsche Reich der sozialen Aufgabe zumaß. Philosophische und sozial-politische Theorien von Georg Wilhelm Friedrich Hegel, Robert v. Mohl und Lorenz von Stein, Adolph Wagner und Gustav v. Schmoller haben den modernen sozialen Rechtsstaat konzipiert und gestaltet; preußisch-pietistische und römisch-katholische Soziallehre haben wesentliche Beiträge geleistet. Sie alle konnten sich nie mit dem angelsächsischen Kapitalismus-Modell versöhnen.

Auch die deutsche Volkswirtschaftslehre des 19. Jahrhunderts hatte immer die Notwendigkeit starker Gemeinschaftsinstitutionen zum Ausgleich unternehmerischer Einzelinteressen betont. Während für die Wirtschaftstheoretiker Großbritanniens, zum Beispiel, Arbeit eine Ware und der Arbeiter damit ein »Unternehmer« (wenn auch mit schwacher Marktposition) war, sah die deutsche Wirtschaftstheorie im Arbeitslohn mehr als nur den auszuhandelnden Preis für die »Ware« Arbeit. Die Beziehung zwischen Unternehmer und Arbeitnehmer war für die überwiegende Mehrheit der deutschen Wirtschaftstheoretiker etwas anderes als die Beziehung zwischen Käufer und Verkäufer: Arbeitgeber und Arbeitnehmer waren *auch* eine Gemeinschaft. Es gibt wohl kein anderes Land der Welt, in dem die verbandspolitische Vereinigung der wissenschaftlichen Ökonomen sich selbst – in alter Tradition – noch heute »Verein für Socialpolitik« nennt. Birger Priddat von der Universität Witten-Herdecke beschreibt in seiner Studie »Die andere Ökonomie« spannend, wie die klassische englische Arbeitswert- und Produktionskostentheorie für die deutschen Ökonomen allzu sehr an Arbeits- und Kostensubstanzen willens*un*abhängiger Art hängen bleibt. Auch die wissenschaftliche Debatte, welche Bedeutung den Angebotskosten gegenüber einer sozial gerechteren Stärkung der Nachfrage auf der Arbeitnehmerseite einzuräumen ist, stammt also in Deutschland nicht erst aus unseren Jahren.

Deutschland war die erste der europäischen Nationen, in der gesetzlich geordnete soziale Sicherungen geschaffen wurden. Die Bismarcksche Sozialgesetzgebung war Eckpfeiler dieses Gebäudes, das bald breite internationale Nachahmung fand. Es ist historisch falsch, wenn diese Gesetzgebung nur im Zusammenhang mit den Sozialistengesetzen und lediglich als »antirevolutionärer Präventivschlag« verstanden wird. Vielmehr zeigt eben gerade ein Blick auf den historischen Zusammenhang und auf die gesellschaftsphilosophische Debatte im Deutschland des 19. Jahrhunderts die geschichtliche Logik der sozialstaatlichen Entwicklung.

Auch daß in erster Linie ein von Arbeitgebern und Arbeitnehmern *gemeinsam* finanziertes »Versicherungs-Modell« entstand, war insofern Teil deutscher Tradition. Deswegen ist für Deutschland der Begriff des »Sozial-*Staates*« auch mißverständlich und unpräzise: Denn neben und im Rahmen der gesetzlichen Regelungen gab es immer – und gibt es noch – ein beachtliches Maß an gesellschaftlicher Selbstverwaltung und genossenschaftlicher Organisation. Deutschlands beste soziale Tradition ist *nicht* zentralistisch und nicht *nur* »staatlich«, sondern immer auch dezentral, föderalistisch und selbstverwaltend: Es war diese Verbindung aus Staat und dezentraler Eigenverantwortung, die das Deutsche Modell dann in nationalstaatlichen Zeiten so erfolgreich werden ließ.

Es war wohl auch diese Tatsache, die unser Land davor bewahrte, trotz der Niederlage im Ersten Weltkrieg und des Versailler Vertrages eine *soziale* Revolution durchleben zu müssen:

Deutschland bedurfte damals keiner sozialen Revolution, sondern einer politischen. Und diese war durch die Abdankung des Kaisers, das Entstehen der Republik und eines starken Parlamentarismus ja auch erfolgt. Deutschland und die deutsche Gesellschaft aber besaßen bereits relativ moderne Sozialstrukturen und hätten deshalb mit maßvollen Reformen den gesellschaftlichen und wirtschaftlichen Veränderungen durchaus erfolgreich entsprechen können. Deutschland war zwar eine verspätete *Nation* und radikalisierte sich *politisch*, als nach 1918 die Nation im Mark getroffen war. Aber Deutschland war zugleich sehr früh ein moderner »Sozialstaat«, und für eine soziale Radikalisierung gab es – im Gegensatz etwa zu Großbritannien – im frühen 20. Jahrhundert keinen Anlaß. Nicht, wie so oft gesagt wird, weil wir obrigkeitshörig gewesen seien (oder, wie Kurt Tucholsky einmal meinte, zur Revolution eine Bahnsteigkarte hätten lösen wollen), wurde die spartakistische Revolution niedergeschlagen, sondern weil wir früher als andere Nationen moderne soziale Strukturen entwickelt hatten und deswegen keiner *Revolution* bedurften; nur soziale *Reformen* konnten das Land damals wieder ins Gleichgewicht bringen. Eine Revolution hätte es zerstört.

Es war diese deutsche Geschichte, die bis heute eine Wurzel vieler Besonderheiten der deutschen Wirtschaftsstrukturen bildet, trotz großer Umbrüche. Die Entwicklung der Zünfte zum Beispiel, deren alte Prägungen noch in der heutigen Handwerksordnung erkennbar sind, ist noch heute, wie in der Vergangenheit, ein wesentlicher Bestandteil deutscher Qualitätsleistung. Das traditionelle Meister-Gesellen-Lehrlings-Verhältnis hat seine historischen Formen bis heute in dem so außergewöhnlich erfolgreichen »dualen System« unserer Berufsbildung bewahrt. Auch die besondere Vertrauensbeziehung von Arbeitgebern und Arbeitnehmern in den mittelständischen Betrieben, ohne die weder das ungewöhnlich erfolgreiche Modell deutscher Betriebsräte noch die Entwicklung der deutschen Mitbestimmungskultur möglich gewesen wäre, gehört hierher. Sie alle sind einerseits auf eine besondere Ausformung des Gemeinschaftssinns gegründet und andererseits aber auch auf historisch gewachsenen Strukturen der Eigenverantwortung des einzelnen in der deutschen Gesellschaft. Denn ohne ein Begreifen der gesellschaftlichen Mitverantwortung als persönliche Bürgerpflicht konnten diese Institutionen nicht bestehen.

In dieser wirtschaftspolitischen Tradition hat es auch das *Unternehmen* als Institution *produktiver Wettbewerbsfähigkeit und sozialer Befriedung* immer wieder gegeben. Immer wieder wurden Unternehmen mit Stiftungen verbunden, und zwar nicht erst dann, wenn der Unternehmer sein Lebenswerk, wie etwa die Rockefellers oder Carnegies, »wohltätig« abschließen wollte. Schon während ihrer kaufmännischen Tätigkeit, also als Teil derselben, zeigten manche große Unternehmer einen auffallenden Sinn für das sozial befriedete Unternehmen als Baustein einer harmonischen Gesellschaft. Markante Beispiele sind die Fuggerei in Augsburg, die Franckesche Stiftung in Halle, die Zeiss-Stiftung in Jena und die Robert-Bosch-Stiftung in Stuttgart; auch Krupp könnte wegen der besonderen Beziehung von Eigentümer und Beschäftigten zu diesen Unternehmen gezählt werden. Sie alle charakterisiert eine Tradition, die Individuum und Gemeinschaft im Unternehmen weniger als einen Gegensatz denn als gegenseitige Ergänzung verstanden hat.

In dieser deutschen Unternehmenstradition ist es das Ziel, einen Ausgleich zwischen Leistungsstärke und Solidarität schon im Unternehmen zu finden: Die Brücke heißt gesellschaftliche Verantwortung und Gemeinschaftssinn. Reinhard Mohn zum Beispiel, Gründer und langjähriger Chef von Bertelsmann und auch nach internationalem Maßstab einer der erfolgreichsten Unternehmer der zweiten Hälfte des 20. Jahrhunderts, machte 1996 anläßlich seines 75. Geburtstages eine Bemerkung, wie man sie so jedenfalls von einem seiner amerikanischen oder auch britischen Altersgenossen kaum erwarten dürfte: »Nur die Verbindung von Humanität und wirtschaftlicher Effizienz wird in

Zukunft erfolgversprechend sein«, sagte er, weil man »mit Anständigkeit, mit Menschlichkeit in Wirklichkeit viel weiter kommt als mit Rechnen oder allein Gewinnmaximierung.«

Hier allerdings zeigen sich auch »kapitalistische« Nachteile. Unternehmen, die als »Aufgabe« und nicht in erster Linie als persönlicher Reichtum des Eigentümers verstanden werden, fügen sich auch schwerer in Kapitalmärkte und Restrukturierungen. Falk Strascheg, Kenner der Risikokapitalszene, berichtete im Sommer 1997 auf einer Veranstaltung der Friedrich-Ebert-Stiftung in Leipzig, daß nach seinem Eindruck deutsche »Gründer« sehr viel zögerlicher Anteile oder Unternehmen veräußern als Amerikaner: Die Deutschen fühlten sich an ein »Werk« gebunden, die Amerikaner an den Ertrag.

Die sogenannte deutsche »Konsens«-Demokratie jedenfalls hat einen breiteren und tieferen Hintergrund als etwa unsere angeblich mangelnde Bereitschaft zu demokratischem Streit; dieser kommt ja bei uns nun auch wirklich nicht zu kurz. Der Bereitschaft zum Konsens liegt auch kein illusionäres Harmoniebedürfnis zugrunde. Wurzel der deutschen Konsensbereitschaft ist vielmehr die Überzeugung, daß sich auf dem Grunde auch heftigen politischen Streits und der kontroversen Auseinandersetzung wirtschaftlicher Interessen letztlich immer ein vernünftiger gemeinsamer Nenner finden lassen müsse. Das aber ist an und für sich ein produktiver Ansatz. Ohne diese Einstellung wären die Deutschen wirtschaftlich nicht so weit gekommen, wie es ihnen mit sehr viel Pragmatismus und trotz großer Rückschläge doch immer wieder möglich gewesen ist.

Das Unternehmen als »Gemeinschaft«

Die Bereitschaft zum Konsens ist von besonderer Bedeutung für das Schicksal der Unternehmen. In den Jahren seit Gründung der westlichen Bundesrepublik 1949 werden die außerordentlich kooperativen Beziehungen zwischen den Tarifparteien deswegen immer wieder als ein besonderes Kennzeichen des Deutschen

Modells beschrieben. Dabei war der Start nach dem Kriege gerade in dieser Beziehung nicht ohne grundsätzliche Probleme. Zwar zwang damals die weitgehende Zerstörung der Betriebsstätten und der Infrakstruktur alle zu einer *gemeinschaftlichen* Aufbauarbeit; Not stärkt eben nicht nur die individuellen Kräfte zum Überleben, sondern auch die Solidarität. Doch die Frage, wie dieser Aufbau geführt, welche Rolle dem Staat und welche dem privaten Unternehmertum zugeordnet werden solle, war nach 1945 heftig umstritten; und sie blieb es, parteipolitisch gesehen, bis zum Godesberger Programm der SPD von 1959.

Die Erfahrungen der Weimarer Republik schienen 1945 darauf hinzuweisen, daß Gefahr für die Demokratie in Deutschland vom privaten Eigentum an den Produktionsanlagen der Schwerindustrie ausgehen könne. Der Einfluß großer Grundstoffunternehmen auf die Parteienlandschaft der zwanziger Jahre; die Beteiligung großer Vermögen an der Finanzierung der NSDAP; schließlich die willige Bereitschaft breiter Unternehmerschichten, mit der Regierung Hitler zu kooperieren – das alles war nicht vergessen. Es kam hinzu, daß nach den Erfahrungen der Weltwirtschaftskrise auch in anderen westeuropäischen Demokratien die Vorstellung überwog, eine verstaatlichte Großindustrie könne erfolgreicher auf Arbeitsmarkt- und Konjunkturprobleme reagieren. So konnte es nicht verwundern, daß in den allerersten Nachkriegsjahren und im Schock der Niederlage eine breite Mehrheit der Parteien das Staatseigentum an den Produktionsmitteln der Großindustrie befürworteten.

Für Sozialdemokraten oder gar Kommunisten war dies allerdings nur eine selbstverständliche Wiederaufnahme ihrer historischen Programmatik. Richard Löwenthal, streitbarer Pragmatiker in späteren sozialdemokratischen Grundsatzdebatten, hatte 1946 unter seinem Pseudonym Paul Sering einen hochideologischen Entwurf für die zukünftige deutsche Gesellschaft vorgelegt: »Jenseits des Kapitalismus« sollte eine weitgehend vergesellschaftete deutsche Großindustrie das Fundament einer zweiten deutschen Demokratie bilden. Daß sich aber auch die CDU in ihrem Ahlener Programm von 1947 für diese Forderung aussprach, scheint 50 Jahre später schon eher erstaunlich; die entsprechenden Passagen des Ahlener Programms wurden dann auch nach 1948/49 unter dem Einfluß Ludwig Erhards von den Unionsparteien nicht mehr vertreten.

Aber die beiden rivalisierenden Linksparteien, Kommunisten und Sozialdemokraten, waren sich in ihren gesellschaftspolitischen Hoffnungen damals noch sehr viel näher, als ihr demokratischer Konflikt gelegentlich erinnern läßt; der Streit zwischen ihnen ging mehr um Wege und Mittel als um das Ziel. Die Demokratie war heftig umstritten, aber Wirtschaft und Gesellschaft sehr viel weniger. Von dem inzwischen als utopisch widerlegten Gesellschaftsbild des 19. Jahrhunderts zeugen noch heute viele Stimmungen und Beschlüsse auf sozialdemokratischen Parteitagen, verständlicherweise insbesondere der Jusos. Diese noch immer nicht entsorgten Utopiebestände erklären auch die relativ problemlose Zusammenarbeit von Kommunisten und Sozialisten in Frankreich oder Italien, ebenso wie die gelegentliche, heute noch flüsternde Nähe deutscher Sozialdemokraten zur gewendeten SED, der PDS: Die Hofnung auf einen dritten Weg »Jenseits des Kapitalismus« ist noch immer lebendig. Wird sie je erlöschen?

Vor 50 Jahren jedenfalls bestimmte die Sehnsucht nach einer friedlichen, gerechteren, demokratischen und *deswegen* antikapitalistischen Gesellschaft die politische Stimmung nicht nur in Deutschland, sondern in ganz Europa. In dieser Lage konnten die deutschen Unternehmen allerdings an eine deutsche Tradition anknüpfen, die wiederum – wie viele deutsche Besonderheiten – wesentliche Wurzeln in der verhältnismäßig späten Bildung des deutschen Nationalstaates hatten. Wir haben gesehen, wie die kleinstaatlich geprägten Wirtschaftsräume der deutschen Länder bis tief in die Mitte des 19. Jahrhunderts das Tempo industrieller Entwicklung im Vergleich zu den westlichen Nachbarn verlangsamt hatten. Die Folge war, daß die über Jahrhunderte gewachsenen, eher patriarchalischen Beziehungen zwischen Feudalherren und Bauern, oder später zwischen den Meistern und Gesellen handwerklicher Betriebe, sehr unmittelbar an die industrielle Entwicklung Deutschlands in der zweiten Hälfte des 19. Jahrhunderts heranreichten. Eine im Kern vorindustrielle gesellschaftliche Struktur konnte so in das industrielle Zeitalter herübergeführt werden, und zwar mit erstaunlichen Ergebnissen. Denn so heftig und unversöhnlich der Streit der Parteien auf der politischen Ebene war, so revolutionär die SPD-Programmatik auf der gesellschaftlichen Ebene herausfordernd und erschreckend für das deutsche Bürgertum wirken mußte – so wenig entsprach diese verbale politische Ebene der Wirklichkeit auf der Ebene der Unternehmen und Arbeitnehmer; so wenig insbesondere dem *Gefühl* der Arbeitnehmer gegenüber Unternehmen und sogar Unternehmern.

Selbstverständlich reichte der Klassenkampf zwischen vom technischen Fortschritt bedrohten Kleinunternehmern, Heimarbeitern oder auch Manufakturbeschäftigten und den frühkapitalistischen Unternehmen auch in die Betriebe selbst hinein. Und die Tatsache, im Vergleich etwa zu Großbritannien, daß überbetriebliche Gewerkschaftsorganisationen erst relativ spät erlaubt wurden, mag ebenfalls zu dem relativ frühen Entstehen funktionsfähiger Betriebsräte in Deutschland beigetragen haben. Im Ergebnis jedenfalls ist nicht zu bezweifeln, daß seit der zweiten Hälfte des 19. Jahrhunderts – trotz der Sozialistengesetze und verbalen Klassenkampfgetöses – in den deutschen Betrieben anders als in den USA, Großbritannien oder Frankreich eine Form von kooperativer Betriebsverfassung entstehen konnte. Sie ermöglichte es, nüchterne und entschlossene Interessenvertretungen der Arbeitnehmer mit einem pragmatischen Verständnis für die wirtschaftlichen Notwendigkeiten des Betriebes zu verbinden.

Den heißblütigen Theoretikern war diese »Konsens«-Orientierung der Betriebsräte natürlich stets ein Dorn im Auge; sie ist es ja auch heute noch. Und aus Sicht der überbetrieblichen

Gewerkschaften war es daher eine Notwendigkeit, durch entsprechende Regelsysteme (im Ergebnis: durch den Flächentarifvertrag) den »partikularistischen« (oder auch »syndikalistischen«) Einfluß der Betriebsräte in allen Grundfragen der Arbeitsbedingungen immer weiter zurückzudrängen. Dennoch blieb Deutschland bis auf seltene Ausnahmen die gewachsene Tradition erhalten; Betriebsräte und auch ihre Gewerkschaften in Westdeutschland zeichneten sich gerade im Verlauf der Nachkriegszeit durch ihre pragmatische Kompromißbereitschaft aus. Und die Wiedervereinigung zeigt, daß diese traditionelle Kooperationsbereitschaft auch in Ostdeutschland fortbestanden hatte: Nirgendwo in Deutschland – vielleicht sogar in der ganzen westlichen Welt – gibt es heute so einsichtsvolle, verantwortungsbereite und konsensorientierte Arbeitnehmervertretungen wie in den neuen Bundesländern.

Nur auf dem Hintergrund dieser Tradition und Erfahrungen wird verständlich, daß Politik, Arbeitnehmer und Arbeitgeber gemeinsam im Jahre 1951 mit der sogenannten Montan-Mitbestimmung einen weiteren großen Schritt der Kooperation von Arbeit und Kapital wagen konnten; er gab dem Deutschen Modell eine weitere, sehr besondere Note. Zunächst nur auf Unternehmen der Kohle-, Eisen- und Stahlindustrie und später (1976) auf große Unternehmen mit mehr als 2000 Beschäftigten erweitert (soweit diese Unternehmen selbständige juristische Personen sind), wurde Betriebsräten und Gewerkschaften ein Recht auf Mitsprache in den Aufsichtsgremien dieser Unternehmen eingeräumt, das nicht nur zu mehr Macht und Einfluß der Arbeitnehmer, sondern auch zu einer noch intensiveren Beschäftigung der Arbeitnehmervertreter mit der betriebswirtschaftlichen Realität des Unternehmens führte. Bis in die achtziger Jahre hinein war jedenfalls die Mehrheit der Manager in den großen Unternehmen der Auffassung, daß die Mitbestimmung ein produktiver Faktor des Standortes Deutschland sei.

Es ist heute umstritten, ob diese Interessenverschmelzung von

Arbeitgeber- und Arbeitnehmerinteressen im allgemeinen noch immer ein Vorteil ist, insbesondere für die deutschen Großunternehmen. Dem Argument, nur durch die Mitbestimmung sei es über viele Jahre hinweg möglich gewesen, schwierige und schmerzhafte Restrukturierungsmaßnahmen ohne schwerwiegende Tarifkonflikte durchzuführen, wird entgegengehalten, daß Mitbestimmung angesichts zunehmender Beschleunigung des Wettbewerbs immer mehr zu einem Faktor der Verlangsamung betrieblicher Anpassungsfähigkeiten geworden sei. Auch seien die Schritte der Umstrukturierung, die in den mitbestimmten Unternehmen getan wurden, im allgemeinen zu klein und zu wenig grundsätzlich gewesen. Wir werden sehen, welche Bedeutung den gesetzlichen Regelungen der Arbeitnehmervertretungen in den Betrieben und Unternehmen Deutschlands heute und morgen zuzuschreiben ist. Jedenfalls sind sie bisher ganz unbestritten ein zentraler Baustein des erfolgreichen Deutschen Modells gewesen.

»Föderalismus« als dauerhaftes Strukturmerkmal

Nicht mehr im Nationalstaat, vielmehr im Sozialstaat erkennen sich die Deutschen heute wieder. Staatliche Rahmengesetze für eine soziale Marktwirtschaft sowie Unternehmenstrukturen mit einer beachtlichen Arbeitnehmermitwirkung charakterisieren die deutschen Wirtschaftsstrukturen. Und zwar nicht erst seit den Reformen der Jahre nach 1945. Sie sind, bei allen extremen Ausschlägen der deutschen Geschichte des 19. und 20. Jahrhunderts, unübersehbare Merkmale einer bedeutenden gesellschaftlichen Kontinuität.

In den angelsächsischen Ländern (die Ralf Dahrendorf im Vergleich zu den internationalen Staatsgesellschaften als »Bürgergesellschaft« bezeichnet) hatte die private Initiative immer eine größere Bedeutung als auf dem Kontinent. Der kontinentaleuropäische Staat nahm seine Ordnungsrechte sehr viel deutlicher in Anspruch. Aber im lange noch kleinstaatlichen Deutschland konnte der Staat dezentraler und daher lebensnäher sein. Aus diesen Gegebenheiten entstand ein weiterer wichtiger Baustein dessen, was später das Deutschen Modell werden sollte.

Die im Zentrum Europas liegenden deutschen Klein- und Mittelstaaten waren von den westlichen und östlichen Nachbarn Deutschlands aus machtpolitischen Gründen lange als Einzelstaaten bewahrt und im Gleichgewicht gehalten worden; notfalls durch militärische Intervention. Sogar im nach-napoleonischen Zeitalter wurde dieser Zustand im Wiener Frieden 1815 von den mächtigen Interessen europäischer Politik festgeschrieben. Metternichs antidemokratische Politik stand nicht nur im Einklang mit den deutschen Herrschaftshäusern, sondern war ebenso deutlich an den Interessen der großen Nachbarn Deutschlands orientiert. Diese wußten sehr wohl, daß im 19. Jahrhundert jede demokratische Bewegung immer auch eine Bewegung freiheitlich-nationaler Selbstbestimmung sein werde; und umgekehrt. Demokratie *nach* Napoleon hätte in Deutschland letztlich eine national*staatliche* Bewegung und damit die nationale Einheit bedeutet. Deswegen verbündeten sich Deutschlands Nachbarn 1815 gegen die deutschen demokratischen Bewegungen.

Einen großen deutschen Nationalstaat fürchteten die europäischen Großmächte im 19. Jahrhundert, weil dieser ihre Machtpositionen in Frage stellen würde. Die erfolgreiche Unterdrückung der demokratischen Bewegungen im Deutschland der ersten Hälfte des 19. Jahrhunderts, die aus dieser Sicht nicht so sehr einem angeblich »obrigkeitlichen« deutschen Nationalcharakter, sondern der internationalen Machtlage zuzuschreiben wäre, führte aber nicht nur zur Verhinderung eines deutschen Nationalstaates bis zur späten Gründung des Kaiserreichs 1871, sondern auch zu einer besonderen Verbindung zwischen den vielen mittel- und kleinstaatlichen Königen und Fürsten und ihren wissenschaftlich-technischen Eliten. Sie waren in diesen politisch »unmodernen« Staaten für den Aufbau der modernen Industriegesellschaft unentbehrlich. Deutschland verfügte damit in den Teilstaaten frühzeitig über einen exzellenten öffentlichen Dienst.

Und als der deutsche Nationalstaat im Jahre 1871 schließlich zustande kam, war auf der Ebene der deutsche Partikularstaaten der moderne Staat längst entstanden. Besonders Preußen oder Bayern konnten, was ihre Staats- und Verwaltungspraxis betraf, jedem internationalen Vergleich standhalten. Diese deutschen »Teil«-Staaten waren es, die später die Grundlage für den nationalstaatlichen Sozialstaat legten. Und wenn es auch nach 1871 im Bereich der Sozialversicherung und anderer reichsgesetzlicher Rahmenregelungen eine unbestreitbare Tendenz zu einem sozialstaatlichen Zentralismus gab, so verblieben den Mitgliedstaaten des Kaiserreichs und der Weimarer Republik doch wichtige Spielräume regionaler Ausgestaltung des sozialstaatlichen Systems. Bis in unsere Tage hinein allerdings verstärkte das Ziel vergleichbarer Lebensbedingungen aller Bundesländer die zentralstaatlichen Regelungskompetenzen und damit einen systemwidrigen Zentralismus.

Als 1948/1949 die Bundesrepublik Deutschland entstand, gab es zunächst einen Grundsatzstreit über das Maß an föderalistischer Eigenständigkeit, das den Ländern belassen bleiben sollte. Der bayerische Vorschlag, der auf eine deutlichere Trennung der Zuständigkeiten von Bund und Ländern zielte und statt eines Bundesrates einen Senat vorsah, unterlag schließlich, vermutlich wegen des Gewichts der Aufbauarbeit, die sich die Mehrheit der Länder nicht aus eigener Kraft zutraute. Jedenfalls wurde das Grundgesetz gegen den – wie wir heute wissen: wohl besseren – bayerischen Rat zentralistischer, als es einem wirklichen Föderalismus gut tun konnte. So wurden die vielfältigen Möglichkeiten des föderalen Systems in Deutschland immer weniger fruchtbar. Und dies, obwohl schon der Deutsche Bund vor der Reichsgründung durch seine Praxis der Koordinierung der deutschen Teilstaaten und ihrer noch sehr unterschiedlichen Sozialsysteme rechtstechnische Voraussetzungen für eine »rudimentäre Sozialgemeinschaft« geschaffen hatte, die sogar für die heutige Europäische Union interessante Lösungen anbieten könnten.

Die deutsche Teilstaaterei bildete die Grundlage für eine äußerst vielseitige, regional günstig verteilte, wissenschaftlich-technisch orientierte Industrie. Denn der Partikularismus vermochte in seinen bundesstaatlichen, föderalistischen Strukturen viele starke, dezentrale, traditionell mittelständische Unternehmen hervorzubringen, die sich auf eine vergleichsweise hervorragende wissenschaftliche, kulturelle und verkehrstechnische Infrastruktur und eine kompetente, wirtschaftsorientierte und ortsnahe Verwaltung stützen konnten.

Deutschlands charakteristische föderale Dezentralisation ist bis heute prägend geblieben. Auch die noch immer (wenn auch im Vergleich zu den Jahren vor 1933 verblaßten) Merkmale eines regional dezentralen – und auch in der »Provinz« hochqualifizierten – Wissenschaftssystems sowie eine exzellente, weil dezentral organisierte öffentliche Infrastruktur gehören hierher. Hinzu tritt auch die besondere Bedeutung, die die regionale Vielfalt der kulturellen Einrichtungen für Deutschland beanspruchen kann; eine Breite der Theaterkultur zum Beispiel, wie es sie in anderen großen Nationalstaaten Europas nicht gibt. Insbesondere in den früheren Residenzstädten der deutschen Könige und Fürsten, aber auch in den alten Hansestädten und freien Reichsstädten, haben wir bis heute eine im internationalen Vergleich auffallende Stärke und Vielfalt kulturellen Lebens. Die dreifache Belastung Ostdeutschlands durch Nazi-Terror, Krieg und Verwahrlosung in den Jahrzehnten kommunistischer Herrschaft hat allerdings gerade auf diesem Gebiet das vielleicht größte innerdeutsche Gefälle entstehen lassen.

Die »verspätete Nation« (Helmuth Plessner) hatte durch die Verspätung im ganzen also auch ihre Vorteile. In einer regionalisierten Wirtschaft und Wissenschaft und in einem föderal organisierten Sozialstaat entstanden in Deutschland bald ungewöhnlich wettbewerbsfähige Strukturen. Diese institutionellen Strukturen stärkten wiederum das Gemeinschaftsbewußtsein in den kleinen politischen Einheiten, das besonders in den freien Reichsstädten und den Hansestädten, schon lange vor der großen Kommunalreform des Freiherrn vom Stein (1807/1808), demokratische Mitbestimmung und Mitwirkung möglich gemacht hatte.

Allerdings wurde mit den Stein-Hardenbergschen Reformen in Preußen eine ebenfalls bis tief in das Mittelalter zurückreichende deutsche Tradition städtischer Selbstverwaltung und Selbstbestimmung erneuert, die zu den großen sozialstaatlichen Erfolgen Deutschlands in erheblichem Umfang beigetragen hat. Kommunale Selbstverwaltung war das Fundament, auf dem der dezentrale deutsche Sozialstaat seine kulturelle und wirtschaftliche Kraft entfalten konnte. Stein sah in seinem Bemühen um eigenverantwortliche Beteiligung der Bürger an den Aufgaben ihrer Städte und Kommunen eine Chance zur »Belebung des Gemeingeistes und Bürgersinns ... [der] Wiederbelebung der Gefühle für Vaterland, Selbständigkeit und Nationalehre«. Seither haben sich weder Ziele noch innerer Sinn der kommunalen Selbstverwaltung geändert: Auf der Eigenverantwortung der Bürger sollen Vernunft und soziale Gerechtigkeit der kommunalen Entwicklung gründen. Und da in Deutschland aufgrund seiner föderalistischen Wurzeln die Landschaft nicht von einigen wenigen dominanten Regionen, sondern von einer Vielzahl selbständiger Städte und Gemeinden geprägt wird, genügt es nicht, den deutschen Föderalismus als eine Gliederung von Bund und Ländern zu beschreiben: Städte und Gemeinden, die auf einem oft erstaunlichen regionalen Selbstbewußtsein gründeten, sind bis heute fruchtbare, dezentral wettbewerbsfähige Standorte und bilden die dritte unentbehrliche politische Ebene des Deutschen Modells.

Und eine vierte kommt hinzu: wirtschaftliche Einrichtungen der Selbstverwaltung und Vereine mit großer kommunaler Bedeutung. Selbstverwaltung hat insbesondere im Handwerk und in der Industrie eine starke Tradition. Nachdem das Handwerk schon in früherer Zeit in Zünften und ihren Einrichtungen die berufliche Bildung in eigener Verantwortung geleistet hatte, wurden in der zweiten Hälfte des 19. Jahrhunderts Kammern gegründet, die noch heute Mittelpunkt der Selbstverwaltung sind, wiederum mit dem Schwerpunkt Berufsbildung. Da die örtlichen und regionalen Ebenen Verantwortung tragen, werden die Aufgaben der Berufsbildung in großer Nähe zur Praxis geleistet. Die ehrenamtliche Tätigkeit der Handwerker (oder der Industrie und des Handels in den vergleichbaren Kammereinrichtungen) stellt sicher, daß die Praktiker selbst an den Beratungen und Entscheidungen teilnehmen können. Ohne diese starke Tradition des ehrenamtlichen Engagements könnten entsprechende Einrichtungen heute wohl kaum fortbestehen; das Einzelinteresse der Unternehmen und der schnelle Wechsel selbständiger Existenzen drängen eher in die entgegengesetzte Richtung. Deswegen sind diese Einrichtungen, die von vielen anderen Nationen gerne übernommen würden, auch international nur sehr schwer übertragbar.

Unser ausgeprägter Föderalismus und weitverzweigtes System der Selbstverwaltung ist im System der europäischen Staaten eine deutliche Besonderheit. Föderalismus hat eine weit in die deutsche Geschichte zurückreichende Tradition, die auch aus dem Entstehen und aus der Entfaltung des deutschen Sozialstaates nicht wegzudenken ist. Es handelt sich hier um einen elementaren Baustein des Deutschen Modells. Welche Bedeutung die föderale Struktur, aber auch die Praxis des Föderalismus für die Erneuerung des Deutschen Modells haben könnte, wird deswegen eine sehr wichtige Frage sein.

Unternehmertum und deutsche Mentalität

Politische Institutionen sind das Ergebnis einer Vielzahl von Faktoren. Geographische und klimatische Bedingungen spielen ebenso eine Rolle wie das wirtschaftliche, politische und religiöse Umfeld. Man mag darüber streiten, ob die Mentalität der Bewohner und Bürger eines Staates dessen Institutionen formt, oder ob es nicht vielmehr die Umfeldbedingungen sind, die diese Institutionen letztlich hervorbringen, so daß die Institutionen und ihre Ordnungssysteme letztlich die Mentalität der Bürger prägen.

Sicher ist jedenfalls, daß es Wirkung und Gegenwirkung zwischen Geographie, wirtschaftlichem, politischem und religiösem Umfeld, Institutionen und Bürgermentalität gibt. Im modernen Staat kann keiner dieser Faktoren für sich allein betrachtet werden. In diesem Sinne kann auch kein Zweifel daran bestehen, daß es heute eine »deutsche Mentalität« gibt, die von all diesen Faktoren mitgeprägt wurde und die, wenn man so will, damit heute *auch* Teil des Deutschen Modells ist.

Zunächst ist wichtig festzuhalten, daß schon die geographische Lage des deutschsprachigen Raumes wenig geeignet war, in Deutschland einen starken Sinn für den Handel zu entwickeln. Vor Eisenbahn und modernem Straßenverkehr blieben die eher festländisch orientierten deutschen Regionen dem kleinräumig tätigen Handwerk und Gewerbe zugewandt, während küstennahe Nachbarn im Süden und im Nordwesten ihre wirtschaftliche Entwicklung stärker auf den Seehandel stützen konnten. Eine historische Bedingung, die gerade in unserer Zeit erneut Bedeutung gewinnen könnte.

Denn wenn wir heute darüber klagen, den Deutschen fehle ein Sinn für die Chancen der Dienstleistungen in einer modernen Volkswirtschaft, so mag auch dies mit dieser geographisch-historischen Ausgangslage zusammenhängen. Nicht Kaufleute, sondern Handwerker, Produzenten; nicht Händler, sondern industrielle Organisatoren haben in erster Linie die moderne deutsche Wirtschaft geprägt – und eben auch die Wirtschaftsmentalität der Deutschen. Nicht zufällig sind die Deutschen so tüchtige Industrie-Exporteure; nicht zufällig international so erfolgreich im Bau komplexer Industrieanlagen; nicht zufällig ist bei uns der Anteil der Industrie an der gesamtwirtschaftlichen Leistung noch immer so hoch im Vergleich zu unseren Hauptkonkurrenten: Diese Strukturen sind *auch* ein Ausdruck einer deutschen Mentalität, die gerade in den küstenfernen Räumen wie Württemberg oder Sachsen besonders ausgeprägt und für die deutsche Industriegeschichte ja auch besonders bedeutsam war.

Mir scheint allerdings, daß man zur Erklärung dieses besonders ausgeprägten Profils der deutschen Wirtschaft noch eine Schicht tiefer in die deutsche Psyche eindringen muß. Die bis in die zweite Hälfte des 19. Jahrhunderts andauernde kleinstaatlich-föderalistische Geschichte war einer der wesentlichen Gründe dafür, daß dem Staat als Organisator der Gesellschaft eine so große Bedeutung in Deutschland zugewachsen ist. Nicht nur war von ihm allein Sicherheit in den so häufig von Kriegen ausländischer Mächte verwüsteten deutschen Ländern zu erhoffen; die kleinräumige Nähe des Staates zu den Bewohnern und Bürgern ermöglichte auch einen Übergang des paternalistischen Fürsorgeverhältnisses früherer Feudalherren auf eine modernere Staatsorganisation. Und es war diese Staatsorganisation der kleinen Staaten in Deutschland, die rechtsstaatliche, soziale und ökonomische Reformen vorantrieb, aber als Reformen »von oben«. Im Gegensatz insbesondere zur angelsächsischen und skandinavischen Entwicklung, wo im nationalstaatlichen Rahmen eine (im wesentlichen von Kaufleuten und Unternehmern getragene) selbstbewußte Bourgeoisie sich diese Reformen gegenüber der Monarchie erstritt.

Viel ist insbesondere in den Jahrzehnten nach 1945 über die politische Bedeutung dieser unterschiedllichen Entwicklung in Deutschland und den »westlichen« Demokratien nachgedacht und geschrieben worden; insbesondere um Erklärungen für die verspätete Demokratie, den Zusammenbruch der Weimarer Republik und das Entstehen der Nazidiktatur zu finden. Diese unterschiedliche Rolle des Staates in Deutschland hatte jedoch auch eine wirtschaftliche Bedeutung, die möglicherweise von sehr viel längerfristiger und tieferer Wirkung sein könnte. Denn mit der Rolle des »paternalistischen« Staates in der Geschichte der deutschen Länder ist auch das Entstehen einer besonderen Form von Bürgertum in Deutschland zu erklären: des sogenannten Bildungsbürgertums.

Die Vielzahl der deutschen Staaten bedurfte zur Erfüllung ihrer fürsorglichen Aufgaben und Reformen (die im Ergebnis den Vergleich mit zeitgenössischen Entwicklungen in den »westlichen« Nationalstaaten durchaus nicht immer scheuen mußten) einer effizienten und engagierten Verwaltung von Experten. Diese zeichneten sich nicht durch Besitz und vermögenden Einfluß aus, sondern – wenn sie gut waren – durch ihre Ausbildung und sachverständige Tatkraft. Das historisch hochgeachtete und auch im internationalen Vergleich als besonders qualifiziert geltende deutsche Beamtentum hatte in diesem »Bildungsbürgertum« seine historische Wurzel. Nicht nur in diesen Bereichen aber leistet das deutsche Bildungsbürgertum Außerordentliches; es war auch das Fundament des breiten Wissenschafts- und Kulturgebäudes, das Deutschland geschaffen hatte.

Es war immer ein wichtiges Merkmal des Bildungsbürgertums, daß es nicht in erster Linie von Kaufleuten und freien Berufen gebildet wurde, sondern, schon seit dem 16. Jahrhundert, von akademisch ausgebildeten »Fürstendienern«. Wie Hans Ulrich Wehler schreibt, wurden diese dann schrittweise zu staatsunmittelbaren »Staatsuntertanen«, die an ihren Dienstherrn nicht etwa durch hohe Gehälter und vielleicht auch nicht einmal in erster Linie durch Privilegien im Gerichtswesen, Militärdienst oder Steuerrecht gebunden waren, sondern durch die »soziale Ehre«, die unlöslich zum Dienst an der staatlichen Aufgabe gehörte.

»Verstaatlichte akademische Intelligenz« hat Wehler diesen wichtigen Teil des Bildungsbürgertums genannt, der letztlich nicht nur diejenigen umfaßte, die nach akademischer Ausbildung in den Fürsten- oder Staatsdienst eingetreten waren, sondern auch all diejenigen Hauslehrer, Theologen, Schriftsteller und Advokaten, die eine solche Beschäftigung im Staatsdienst als Lebensziel im Auge hatten und »unverdrossen auf die nächste Chance warteten, um in ihn eintreten zu können« (Wehler). *Materielle Sicherheit* und *soziale Ehre* waren die beiden bestimmenden Motivationen für diese Haltung.

Einfluß auf Gesetz, Verwaltung und Justiz – das war die Macht des Bildungsbürgertums; nicht das Parlament. Vielleicht stellt sogar der frühe rechtsstaatliche Erfolg des Bildungsbürgertums in Deutschland auch einen Faktor dar, der die demokratische Parlamentarisierung der Gesellschaft aufhielt, weil der revolutionäre Druck eben in den meisten deutschen Kleinstaaten geringer war als zum Beispiel am zentralistischen und sehr viel willkürlicheren Hof Ludwigs XVI. in Frankreich.

Natürlich hat es akademische Hofdienste auch in den zentralistischen »Staatsmonarchien« des Westens, in Großbritannien und Frankreich, gegeben. Aber weder gegenüber dem regionalen Adel noch gegenüber dem aufkommenden städtischen Bürgertum dieser Staaten konnten die akademisch gebildeten Hofbediensteten ein auch nur annähernd vergleichbares soziales Prestige erringen. In den dezentralen, kleinstaatlichen deutschen Ländern aber war dies möglich, eben weil die Nähe des Staates zum Bürger, die hierdurch ermöglichte »paternalistische Fürsorge« und die sich dadurch den »Staatsdienern« stellende Aufgabe ein solches Prestige entstehen ließen. Und eben nicht nur Prestige: vielmehr auch ein nicht in erster Linie von ökonomischen Erfahrungen und wirtschaftlicher Unabhängigkeit geprägtes Selbstbewußtsein. Das deutsche Bildungsbürgertum zeichnete sich daher häufig auch durch ein eher wirtschaftsfernes »moralisches« Überlegenheitsgefühl gegenüber der Kaufmannschaft aus.

Ich kann in diesem Zusammenhang nicht auf die weitverzweigten Auswirkungen eingehen, die mit der Besonderheit des deutschen Bildungsbürgertums für die deutsche Gesellschaft im positiven, aber auch im negativen Sinne verbunden waren und noch immer verbunden sind. Bildung in einem akademischen Sinne wurde zum deutschen Ideal, und der von der westlichen Aufklärung in diese deutschen Gesellschaftsstrukturen getragene erweiterte Bildungsgedanke einer *selbsterarbeiteten* Entfaltung der Persönlichkeit gab dem Bildungsideal in Deutschland zusätzliches Gewicht. Zugleich vertiefte aber diese generelle Entwicklung wiederum auch erneut die ohnehin im deutschen Bildungsbürgertum vorherrschende Distanz, wenn nicht gar Abneigung gegenüber der kaufmännischen Bourgeoisie. Um noch einmal Wehler zu zitieren: »Dieses Bildungsbürgertum ... begegnete der neureichen Bourgeoisie, welche die moderne Markt- und Verkehrswirtschaft ausbaute, mit unverhohlener Geringschätzigkeit, da ihr angeblich vulgärer Materialismus seinen geistesaristokratischen Idealen widersprach.« Gelegentlich scheint mir, als hörte ich hier die fernen Ahnen der heutigen »Grünen« zu uns sprechen.

Aus dieser geistigen Haltung, die im Laufe des 19. Jahrhunderts das Bildungsverständnis deutscher Gesellschaftsschichten prägte, läßt sich auch die spätere verhängnisvolle deutsche Unterscheidung zwischen Zivilisation und Kultur verstehen. Obwohl selber aus einem Kaufmannshause stammend (oder vielleicht gerade deswegen) formulierte der vor-demokratische Thomas Mann in den »Betrachtungen eines Unpolitischen« (1918) diese deutsche Sicht so: »Wir haben eingesehen, daß ohne Demokratie in der Welt keine Geschäfte mehr zu machen sind, daß man sich anglisieren muß, um Geschäfte zu machen – aus dieser Einsicht stammt der opportunistische Wille zur deutschen Demokratie.« Hochnäsiger, abschätziger kann man über Demokratie und Wirtschaft kaum reden. Und Thomas Mann war damals nicht fern von dem volkswirtschaftlich gebildeten deutschen Soziologen Werner Sombart, der die ganze Arroganz des deutschen Bildungsbürgertums zum Ausdruck brachte, als er 1915 in dem Pamphlet »Helden und Händler« den »heldischen« deutschen Geist, so wie er und viele andere ihn damals verstanden, dem verachteten »Krämer- und Händlergeist« der Briten gegenüberstellte.

Es bleibt ein interessantes Phänomen, daß diese konservative Distanz der bürgerlichen Leistungseliten zur »materialistischen Kaufmannsbourgeoisie« vermutlich auch eine der wesentlichen Voraussetzungen für den großen wirtschaftlichen Erfolg des verhältnismäßig spät industrialisierten Deutschland war. Denn über die Jahrhunderte davor hatten Handwerk und Handel im kleinen Raum das wirtschaftliche Geschehen geprägt. Die großen Kaufleute im vorindustriellen Zeitalter anderer Nationen waren in erster Linie Händler und Finanziers, nicht Produzenten. Aber in Deutschland spielten die Händler, abgesehen von den Hansestädten, eine untergordnete Rolle; von bedeutenden Ausnahmen selbstverständlich immer abgesehen.

Als seit Mitte des 18. Jahrhunderts aber industrielle Fertigung gegenüber dem Handel schrittweise an Boden gewann und schließlich im 19. Jahrhundert seinerseits das Gesicht der nationalen Wirtschaft formte, da konnten die Deutschen ihr handwerkliches Können *und* ihr an den staatlich-merkantilistischen Aufgaben trainiertes Organisationstalent miteinander verbinden. Zwar blieb das Bildungsbürgertum auch gegenüber dem »Fabrikanten« auf Distanz: Neureich und oft tolpatschig in der Gesellschaft, war dieser ein beliebtes Objekt für Spott und Kritik in der Literatur – natürlich nicht nur in Deutschland. Aber das technisch und administrativ hochqualifizierte deutsche Bildungsbürgertum wurde zu einer idealen Ergänzung industrieller Phantasie und unternehmerischer Initiativen. Das Gefühl jedoch, auf der »moralisch besseren« Seite zu stehen, haben die deutschen Bildungskreise auch gegenüber diesen industriellen Organisatoren niemals ganz aufgegeben. Und sogar eine so ausgeprägte Unternehmerpersönlichkeit wie Walter Rathenau überließ in einem lebenslangen inneren Zwiespalt schließlich doch den Werten des Bildungsbürgertums den Vorrang vor Soll und Haben.

Ein scheinbar nebensächlicher Aspekt dieses noch immer bildungsbürgerlich geprägten deutschen Geschäftsklimas sei hier nur beiläufig vermerkt. Eine Gesellschaft, die risikoorientiert ist, wird den Fehlschlag eines Unternehmens anders bewerten als diejenige, die Berechenbarkeit, Sicherheit und Gemeinwohlverantwortung des Unternehmens im Vordergrund sieht. In den USA hat ein ehrlicher Konkurs keinerlei diskriminierende Konsequenzen: Wenn es diesmal nicht gelang, muß man es eben erneut versuchen – das Geschäftsleben ist keine Sozialversicherung! Eine Gesellschaft jedoch, der im bildungsbürgerlichen Vorurteil der Konkurs noch immer irgendwie als eine Schande gilt, eine solche Gesellschaft wird viel weniger risikobereite Menschen hervorbringen. Auch hier zeigen sich deutliche Unterschiede zwischen unserer und der amerikanischen Mentalität.

Ein Bildungsbürgertum, das über Einfluß, Rechts- und Verwaltungsmacht verfügt, aber nicht über wirklichen Besitz, wird schließlich gegenüber dem Besitzbürgertum nicht nur moralische Arroganz, sondern oft auch Neid entwickeln. Helmut Schoeck kommt in seiner Studie »Der Neid und die Gesellschaft« aufgrund einiger vergleichender internationaler Studien zu dem Ergebnis: »Die wechselseitige, spontane Aufsicht, die Menschen untereinander ausüben, die soziale Kontrolle, ist so wirksam dank dem Neidfaktor ... ohne Neid gäbe es keine größeren sozialen Gebäude.« Und Veit Valentin schrieb 1946, sicherlich auch im Zorn, aber doch als Patriot und mit dem scharfen Blick, den die Entfernung dem Emigranten ermöglichte, in seiner »Geschichte der Deutschen«:

»Die Geografie hat Deutschland ... auseinandergerissen ... große und kleine Potentaten zankten sich um Landfetzen, oft mit Hilfe der Fremden ... Die Obrigkeiten formten das Volk ... Neid, Empfindlichkeit, Eifersucht, Rechthaberei, Ehrgeiz überwogen meist Leichtlebigkeit und Großzügigkeit. Niemand hatte es leicht im Vaterland und keiner sollte es leicht haben ... Die leidenden Untertanen flüchteten sich oft in das ›Höhere‹, sie bildeten sich eine Welt von Religion, Musik und Poesie, wo sie selber Herren waren.«

Auch Willy Brandt sah hier eine Gefahr. In seinen Erinnerungen schreibt er: »Der deutschen Sozialdemokratie ist eine Tradition angeboren, in der der Mißerfolg moralisch in Ordnung geht und der Maßstab des Erfolges einen anrüchigen Beigeschmack hat.«

Die kritische Haltung des deutschen Bildungsbürgertums gegenüber Wirtschaft und Unternehmertum hat mit unseren Erinnerungen an die Nazi-Diktatur eine weitere Bestärkung erfahren. Denn welche Bedeutung man auch immer der Industrie als

Finanzquelle der Nationalsozialisten zuschreibt, unbestreitbar bleibt, daß es im deutschen Widerstand gegen die Nazis faktisch keine Unternehmer oder Manager gegeben hat. So konnte das ohnehin kritische Verhältnis der bildungsbürgerlichen Schichten zum Unternehmer und zum kaufmännischen Gewinn eine weitere, historische Begründung finden. Die Kampagne der bildungsbürgerlichen Achtundsechziger-Bewegung gegen *jede* Zusammenarbeit von Industrie und Hochschulen gehört gleichermaßen in diesen Zusammenhang.

Es darf auch nicht übersehen werden, daß es darüber hinaus Auswirkungen dieser mentalen Tradition auf die Innovationsbereitschaft und eine – notwendigerweise – angst- und vorurteilsfreie Begegnung mit Wissenschaft und Technik geben kann. Wiederum bleibt zwar die Erfahrung, daß die traditionellen Werte des deutschen Bildungsbürgertums einer offensiven Technikpolitik nicht im Wege stehen müssen; aber dort, wo die wirtschaftliche Umsetzung innovativer Technologien auch tiefgreifende gesellschaftliche Veränderungen oder weitere Eingriffe in die Natur mit sich bringt, dort stoßen die strukturell konservativen Haltungen des deutschen Bildungsbürgertums leicht mit den innovativen Interessen einer modernen Wirtschaft zusammen. Rolf Peter Sieferle beschreibt hier den historischen Zusammenhang sehr eingehend in seinem Buch »Fortschrittsfeinde« (1984).

Dieser Konflikt ist natürlich wiederum keine deutsche Besonderheit; wir kennen ihn heute aus allen Industriestaaten. Was in Deutschland allerdings besonders auffällig zu sein scheint, ist die häufige Mischung aus verabsolutiertem *moralischem* Anspruch und nahezu vollständiger *Unkenntnis* wirtschaftlicher Zusammenhänge. Die Leichtfertigkeit, mit der mancher Lehrer auf Parteitagen über die Realität von Unternehmen im Wettbewerb urteilt, ist erschreckend. Große Teile insbesondere des akademisch ausgebildeten (und wer ist das heute nicht?) deutschen Bürgertums haben eben selber niemals unternehmerische Erfahrungen gesammelt; sie kennen solche Erfahrungen meist auch nicht aus Familie und Verwandtschaft. Sie halten ihre begrenzten Buchkenntnisse von der Wirtschaft für die wirtschaftliche Wirklichkeit: Und mit der wiederum traditionellen Arroganz des Bildungsbürgertums gegenüber allen »materialistischen« Werten gehen sie dann in Fragen wissenschaftlicher und technischer Entwicklungen oft leichtfüßig über wirtschaftliche Interessen und Notwendigkeiten hinweg, wenn ihnen dies eine selbstbestimmte »Moral« zu gebieten scheint. Der Umgang mit gen- und biotechnologischen Projekten in den siebziger und achtziger Jahren war hierfür ein gutes Beispiel. Die Arroganz, mit der Straftaten gegen Castor-Transporte moralisch abgesegnet werden, gehört auch hierher.

Der weit ausgebaute Sozialstaat fördert noch einmal tendenziell diese mentalen Strukturen. Für unsere Zeit ist das nicht unbedenklich. Denn im persönlichen Leben erfahren (jedenfalls galt das bisher) die meisten der nicht selbst in der Wirtschaft tätigen Akademiker die wirtschaftlichen Wechselfälle des Lebens kaum. Man muß sich auch diese Konsequenz des historisch gewachsenen Deutschen Modells immer wieder vor Augen führen. Fast die gesamte Zunft außerbetrieblicher Ausbildung, vom Grundschullehrer bis zum Hochschulprofessor, steht nicht nur in der Tradition dieser Distanz des deutschen Bildungsbürgertums zu Wirtschaft und Unternehmen, und zwar insbesondere zu Handel, Banken und Dienstleistungen: Das Berufsleben der lehrenden Zunft selbst bietet auch kaum eine Chance für Erfahrungen mit Risiken und wirtschaftlich selbst-verantworteten (also folgebelasteten) Entscheidungen. Die Schulen sind staatlich, bis ins Detail reguliert; sie stehen nicht erkennbar im Wettbewerb. Es gibt hier auch – jedenfalls bisher – keine Entlassungen, keine Absenkung der Bezüge usw. Ein Tatbestand, so meine ich, den wir bei unseren Schlußfolgerungen über die Chancen des Deutschen Modells in der Globalisierung nicht werden übersehen dürfen. Denn in diesem Klima bildet sich ein herablassendes Urteil über Unternehmer, Geschäftsleute und Manager, das dann von Schülergeneration zu Schülergeneration fortgeschleppt wird. Diese erst kürzlich von der Universität Bremen veröffentlichte Studie über die völlig unzureichende Bedeutung, die deutsche Schulbücher der Wirtschaft und dem Unternehmertum einräumen, konnte deswegen niemanden überraschen.

Ich hoffe, die Aktualität dieser historischen Betrachtungen ist erkennbar. Aus der Quelle der kleinstaatlichen, föderalistisch-sozialstaatlichen Tradition Deutschlands stammen nicht nur die gemeinschaftsorientierten sozialen Strukturen des Deutschen Modells, stammen Sozialstaat und betriebliche Partnerschaft; mit diesen sind auch eng verwachsen ein akademisch orientierter Bildungsbegriff und eine ebenso unübersehbare wie unüberhörbare Distanz zwischen den deutschen »Bildungsschichten« und allen kaufmännischen Tätigkeiten, insbesondere aber dem Handel und damit verbundenen Dienstleistungen. Der »Makel« des Maklerberufes beispielsweise, der die manchmal noch so erschreckend altdeutsch geprägte SPD auf dem Hannoveraner Parteitag 1970 sogar zu einer Art Berufsverbot für die Hausmakler provozierte, signalisiert eine für das Zeitalter der Globalisierung sehr gefährliche Grundhaltung: Denn Globalisierung heißt wirtschaftlich verstanden auch, daß zukünftig Handel und seine Dienstleistungen gegenüber der Produktion immer mehr Gewicht gewinnen werden.

Das Deutsche Modell im Wettbewerb

Die Ausgangslage

Der Sozialstaat ist für die Deutschen *die* Nation. Das System sozialer Sicherung und Ordnung ist das Fundament, auf das wir unsere Selbstbehauptung im weltweiten Wettbewerb gründen müssen. Es gibt nichts wirklich Gewichtiges, was die Deutschen über den erfolgreichen Sozialstaat hinaus heute emotional bindet, was sie als Nationalgefühl zusammenhält. Wirtschaftliche Leistungsfähigkeit war allerdings schon immer ein bedeutender

Bestandteil der deutschen Identität; aber heute ist sie ihre Substanz. Der Oxford-Professor Harold James beschreibt in »Deutsche Identität 1770–1990« überzeugend, wie stark Deutschland in seiner neueren Geschichte wirtschaftlichen Erfolg mit nationalem Selbstbewußtsein verband.

Diese Ausgangslage bedeutet einerseits eine entscheidende Abhängigkeit der deutschen Nation von positiven Ergebnissen aus ihrer wirtschaftlichen und sozialen Leistungsfähigkeit; eine Schwächung des Systems läßt bei uns noch schneller als in anderen europäischen Nationen Ängste und Orientierungslosigkeit entstehen. Andererseits steckt in dieser Konzentration auf die moderne, »entnationalisierte« Sozial-Nation auch eine Chance. Die Konzentration des »Deutschseins« auf die sozialstaatlichen Aspekte der Nation hat den großen Vorteil, daß Deutschlands Kräfte rational im Sozialstaat gebündelt werden könnten; daß wir Deutschen eben nicht unsere Emotionen und unser Streitpotential an Fragen des nationalen Prestiges einer nostalgischen Großmachtidee verausgaben müssen.

Unsere Fähigkeit zum sozialen Konsens und die grundsätzliche Bereitschaft einer großen Mehrheit der Bevölkerung, den Staat als Moderator dieser Konsensbildung zu akzeptieren, ist kein Zeichen obrigkeitlicher Gesinnung des deutschen Bürgers, sondern eher ein Hinweis auf die pragmatische Vernunft gemeinsamen Handelns, mit der die Deutschen immer *auch* ausgestattet waren. Und diese Fähigkeit bestimmt in Deutschland nicht nur das Verhältnis der großen Mehrheit der Bürger und Bürgerinnen zum Staat, sondern auch der Mitarbeiter im Betrieb zur Unternehmensführung. Die frühe sozialstaatliche Prägung der deutschen Industriegesellschaft und die traditionelle Neigung des deutschen Gewerbes zur Kooperation anstatt zur Konfrontation zwischen Arbeit und Kapital ist noch immer ein verläßlicher Bestandteil des Deutschen Modells. Wo Mitarbeiter und ihre gewählten Betriebsräte in den Betrieben verantwortungsvoll selbst mitentscheiden können, bietet diese Tradition (auch unter zunehmendem Anpassungsdruck der Weltwirtschaft) noch immer ein zuverlässiges Fundament.

Die deutsche Mentalität zeigt nicht nur im politischen, sondern auch im wirtschaftlichen Bereich eine starke Betonung des Faktors »Gemeinschaft«. Das Deutsche Modell erweist seine Vorteile dort, wo Kooperation und Konsens die Entwicklung befördern. Zugleich treten Schwächen dann aber da auf, wo Individualismus und Einzelinitiative im Vordergrund stehen sollten. Dies ist die logische, aber eben auch die erinnerungswürdige Kehrseite der Strukturen unserer Denk- und Arbeitsweise. Sie sind insofern auch verbunden mit Gefahren der Erstarrung. Ein großes, immer zunächst auf Ausgleich gerichtetes System reagiert zwangsläufig langsamer als Systeme, die auf Individualismus, demokratischen Streit und Mehrheitsentscheidung ausgerichtet sind. Fügt man hinzu, daß in Deutschland rechtlichen Ordnungen historisch eine größere Bedeutung zugemessen wurde als dynamischen Prozessen in Wirtschaft und Politik, so sieht man zusätzlich die Gefahren, die dem Deutschen Modell von perfektionierten Rechtsinstituten und Bürokratien drohen.

Dem Bedürfnis nach Konsens entspricht noch eine weitere, markant geprägte Kehrseite der deutschen Gesellschaft: der hohe Wert, der Sicherheit und Ordnung zugemessen wird. Dieses Element deutscher Mentalität führt dazu, daß Risiko- und Experimentierbereitschaft bei uns weniger deutlich ausgeprägt sind. Die traditionelle Rolle des Staates in der Wirtschaft, die über ein Jahrhundert bestehende Tradition eines (vorbildlichen) staatlich geregelten sozialen Versicherungssystems, prägten insgesamt eine Mentalität, die nicht in erster Linie vom wagnisreichen und oft unberechenbaren Charakter weltweiter Finanz- und Handelsgeschäfte geformt wurde, sondern vom überschaubaren Handwerk und einer organisatorisch planbaren Industrie. Es ist dieses Ziel detaillierter Berechenbarkeit, das Bedürfnis nach einer auf diesem Wege zu gewinnenden möglichst hohen Sicherheit, das wiederum auch die deutsche Wirtschaftsmentalität auszeichnet. Kreativ, mit naturwissenschaftlicher Phantasie und technischem (eben berechenbarem) Wagemut gepaart, konnte diese ordnungsbestimmte Mentalität im Industriezeitalter überaus erfolgreich sein. Wie jedoch werden wir auf die beschleunigten Unüberschaubarkeiten der Informationsgesellschaft, auf die wachsende Bedeutung von Handel und Finanzen, auf den Zwang zu immer kurzfristigeren Innovationen antworten? Wie wird das moralisch oft so selbstgerechte Spektrum der deutschen bildungsbürgerlichen Traditionen reagieren?

Der Harvard-Sozialwissenschaftler David McClelland hat in seinem Buch »The Achieving Society« (1961) unter anderem von Beobachtungen eines Vergleichs der USA und (West-)Deutschlands berichtet. Danach erfahren die Deutschen eine persönliche Überforderung häufiger dadurch, daß die *Gemeinschaft von ihnen zuviel erwartet,* während die Amerikaner Überforderungen in der Regel dort erleben, wo die *Gemeinschaft etwas verhindert, was der Einzelne unternehmen will.* »Deutsche«, so sagt der Autor, »beginnen aus der Perspektive der Gesellschaft ..., die Amerikaner ... beginnen aus der Perspektive des Individuums ...«

Die Menschen im Westen unseres Landes allerdings, die seit fast einem halben Jahrhundert im Austausch mit anderen westlichen Völkern, inbesondere den US-Amerikanern, lebten, hatten dank Ludwig Erhards liberaler Reformen die positiven Seiten der traditionellen deutschen Wirtschaftsmentalität immer mehr mit den individualistischen, risikobereiteren angelsächsischen Denkweisen verschmelzen können. Die »Verwestlichung« der alten Bundesrepublik war eben nicht nur politisch, sondern auch wirtschaftlich und kulturell weit fortgeschritten. Der neu hinzugetretene Osten jedoch ist in traditionellem Sinne sehr viel »deutscher« geblieben. Diese verschiedenartigen Auffassungen von Wirtschaft und sozialer Ordnung haben ihre Bedeutung nicht nur im innerdeutschen Vereinigungsprozeß. Sicherheit, Stabilität, staatliche Verantwortung bekommen durch die Bürger Ostdeutschlands wieder im ganzen Deutschland einen stärkeren Akzent, als diese Ziele traditionell in der deutschen Gesellschaft ohnehin hatten. Und die Skepsis gegenüber Unternehmertum, Handel und Gewinn wird durch die ostdeutsche Denkweise wieder deutlich verstärkt. Angesichts der innenpolitischen Bedeutung des Einigungsprozesses in Deutschland werden solche Faktoren unsere europäischen und internationalen Interesse auch wieder stärker bestimmen.

Fünf historisch sehr beständige Strukturmerkmale sollen hier hervorgehoben werden, weil sie im Wettbewerb eines beschleunigten technischen Fortschritts und der Internationalisierung auch für unsere Zukunft eine große Rolle spielen werden: *Erstens* die Bedeutung des föderalen Staates in der Gesellschaft, insbesondere für ihre soziale Ausgestaltung; *zweitens* die große Bedeutung einer mittelständischen Wirtschaft im Verbund mit international leistungsstarken Großunternehmen; *drittens* die besondere, traditionell positive Beziehung zwischen Arbeitnehmern und Arbeitgebern, namentlich ausgeprägt in dem Gewicht, das Betriebsräte und mitbestimmte Aufsichtsräte in Deutschland haben; *viertens* die starke Industrie- und Produktionsorientierung der deutschen Wirtschaftsmentalität im Gegensatz zur stärkeren Handelsorientierung und Dienstleistungskultur der angelsächsischen Gesellschaft; und schließlich *fünftens* die besondere Betonung eines Gemeinschaftsbewußtseins und der Verantwortung des einzelnen für die Gesellschaft im Vergleich zu den mehr individualistisch orientierten angelsächsischen Ländern.

Diese Aspekte haben tiefe historische Wurzeln; eine besondere Bedeutung des Gemeinschaftsbewußtseins liegt allen zugrunde. Ein deutscher »Sonderweg« mag also auf wirtschaftlich-sozialem Gebiet eher als im politischen Bereich begründbar sein.[2]

---

2 Für diese Frage des »Sonderwegs« beziehe ich mich im übrigen auf David Blackbourn und Geoff Eley, The Particularities of German History, Oxford 1989.

Im folgenden soll nun der Blick auf die heutige Leistungsfähigkeit des Deutschen Modells gerichtet werden.

»Benchmarking« der deutschen Wirtschaft

Das Deutsche Modell, bis vor wenigen Jahren noch internationaler Maßstab eines hervorragend wettbewerbsfähigen Sozialstaates, ist in den letzten Jahren immer tiefer in die Kritik geraten. Im engeren Zusammehang zwar mit dem Thema Mitbestimmung, aber wohl doch umfassender gemeint, formulierte der Präsident des BDI, Hans-Olaf Henkel, im Mai 1997 in einem Gespräch mit der ZEIT: »Unser Modell will keiner mehr.« Dabei hatte ein internationaler Vergleich der führenden Industrienationen, den der BDI noch im April 1997 als eine Art *benchmarking*[3] auf der Hannover Messe vorgelegt hatte, so schlechte Ergebnisse gar nicht hervorgebracht. Überhaupt scheinen Daten und Fakten die immer negativere Beurteilung des Standorts Deutschland höchstens in einigen Ausschnitten zu bestätigen. Eine *objektive* Beurteilung der bisherigen Leistungen der deutschen Volkswirtschaft aber ist unentbehrlich, wenn man ermitteln will, welche Reformschritte für eine Festigung des Standortes Deutschland überhaupt möglich und erforderlich sind.

Zunächst: der zunehmende internationale Wettbewerb ist kein überraschendes Phänomen der letzten Jahre. Es scheint zwar übertrieben, wenn der amerikanische MIT-Professor Krugmann dem heutigen Globalisierungsstand jede Besonderheit abspricht und die gegenwärtige Lage schlicht mit Goldstandard und offenem Handel vor 1914 gleichsetzt: Die Verflechtungen sind heute doch ungleich vielfältiger und insbesondere zeitlich unvergleichbar verdichtet. Aber daß es einen kontinuierlichen historischen Prozeß der zunehmenden Verflechtungen gibt, ist unbestreitbar.

---

3 Dieser Begriff aus der amerikanischen Managementpraxis meint einen umfassenden Betriebsvergleich einzelner Betriebseinheiten jeweils gemessen an den in diesem Bereich stärksten Wettbewerbern.

Folglich wird auch seit Jahrzehnten in Westdeutschland (wie übrigens auch in anderen Industriestaaten) über Wettbewerbslage und Standortbedingungen der nationalen Wirtschaft auf dem Hintergrund internationaler Vergleiche debattiert.

Angesichts der Interessenlage von Unternehmern kann es dabei auch nicht verwundern, daß es kaum Zeiten gab, in der die Wirtschaft nicht warnend auf verlorene Märkte und bedrohte Industrien verwiesen hätte; diese Klage ist eine ebenso ständige wie unvermeidliche Begleitmusik der Politik. Doch die Debatte hat in den letzten Jahren ganz erheblich an Lautstärke zugenommen. Immer mehr Daten und Zahlenreihen werden von deutschen Unternehmen, Forschungsinstituten und Politikern als Beweis für verlorenes Gelände und wachsende Gefahren herangezogen. Viele dieser Hinweise sind auch begründet, wie wir sehen werden. Doch dürfen wir gleichwohl nicht die Augen davor verschließen, daß in einer weltoffenen Marktwirtschaft immer über die gefährdete Wettbewerbsfähigkeit der Nation geklagt werden wird: Die Zeiten ändern sich, die Strukturen wandeln sich, und die Betroffenen wehren sich. Es ist dann manchmal nicht leicht, Fakten von Interessenparolen zu unterscheiden.

Seit den frühen Jahren der Industrialisierung gehört es insbesondere zum unternehmerischen Selbstverständnis, auf die negativen Folgen *sozialer* Marktregulierungen hinzuweisen. Das galt für die englische Industrie in den Ausbeutungsjahren, als Charles Dickens seine Romane schrieb, ebenso wie für die Haltung der deutschen Industrie gegenüber Bismarcks Sozialgesetzgebung. Daß in einer solchen Debatte die relativen Nachteile oder sogar akuten Bedrohungen der Volkswirtschaft vorgebracht werden, liegt nahe; das ist die eine Seite. Auf der anderen Seite steht die Erfahrung, daß es für jede Nation gefährlich ist, die Grenzen der »Belastbarkeit« der Wirtschaft zu erproben: Hat man nämlich die Grenze der Belastbarkeit erreicht, kann der Zerstörungsprozeß in der Wirtschaft schon weit fortgeschritten sein. Eine Erholung wäre dann – wenn überhaupt – nur noch mit extremer Kraftanstrengung und unter großen Opfern aller Beteiligten möglich. Man darf die Klagen der Wirtschaft also auch nicht bagatellisieren. Wer den politischen Kurs bestimmen will, muß selbst einen guten Kompaß haben.

Wo steht Deutschland heute? Die Anwort wird dadurch erschwert, daß getrennte statistische Aussagen für die beiden noch immer extrem unterschiedlichen Regionen Ost und West in Deutschland nur noch zum Teil möglich sind. Zum anderen ist es schwierig, eine umfassende Antwort hier in kurzer Zusammenfassung zu geben; für die Niederlande hat der dortige Wirtschaftsminister im Juni 1995 eine immerhin 120 Seiten starke Broschüre »Benchmarking the Netherlands« herausgegeben!

Betrachtet man die wichtigsten Meßzahlen eines internationalen Vergleiches, so scheint die Bundesrepublik Deutschland zunächst durchaus nicht in schlechtem Zustand, *wenn* man die Leistungsunterschiede zwischen der alten Bundesrepublik und den neuen Bundesländern im Kopf hat: Ostdeutschland erwirtschaftet nur 2 % des deutschen Exports, erhält rund 150 Mrd. DM Netto-Transfer im Jahr und liegt dennoch (bei knapp 20 % der Bevölkerung) nur bei etwas über 11 % des Beitrags zum gesamtdeutschen Bruttosozialprodukt.

Und dennoch: Keiner der größeren westeuropäischen Industriestaaten erwirtschaftet pro Kopf seiner Einwohner einen vergleichbaren Pro-Kopf-Exportüberschuß wie das vereinte Deutschland.

Pro-Kopf-Handelsbilanz-Saldo 1995 (in Mio. DM)[4]

Land:	Im (–)/Ex (+)-Überschuß
EU (Durchschnitt)	+ 361
Deutschland, gesamt	+1045
Spanien	– 534
Frankreich	+ 290
Italien	+ 677
Niederlande	+1643
Großbritannien	– 803
USA	– 884
Japan	+1225

Und keines der größeren EU-Mitgliedsländer erreicht zudem ein vergleichbares Pro-Kopf-Einkommen;

Internationaler Vergleich der Pro-Kopf-Einkommen[5]

Land:	1989	1995
EU-Durchschnitt, geltendes Rechtsgebiet	100	100
Deutschland, geltendes Rechtsgebiet	115	111
Spanien	74	77
Frankreich	111	108
Italien	103	103
Niederlande	101	107
Großbritannien	102	96
USA	143	147
Japan	110	117

Kein anderer Mitgliedsstaat kommt bei Stabilität und dem Anteil öffentlicher Verschuldung so deutlich unter die Grenzen der Maastrichter Kriterien (in diesem Fall auf die *alte* Bundesrepublik bezogen, *ohne* ihre außerordentlichen Transferleistungen nach Ostdeutschland).

4 Vorläufige Zahlen, Statistisches Bundesamt, Wiesbaden 1997.
5 Bruttoinlandsprodukt je Einwohner in Kaufkraftstandards, EUROSTAT 1997.

Öffentliche Verschuldung im internationalen Vergleich 1996[6]

Land:	Haushalts-defizit/BIP	Schulden-stand/BIP
EU-Durchschnitt, geltendes Rechtsgebiet	–4,4	73,2
Deutschland, geltendes Rechtsgebiet	–3,8	60,3
Spanien	–4,4	69,5
Frankreich	–4,1	56,3
Italien	–6,8	123,0
Niederlande	–2,3	78,8
Großbritannien	–4,4	49,3
USA	–1,4	67,0
Japan	–4,6	94,9

Diese Leistung der alten Bundesrepublik wird von hoher Produktivität, einem beachtlichen Anteil von Hochtechnologien am Sozialprodukt und einer exzellenten Infrastruktur getragen.

Anteile FuE-intensiver Branchen im verarbeitenden Gewerbe am BIP 1990–1993 (in VH)[7]

Land:	Spitzen-technik	Höherwertige Technik	Verarbeitendes Gewerbe insgesamt
Deutschland (West)	4,0	9,8	28,6
USA	3,7	4,3	17,3
Japan	4,3	8,5	27,6
Frankreich	2,7	5,5	20,6
Italien	2,0	4,7	21,0
Großbritannien	3,4	5,3	19,2

Es ist diese Basis, die es noch immer erlaubt, die Netto-Neuverschuldung der Bundesrepublik insgesamt im Bereich von 3 % im

6 International Monetary Fund, World Economic Outlook, Washington 1997.

7 Bundesministerium für Bildung, Wissenschaft, Forschung und Technologie (Hrsg.), Bonn 1997.

Jahr – so ja die Maastricht-Kriterien – zu halten, und zwar trotz des Finanztransfers von West nach Ost in Deutschland von über 4 % des Bruttoinlandsproduktes pro Jahr (4,2 % in bezug auf das EU-statistikrelevante gesamtdeutsche BIP und sogar 4,8 % in bezug auf das westdeutsche BIP!). Mit diesen Zahlen wird verständlich, warum Deutschland (in erster Linie: West-Deutschland) noch immer ein so beachtlicher Wettbewerber auf den europäischen und internationalen Märkten ist.

Die deutsche Vereinigung hat jedoch nicht nur außenpolitisch, sondern in ganz besonderem Maße wirtschaftspolitisch eine neue Lage auch für Westdeutschland geschaffen; denn die horrenden wirtschaftlichen und sozialen Unterschiede zwischen West und Ost, die 1989 zwischen den *beiden* deutschen Staaten existierten, durften nach 1990 in *einem* deutschen Staat so nicht auf Dauer fortbestehen. Es ist hier nicht der Ort, die politischen Weichenstellungen zur wirtschaftlichen und sozialen Vereinigung Deutschlands eingehend zu behandeln. Meine praktischen Erfahrungen im wirtschaftlichen Vereinigungsprozeß seit den ersten Tagen nach der Maueröffnung haben trotz aller Probleme noch einmal die Überzeugung in mir wachsen lassen, daß es keine politische Alternative zur schnellen und vollständigen Vereinigung gab. Dann aber waren auch die meisten wirtschaftlichen und sozialen Folgen dieses Schritts im wesentlichen unabwendbar. Gewiß, manches hätte man besser machen können; Ostdeutschland hätte zum Beispiel eine Region mit erheblichen Steuerpräferenzen auf lange Frist werden müssen; Kritik an einzelnen Regierungsentscheidungen in West, Ost und im Bund bleibt aus meiner Sicht auch heute noch begründet. Aber die schwerwiegenden Folgen des Zusammenpralls einer hochwettbewerbsfähigen Westwirtschaft mit einer (vergleichsweise) unproduktiven, veralteten und im Wettbewerb gänzlich ungeübten Ostwirtschaft wären nur bei langfristiger Fortführung der Teilung vermeidbar gewesen: eine weder deutschlandpolitisch noch außenpolitisch mögliche Alternative.

Der Standort Deutschland hat aber, mindestens zunächst, unter den Konflikten der Vereinigung erheblich gelitten. Nicht nur sind wir von Platz 2 (1989) der Pro-Kopf-Einkommen in der Europäischen Gemeinschaft auf Platz 4 (1995) abgesunken (wir sind übrigens mit 160 ECU [1995] pro Kopf dennoch der größte Nettozahler der Europäischen Union geblieben). Auch unser Exportanteil am Sozialprodukt fiel von 32 % (West, 1989) auf 23 % (vereinigtes Deutschland, 1996). Die öffentliche Verschuldung, die 1989 rund 42 % des Sozialproduktes (West) betrug – bei einer nur geringen Nettoneuverschuldung –, schnellte auf rund 60 % (vereinigtes Deutschland, 1996) hoch, weil die notwendigen Nettotransfers nach Ostdeutschland, seit 1990 insgesamt deutlich mehr als 1000 Mrd. DM, trotz hoher Steuersätze aus dem Steueraufkommen Westdeutschlands nicht finanziert werden konnten.

Es ist daher nicht verwunderlich, daß sich die Kosten des Wiederaufbaus Ost nun auch auf die Qualität des Standortes West auswirken. Die Abmagerung der öffentlichen Haushalte dort trifft alle politischen Ebenen und macht auch vor notwendigen Zukunftsinvestitionen, zum Beispiel im Hochschulbereich, nicht halt. Es ist nicht absehbar, wie angesichts des nur langsamen Aufbaus einer selbsttragenden Ostwirtschaft diese einseitige Belastung des Standortes in den nächsten Jahren verringert werden könnte.

Dies hat die Politik vor nahezu unlösbare Aufgaben gestellt. Die Ziele *einerseits* die Steuern am Standort Deutschland zu senken, um diesen für Investoren wieder attraktiver zu machen, und doch *andererseits* den politisch, sozial, aber eben auch wirtschaftlich notwendigen Aufbau-Ost ohne falsche Signale für die Währungsunion zu finanzieren, erscheinen nahezu unvereinbar; besonders nachdem man die indirekten Verbrauchsteuern (Mehrwertsteuer, Mineralölsteuer, Tabaksteuer) insgesamt nicht rechtzeitig auf ein europäisches Durchschnittsniveau gebracht hatte.

Mehrwertsteuer im europäischen Vergleich[8]

Land:	Steuersatz (in %):
Deutschland	15,0
Spanien	16,0
Frankreich	20,6
Italien	19,0
Niederlande	17,5
Großbritannien	17,5

Dennoch ist erneut festzustellen: Trotz aller Einschränkungen, die sich aus den Vereinigungsfolgen ergeben, ist es erstaunlich, daß Deutschland im internationalen Vergleich industrieller Leistungsfähigkeit noch immer so günstig abschneidet.

Als ein Indiz abnehmender Attraktivität des Standortes Deutschland gilt auch die unbefriedigende Entwicklung der Zuflüsse von ausländischen Investitionen nach Deutschland im Vergleich zu den deutschen Auslandsinvestitionen; aber auch im Vergleich zu wichtigen Konkurrenzländern, insbesondere den USA und Großbritannien.

Direktinvestitionsflüsse im internationalen Vergleich (in Mrd. US $)[9]

Land:	… Zuflüsse aus dem Ausland		… Abflüsse in das Ausland	
	1986/94	1995	1986/94	1995
OECD	1084,5	189,8	1488,1	242,9
Deutschland	18,1	9,0	139,1	34,9
Frankreich	83,3	12,2	134,3	9,6
Großbritannien	160,5	29,9	231,1	37,8
USA	393,1	74,7	316,3	96,9
Japan	6,6	0,0	239,7	22,3

8 Normalsatz, Stand Januar 1997; Institut der deutschen Wirtschaft 1997.

9 OECD 1996/1997; Deutschland: jeweils geltendes Rechtsgebiet.

Immer wieder wird in der öffentlichen Debatte auf diese Daten hingewiesen. Allerdings ist auch hier zu differenzieren. Generell ist zu sagen, daß Deutschland ohnehin einen relativ hohen Anteil der Industrie am Sozialprodukt hat, so daß zusätzliche Industrie-Investitionen weniger angeraten erscheinen; sodann war der Anteil ausländischer Unternehmen am verarbeitenden Gewerbe in Deutschland immer schon relativ hoch. Schließlich haben die Aufbauinvestitionen im Osten in vielen Branchen Kapazitäten entstehen lassen, für die die Märkte noch geschaffen werden müssen. Das vereinigte Deutschland hat heute unbestreitbar Überkapazitäten.

Die deutschen Exportüberschüsse machen das große Interesse deutscher Exportfirmen verständlich, mit Produktionen den Absatzmärkten ins Ausland zu folgen; aber ein entsprechendes Marktinteresse ausländischer Industrieunternehmen an zusätzlicher Produktion in Deutschland wäre angesichts der bestehenden deutschen Kapazitäten doch eher überraschend. Besonders wenn man zusätzlich bedenkt, daß die DM bis Mitte des Jahres 1997 überbewertet war. Schließlich haben für alle internationalen Dienstleistungen die englisch sprechenden Nationen ohnehin einen kaum zu überschätzenden Vorteil.

Dennoch ist das Mißverhältnis der Zahlen zu groß, um übergangen zu werden. Es gibt eben auch andere Argumente, die gegen den deutschen Standort sprechen: hohe Arbeitskosten, geringe Attraktivität für Dienstleistungsinvestitionen (nicht nur aus sprachlichen Gründen) und eine generelle Überregulierung des deutschen Systems. Und obwohl die negativen Bewertungen der westdeutschen Volkswirtschaft in den aktuellen Leistungsergebnissen heute noch keinen sehr deutlichen Ausdruck finden, wäre es daher leichtfertig, die kritischen Urteile vom Tisch zu wischen. Eher muß man wohl einer Veröffentlichung des von Professor Meinhard Miegel geleiteten Instituts für Wirtschaft und Gesellschaft (IWG) in Bonn zustimmen, das gefährliche »Risse im Fundament« (1995) des deutschen Wirtschaftsgebäudes diagnostiziert hat, auch wenn sich diese in den aktuellen Leistungsdaten noch nicht ausdrücken. Nach Auffassung der Autoren dieser Studie besteht eine realistische Perspektive der deutschen Entwicklung darin, daß Deutschland noch für einige 10 bis 15 Jahre aus der in den Erfolgsjahren angesammelten Substanz zehren kann, um dann (vielleicht ähnlich wie Großbritannien vom späten 19. bis weit in das 20. Jahrhundert hinein) ebenso langsam wie stetig in seiner Leistungskraft abzugleiten. Das IWG, wie sollte es anders sein, sieht natürlich auch eine optimistischere Alternative, auf die ich im Ausblick am Ende dieses Buches zurückkommen werde. Denn es gibt für einen solchen Optimismus durchaus gute Gründe.

Zunächst jedoch noch einmal zur wichtigsten Konsequenz, der Lage auf dem deutschen Arbeitsmarkt. Denn trotz der im internationalen Vergleich noch immer beeindruckenden Leistungsdaten der deutschen Wirtschaft – beeindruckend insbesondere, wenn man die Belastung der Vereinigung in Betracht zieht – weist die Arbeitsmarktentwicklung der vergangenen Jahrzehnte bestenfalls durchschnittliche Ergebnisse auf. Und zwar hier auch dann, wenn man die alte Bundesrepublik und die neuen Länder gesondert betrachtet. Nach der nationalen Arbeitsmarktstatistik der Bundesanstalt für Arbeit in Nürnberg wies West-Deutschland 1997 eine Arbeitslosenquote von 9,6 % auf, während es in ganz Deutschland, aufgrund der transformationsbedingten Arbeitsmarktprobleme im Osten, immerhin gut 11 % waren.

Arbeitslosenquoten in Deutschland 1997 (in %)[10]

Gebiet:	Arbeitslosenquote
Gesamtdeutschland	11,1
Westdeutschland	9,6
Ostdeutschland	17,2

10 Arbeitslosenquote bezogen auf *alle* zivilen Erwerbspersonen, Bundesanstalt für Arbeit, Nürnberg Mai 1977.

Nach der internationalen Arbeitsmarktstatistik hingegen, in welcher die national unterschiedlich konstruierten Arbeitsmarktindikatoren harmonisiert werden und in der die deutsche Quote etwas günstiger ausfällt, betrug die Arbeitslosenquote für Gesamtdeutschland im Jahre 1996 lediglich 9 %; allerdings mit steigender Tendenz, wie wir den Zahlen für 1995 und 1997 entnehmen können. Im internationalen Vergleich liegt die Arbeitslosigkeit in Deutschland aber gleichwohl gegenüber Großbritannien, den Niederlanden und zwei wichtigen außereuropäischen Wettbewerbern, Japan und den USA, deutlich höher.

Arbeitslosenquoten im internationalen Vergleich (in %)[11]

Land:	1995	1996	1997
EU (Durchschnitt)	10,7	11,0	10,9
Deutschland, gesamt	8,1	9,0	9,7
Spanien	22,9	22,7	21,4
Frankreich	11,6	12,3	12,5
Italien	11,7	12,0	12,2
Niederlande	7,0	6,5	5,7
Großbritannien	8,9	8,4	7,3
USA	5,5	5,5	5,2
Japan	3,0	3,1	3,3

Es kommt hinzu, daß die Arbeitslosigkeit auch in Deutschland in erster Linie unzureichend oder überhaupt nicht ausgebildete Personen trifft. Sie wird damit mehr und mehr zu einem Klassenproblem: Unzureichend Befähigte oder sozial erheblich Benachteiligte werden von der gesellschaftlichen Entwicklung ausgeschlossen. Im dritten Kapitel komme ich hierauf noch zurück.

Eine noch kritischere Beurteilung der Leistungsfähigkeit des deutschen Arbeitsmarktes ergibt sich, wenn man die Fähigkeit anderer Volkswirtschaften, zusätzliche Arbeitsplätze zu schaffen,

11 Harmonisierte Zahlen, EUROSTAT März 1997; Quote jeweils im März d. J.

zum Vergleich heranzieht. Hier liegt zwar Europa insgesamt weit hinter den USA und auch Japan; aber auch Deutschland-West weist im europäischen Vergleich nur durchschnittliche Ergebnisse auf. Dies wird noch deutlicher, wenn man statt der jüngsten Vergleichszahl den Vergleichswert 1970–1989, also vor den großen Umbrüchen, heranzieht: ein mageres Plus von lediglich 4,1 %.

Arbeitsplatzgewinne 1970–1996 im internationalen Vergleich[12]

Land:	Zuwachs (in %)
EU 15	+11,1
Deutschland (West)	+ 6,1
Frankreich	+ 6,6
Großbritannien	+ 2,2
Italien	+11,4
Spanien	– 0,2
USA	+58,3
Japan	+22,8

Die Arbeitsplatzverluste im Osten – in wenigen Jahren über ein Drittel aller Erwerbstätigen! – wären zu atypisch, um in den Vergleich einbezogen zu werden.

Erwerbstätige in Deutschland (in Tausend)[13]

Jahr:	West	Ost	Gesamt
1960	26063	k.A.	–
1970	26560	k.A.	–
1980	26980	k.A.	–
1989	27658	9747	37405
1990	28479	8820	37299
1995	28482	6386	34868
1996	28186	6279	34465

12 Zuwächse bei den Erwerbstätigen; Bundesministerium für Arbeit und Sozialordnung 1997.
13 DIW 1997 und Deutsche Bundesbank 1997.

Über die Gründe dieser unterschiedlichen Entwicklungen der Arbeitsmärkte in Europa und in den USA ist in den letzten Jahren viel geschrieben und heftig gestritten worden. Es würde mehr Seiten füllen, als mir hier zur Verfügung stehen, wollte ich versuchen, auch nur die wichtigsten Argumente zu bewerten. In diesem Buch geht es mir um die Frage, welche grundsätzlichen Antworten die *deutsche* Nation und der *deutsche* Sozialstaat angesichts heutiger Gegebenheiten und historischer Erfahrungen auf die veränderten Bedingungen geben könnten. Dafür wird es wichtiger sein, die wesentlichen Ursachen der nun schon über Jahrzehnte wachsenden deutschen Arbeitslosigkeit zu ermitteln. Hierfür wird auf die Abschnitte »Die Illusion von der Rückkehr zur gewohnten Vollbeschäftigung« und »Halbierung der Arbeitslosigkeit« verwiesen.

Zusammengefaßt zeigen die Meßzahlen eines internationalen *benchmarking* für Deutschland also ein verschwommenes Bild: Einerseits ist auch das vereinigte Deutschland noch immer ein starker Wettbewerber, andererseits zeigen die Zahlenvergleiche auch wachsende Probleme in der deutschen Wirtschaftsleistung. Zur Resignation besteht zwar kein Grund – aber ebensowenig zur Selbstzufriedenheit. Entschiedene Reformschritte sind offenbar überfällig.

Die noch immer hervorragenden Leistungsergebnisse der deutschen Volkswirtschaft (im wesentlichen Westdeutschlands) stehen im Widerspruch zur negativen öffentlichen Debatte über den Standort Deutschland. Diese Beurteilung bestimmt heute nicht nur das innenpolitische Klima; auch von internationalen Institutionen erhält Deutschland immer schlechtere Rangplätze. Während der gemeinsame *Competitiveness Report* von IMD (Lausanne) und World Economic Forum (Genf) die alte Bundesrepublik West lange Jahre auf Platz 4 der Weltrangliste der Wettbewerbsfähigkeit plazierte und das wiedervereinigte Deutschland 1992 seinen bislang besten zweiten Platz erreichte, fand sich Deutschland fünf Jahre später im IMD Report 1997 nur noch auf

Platz 14. Der mittlerweile eigene Report des World Economic Forum stufte die Bundesrepublik Deutschland 1997 sogar nur noch auf Platz 25 ein. Schließlich erreichte Deutschland auch in dem von der Bertelsmann Stiftung unter Leitung von Professor Ulrich van Suntum herausgegebenen Arbeitsmarkt-Ranking nach Platz 7 in der Periode 1991–1993 für 1995 nur noch den 8. Platz unter den nunmehr 20 einbezogenen Nationen.

Beim Lesen dieser internationalen Vergleiche drängt sich der Eindruck auf, daß die immer kritischere Beurteilung nicht in erster Linie der deutschen Wirtschaft, sondern der deutschen Politik gilt. Dies wird besonders deutlich aus einer Studie der Gesellschaft für Konsumforschung (GK), veröffentlicht im Juni 1997: In einer Imageuntersuchung wurden 3 400 Führungskräfte in sieben führenden Industrienationen zu den »Made in«-Images eben dieser Länder befragt. Obwohl auch hier eine leichte Verschlechterung des »Made in Germany« zu verzeichnen ist, liegen sowohl deutsche Produkte als auch deutsche Unternehmen noch immer weit vorn auf der Rating-Skala; gleichauf mit den USA, nur hinter Japan. Die Wirtschaft ist also offenbar nicht Hauptziel der Kritik.

Sieht man sich auf diesem Hintergrund die internationalen Beurteilungen der Wettbewerbsfähigkeit Deutschlands noch einmal genauer an, so tritt die kritische Einschätzung der *politischen* Reformfähigkeit des Landes hervor. Es sind nicht die deutsche Wirtschaft und ihre Produkte, es sind auch nicht Unternehmertum und Belegschaften der Betriebe, die im Mittelpunkt der skeptischen Beurteilung des Standortes Deutschland stehen: Es ist die Politik, deren Zögern vor den Reformaufgaben des Sozialstaates in erster Linie für die kontinuierliche Verschlechterung der deutschen Standortperspektiven verantwortlich gemacht wird. Es ist die Politik von der man bisher vergeblich wirksamere Schritte zur Flexibilisierung, zur Vereinfachung und auch zur Verbilligung des Standortes Deutschland erwartet. Entscheidungen zur Verbesserung der Bildungsstrukturen, zur Erleichterung von Risikofinanzierungen für Unternehmensgründungen oder für einen schneller wachsenden Dienstleistungssektor zum Beispiel durch eine Liberalisierung der Handwerksordnung sind *politische* Entscheidungen, die angemahnt werden. Zwar ist viel geschehen, wie man an Einzelpunkten auch belegen kann, doch es fehlt ein erkennbares zusammenhängendes Konzept, das Bewegung in die Trägheit und Resignation bringen könnte. Die wachsenden Kräfte des Wandels, denen wir weltweit begegnen, werden diese Schwäche immer rücksichtsloser aufdecken.

Die Kräfte des Wandels

Geld ist der Triumph der Knappheit
über die Gewalt.
Niklas Luhmann,
Die Wirtschaft der Gesellschaft (1988)

Vorbemerkung über die Bedeutung einer realistischen Einsicht in die Eigenschaften des Menschen

Wenn ich auf die noch immer bestehende heutige Leistungsfähigkeit Deutschlands verwiesen habe, dann gewiß nicht, um die Gefahren für die Zukunft zu bagatellisieren. Denn die sich immer schneller verbreitende Wissensgesellschaft und die ihr folgenden internationalen Verflechtungen stehen erst am Anfang ihrer Entwicklung.

Gesellschaftliche Veränderungen nehmen wir aber meistens erst wahr, wenn sie uns sehr persönlich berühren. Erschrocken blicken wir deswegen heute auf Veränderungen der Wirtschaft und auf die Folgen für unser Leben. Die politische Debatte läßt uns glauben, der wissenschaftlich-technische Umbruch, Internationalisierung und »Globalisierung« seien Entwicklungen der letzten Jahre. Aber dieser Eindruck täuscht. Ein beschleunigter technischer Fortschritt, die ständige Ausweitung der Märkte, das Entstehen einer »Weltwirtschaft« und einer wachsenden internationalen Konkurrenz *sowie schwierige soziale Folgen waren schon immer Inhalt der Geschichte.*

Immer sind die Impulse für diesen Prozeß von der Entwicklung neuer Kommunikationstechniken ausgegangen. Schiffbau, Dampfmaschinen, Eisenbahn, Automobil, Flugzeug, Radio, Fernsehen, Computer, Satellit – sie alle waren Stationen auf dem Wege zu einer immer großräumigeren und immer schnelleren Kommunikation der Menschen miteinander. Und in den so immer dichter verflochtenen menschlichen Beziehungen entstanden neue politische und neue Wirtschaftsräume.

Welche Energie treibt diese Entwicklung voran? Häufig hört man die vorwurfsvolle Antwort: das Kapital, die Multis und dergleichen. Doch die Urachen liegen tiefer; wir finden sie in der Natur des Menschen selbst. Denn die treibende Kraft all dieser Entwicklungen ist die Konkurrenz, ist der in der Evolution angelegte Trieb des Menschen, zu rivalisieren. Wettbewerb wurzelt tief und unausrottbar im menschlichen Wesen. Die in allen industrialisierten Volkswirtschaften immer ähnlicher werdenden Strukturen sind nicht das Ergebnis der Gier einiger mächtiger Multis, die über alle politischen und moralischen Grenzen hinweg der Welt ihren Willen und die ihnen gemäße Form aufzwingen. Die Multis selbst vielmehr, die Wirtschaft selbst, sie sind nur ein Spiegelbild unseres menschlichen Wesens, Verhaltens und Charakters. Die Gesellschaft, die entsteht, sind wir selbst.

Ich weiß, daß diese Ansicht vielen kritischen Intellektuellen nicht behagt. Und zwar gerade denjenigen nicht, die sich eine bessere, eine ganz andere Gesellschaft und Wirtschaft wünschen. Sie möchten Schuldige verantwortlich machen können. Wirtschaftsbosse oder von ihnen abhängige Politiker – oder am besten auch beide Seiten; eben Personen oder *Institutionen, denen man Fehlentwicklungen anlasten kann. Sie leugnen deswegen auch die in Konkurrenzsituationen immer entstehenden Zwänge. Denn wer den Zusammenhang zwischen unserer menschlichen Natur, der Freiheit, sie zu leben, und dem Entstehen einer konkurrenzgetriebenen Kommerzgesellschaft eingesteht, der befindet sich in der unbequemen Lage, nach komplizierteren Antworten suchen zu müssen.*

Als ich spät im Jahre 1981 begann, ein Konzept der Hamburger Regierungspartei SPD für den Bürgerschaftswahlkampf 1982 zu entwerfen, fiel mir auf, daß es den politischen Führungsgremien der Stadt bis dahin an einer zentralen Aussage über die Wettbewerbslage Hamburgs gefehlt hatte. Die sogenannten Rahmenbedingungen für Hamburg hatten sich im Laufe der siebziger Jahre aus vielerlei, meist nicht in Hamburger Hand liegenden

Gründen völlig verändert, und zwar meist verschlechtert. Ich wollte für diese neue Lage eine wirtschafts- und sozialpolitische Konzeption formulieren und so die Politik strategisch auf einen neuen Nenner bringen. Das gelang uns dann 1983/84 mit der Formulierung einer Hamburger »Standortpolitik«, die auch heute, 15 Jahre später, noch den konzeptionellen Kern vieler politischer Arbeiten der Stadt bildet.

Damals lag mir daran, zunächst die allgemeinen Gesichtspunkte einer veränderten »Wettbewerbslage« in den Mittelpunkt zu rücken. Auf diese Weise wollte ich eine umfassende Überprüfung der Konkurrenzfähigkeit der Stadt einleiten. Auf die Ergebnisse dieser Prüfung sollte dann mit einem Bündel von Maßnahmen geantwortet werden. Ich erinnere mich nun, wie schon in den ersten Beratungen meines Entwurfes eine dann über viele Jahre geführte innerparteiliche Debatte darüber einsetzte, ob aus sozialdemokratischer Sicht die Fähigkeit zu konkurrieren überhaupt Ausgangspunkt einer Stadtpolitik sein dürfe. Eines der führenden Mitglieder der Hamburger SPD warf die Bemerkung in die Debatte, es sei ja sicher richtig, daß Hamburg sich auf die neue Lage einrichten müsse, aber man stoße sich eben schon an dem Wort »Konkurrenz«. Könne man die Zusammenhänge nicht auch anders zutreffend umschreiben? »Konkurrenz und Wettbewerb sind doch keine sozialdemokratischen Kategorien!«

Ich berichte das hier, weil der Vorgang nur etwa eineinhalb Jahrzehnte zurückliegt und die kritische innerparteiliche Debatte um meine Hamburger »Standortpolitik« in den Jahren danach dieser ersten Einschätzung meines Freundes recht gab: Auf allen Ebenen stieß sich die SPD immer wieder an der – für mich doch völlig unbestreitbaren – Auffassung, daß auch eine Stadt zentral von einer Konkurrenzlage bestimmt wird; daß jede erfolgreiche Stadtpolitik deswegen auch von diesem Faktum ihren Ausgang nehmen muß. Welch lange Lernstrecke mußte die Politik, insbesondere natürlich die sozialdemokratische, in den letzten Jahrzehnten zurücklegen! Wieviel unverarbeitete, obwohl doch unübersehbare Wirklichkeit blieb vor den Toren der »Theorie-Gebäude« liegen. Und noch immer hat die Wirklichkeit ihren zentralen Platz dort nicht gefunden.

Äußerst nachhaltig haben auch in meiner sozialdemokratischen Partei Wunschvorstellungen von den Eigenschaften des Menschen und einer menschlichen Gesellschaft das Auge für diese unveränderbaren Bausteine der Wirklichkeit getrübt. Und nun beginnt diese Partei unter Oskar Lafontaines Führung erneut, sich auf den alten Irrweg zu begeben, diesmal in der Hoffnung, den Zwängen des Wettbewerbs durch eine internationale Wettbewerbsordnung zu entgehen! Wer die notwendige Debatte über die Wettbewerbsfähigkeit des Standortes Deutschland als »neo-liberales Gequatsche« abtut, bewirkt eine ebenso gefährliche Täuschung der Wähler wie eine Selbsttäuschung der Partei. Doch darauf werde ich später noch einmal zurückkommen müssen.

Denn wer praktische Wege für eine bessere Politik finden will, muß zunächst ein klares Verständnis von den Ursachen der gesellschaftlichen Entwicklungen, also von den Kräften jener Veränderung haben, die uns herausfordern. Ein wichtiger Grund für die immer größer werdende Kluft zwischen gesellschaftlicher Wirklichkeit und politischem Handeln liegt darin, daß für die politische Arbeit in der veränderten Welt ein theoretisches Fundament fehlt. Diese Theorielücke kennzeichnet heute insbesondere die Wirtschaftspolitik der SPD. Die SPD wurde schon im 19. Jahrhundert wirtschaftspolitisch auf einen theoretischen Irrtum gegründet: Sie verstand das private Eigentum *an den Produktionsmitteln als Ursache der sozialen Mißstände und übersah damit beides: die Zwänge des Wettbewerbs und zugleich die emanzipatorischen, demokratischen Konsequenzen, die mit der Institution des Eigentums nicht nur in der Wirtschaft untrennbar verbunden sind. Nur schwer kann sich deswegen die SPD bis zum heutigen Tage zu einer grundsätzlichen Rekonstruktion ihres Theoriegebäudes entschließen; zu gewichtig sind die geistigen*

Traditionen. Doch der theoretische Unterbau muß stimmen, wo vernunftorientierte politische Praxis eine reale Chance haben soll.

Wenn wir nicht resignieren wollen, kommt alles auf diese Praxis an. Denn unser Gesamtsystem »Menschheit« hält einen Kurs, der ohne Korrektur in eine Katastrophe führen kann. Da sind einsichtsvolle Warnrufe ebenso unbefriedigend wie naive Ermutigungen: Was wir brauchen, sind Brücken zwischen wissenschaftlicher Einsicht und politischem Verhalten, zwischen Wissen und Handeln. Solche Brücken aber können nur tragen, wenn sie an beiden Ufern, im Erkennen und *im Tun, auf einem soliden Fundament ruhen.*

Ein solches Fundament muß zunächst auf eine realistische Einschätzung der menschlichen Natur gegründet sein. Alles, was der Mensch in der Natur gestaltet, ihr abgerungen, ihr entgegengestellt hat, stammt von Menschenhand. Wenn wir uns nicht bemühen, den Menschen zu verstehen, sein Handeln und sein Verhalten realistisch einzuschätzen, werden wir politisch scheitern. Auch der ursprünglich so hochherzig begonnene Sozialismus ist unter sowjetischer Herrschaft im Kern an Illusionen über die Natur des Menschen gescheitert. Es waren diese Illusionen über die Formbarkeit der menschlichen Natur, des Neuen Menschen, die schon in der Französischen Revolution gut gemeinte Ziele zu Gewalt und Terror verkommen ließen. Nur eine nüchterne Einschätzung menschlichen Verhaltens in Freiheit kann Grundlage erfolgreicher Politik sein. Dies ist vielleicht die wichtigste Lehre unseres Jahrhunderts.

Rivalität als Motor der Menschheit

Wenn wir die Veränderungen der Gesellschaft durch Wissenschaft, durch Technik und Märkte verstehen wollen – und zwar die Wunderwerke dieses Prozesses ebenso wie seine lebensbedrohenden Folgen –, dann müssen wir also an die Wurzeln menschlichen Verhaltens gelangen. Denn beide Entwicklungen, Wissenschaft und Markt, sind nicht das Ergebnis einiger weniger »weichenstellender« Entscheidungen irgendwann in der Geschichte, sondern stellen ein natürliches Produkt jedes gemeinschaftlichen menschlichen Verhaltens in Freiheit dar. Läßt man die Menschen tun, was sie können, und ziehen, wohin sie wollen, dann erwächst daraus wie von selbst eine immer breitere Basis wissenschaftlicher Erkenntnis, und dann entstehen im Gefolge der wissenschaftlichen und technischen Revolutionen auch zwangsläufig immer größere Märkte, Weltmärkte.

Das Tempo dieser Entwicklung bestimmten nicht die Politik und nicht ein irgendwo ausdrücklich formulierter Wille der Gesellschaft, sondern allein der wissenschaftliche Ehrgeiz vieler einzelner Forscher, der wirtschaftliche Antrieb vieler einzelner Unternehmer – und wir selbst als Teil von Gesellschaft und Wirtschaft. Öffentliche Finanzierung hat für die wirklich umstürzenden, neuen Erkenntnisse nur am Rande eine Bedeutung. Sind Erkenntnisse, wo auch immer einmal gewonnen, nutzbar, dann werden sie vom Wettbewerbsgeist der Unternehmer genutzt, wiederum fast völlig unabhängig von staatlichen Einflüssen. Und stimmt dann das Verhältnis zwischen der Transportfähigkeit der

Produkte und ihren Absatzchancen, dann entstehen in einer grenzoffenen Welt die entsprechenden Märkte, und dann wächst ein komplexes System von Spezialisierung (Arbeitsteilung) und Wettbewerb, das uns alle in immer vielfältigere Geflechte von Beziehungen bindet. So hat Fernand Braudel in seinem großen Werk »Aufbruch in die Weltwirtschaft 1500–1800« den Entwicklungsprozeß beschrieben. So entspricht es der menschlichen Erfahrung in den drei Jahrtausenden Menschheitsgeschichte, die wir einigermaßen übersehen. Und so erfahren wir es ja auch selbst in unseren Tagen.

Die Marxsche These also, daß die kapitalistische Entwicklung das Ergebnis jeweils herrschsüchtiger Klasseninteressen sei, so daß eine klassenlose Gesellschaft andere Wege gehen könne, ist widerlegt. Denn gibt man den Menschen Freiheit, dann entwickeln sich ein Produktionssystem und ein Lebensstandard etwa so, wie wir das heute verhältnismäßig gleichartig in allen westlichen Industrienationen kennen – und zwar mit den Kosten (den Umweltschäden, den sozialen Unterschieden usw.), die uns ebenfalls immer deutlicher vor Augen treten. Und auch mit den wachsenden Konflikten zwischen wirtschaftlicher Effizienz und sozial gerechten Beschäftigungschancen. Nicht die »Klasse« herrscht, sondern ein evolutionärer »Prozeß«.

Der Kapitalismus ist das Produkt von freien Menschen, nicht nur von »Kapitalisten«. Man kann, wie dies ein vorherrschender Zweig der Evolutionsbiologie vertritt, diese Tatsache auf die ungewöhnlich aggressiven Eigenschaften des »Säugetiers« Mensch, insbesondere seiner männlichen Variante, zurückführen. Aber das ändert nichts am Ergebnis: Es ist die Freiheit, die den Kapitalismus hervorgebracht hat, diese immer wieder erstrittene Freiheit, und nicht die Unterdrückung.

Wir brauchen hier den Streit der Philosophen und Sozialwissenschaftler über die Frage der ererbten Grundzüge des menschlichen Wesens, nämlich ob es im Kern individualistisch und egozentrisch oder altruistisch und sozial sei, nicht wieder aufzunehmen: Die moderne Evolutionsbiologie läßt uns wissen, daß der Mensch beide Eigenschaften und Bedürfnisse in seinem Erbgut birgt: den Trieb zu überleben, sich aggressiv durchzusetzen und aus dieser Stärke Sicherheit zu gwinnen; aber deswegen eben auch das Bedürfnis, den Trieb, die Notwendigkeit, durch sein Verhalten soziale Akzeptanz und *Geborgenheit* in der Gruppe zu finden. Beides gehört zum Menschen, und zwar nicht nur als individuell erworbene, sondern auch als kollektiv ererbte Merkmale des menschlichen Wesens. Der Mensch ist nur in menschlicher Gemeinschaft ein »Mensch«; er kann auch nur in ihr überleben.

Schon an dieser Stelle muß deswegen darauf hingewiesen werden, daß jeder Mensch das für ihn passende Gleichgewicht zwischen Rivalität und sozialer Geborgenheit nur aus persönlicher Erfahrung erlernen kann. Sein Verhalten wird geprägt durch Verluste und Schmerzen, die er erleidet, wenn er sich entweder allzu sehr auf seine individuelle Stärke verläßt oder, um der sozialen Geborgenheit willen, von diesen Fähigkeiten zu wenig Gebrauch macht. Wo der Mensch nicht mehr imstande ist, das für ihn nötige Gleichgewicht zu finden – zum Beispiel, weil ihm Leistung oder Geborgenheit versperrt werden –, dort hört er meist auch auf, sozial kreativ zu lernen.

Bildet der Mensch größere Gemeinschaften, so entstehen Beziehungen, die den Austausch der unterschiedlichen Fähigkeiten einzelner Individuen beinhalten und regeln. Es entstehen »Märkte«. Wenn zwei Menschen dieselbe Arbeit mit demselben Ertrag leisten und auch nur diese Arbeit leisten können, dann brauchen sie nicht zu tauschen. Sie treten mit ihren gleichen Arbeitsprodukten nicht in einen *wirtschaftlichen* Konkurrenzkampf. Dann entsteht auch kein Markt. Sie mögen einander wie Kain den Abel erschlagen, weil Rivalität (oder »Wettbewerb«) auf eine andere, nicht in erster Linie vom Ertrag bestimmte Dimension ausgerichtet ist; für Kain auf das Wohlgefallen Gottes. Aber Neid ist ja auch nur eine Variation auf das Thema Rivalität, wie wir gesehen haben.

Doch der Zustand gleicher Arbeitsprodukte ist vorgeschichtlich, ist biblisch. Der Trieb, durch eigene wirtschaftliche Arbeitsleistung zu überleben, das persönliche Wohlergehen zu erhöhen oder zu sichern, war in den Jahrtausenden überschaubarer Geschichte immer ein wesentlicher Motor aller gesellschaftlichen Veränderungen und Entwicklungen; und zwar gleichgültig, wie die Gesellschaft gestaltet war. Adam Smith, der wegen seiner im Jahre der amerikanischen Verfassung (1776) erschienenen Untersuchung »An Inquiry into the Nature and Causes of the Wealth of Nations« (in deutscher Übersetzung: »Der Wohlstand der Nationen. Eine Untersuchung seiner Natur und seiner Ursachen«) als Prophet der modernen Wettbewerbswirtschaft gilt, hat deswegen auch mit seinen Erkenntnissen nicht etwa ein neues Konzept geschaffen, sondern nur zu Beginn des Industriezeitalters durch die Systematisierung dieser menschlichen Erfahrungen nachhaltigen Einfluß und Ruhm erworben.

Heute scheint der immer schärfere Wettbewerb der Menschen, der Unternehmen, ja der Nationen einen Punkt erreicht zu haben, an dem viele von uns meinen, die Grenze des für den Menschen Nützlichen und Sinnhaften sei überschritten. Immer schneller können immer mehr und immer vielfältigere Waren und Dienstleistungen produziert werden. Unsere Aufnahmekraft scheint zugleich immer spürbarer hinter den Möglichkeiten des Angebots zurückzubleiben. Wie in Goethes »Zauberlehrling« möchten viele Bürger der Industriestaaten, die ja schon einen relativ hohen Lebensstandard haben, diese »Konkurrenzmaschine« Menschheit anhalten und unter Kontrolle bringen; unserem menschlichen Rhythmus und Bedarf anpassen und unterwerfen.

Aber wir sind es noch immer selbst, es sind unsere ureigensten menschlichen Eigenschaften, die dieses wissenschaftlich-technische Wachstum in Gang halten. Und frühere Generationen begrüßten die Ankunft der Dampfmaschine, der Eisenbahn, des Autos oder des Radios mit ähnlichen Gefühlen. Wir, die später Geborenen, wünschen uns die vorindustrielle Welt, also ein Leben ohne diese *damaligen* technischen Revolutionen, ohne schmerzlose Operationen, ohne Hygiene und ohne Reisen zum Beispiel, heute nicht zurück. Wir müssen uns deswegen immer bewußt bleiben, was wir Konkurrenz-Denken und Konkurrenz-Handeln verdanken. Und erkennen, daß diese nicht erst das Produkt unserer heutigen, kommerzialisierten Welt sind. Schon Kain hatte die »Konkurrenz« in der besonderen Gestalt des Neides befallen. Nicht unsere kommerzialisierte Welt hat den Konkurrenztrieb, sondern unser Konkurrenztrieb hat die kommerzialisierte Welt geschaffen.

Die menschliche Konkurrenz entsteht aus der Überschneidung von zwei menschlichen Grundbedürfnissen: dem Trieb, individuell zu überleben, und dem Wunsch nach sozialer Geborgenheit, eben um zu überleben. Aber um in der *Gruppe* zu überleben, muß der Mensch sich *auch* in der *Gruppe* als stark, wenn möglich als stärker erweisen, weil eben auch die anderen Menschen in der Gruppe jeweils beides mitbringen: ihren Egoismus und ihr Bedürfnis nach sozialer Bindung. Das Bezugssystem für die Sicherheit des Einzelnen sind immer die Anderen. Wenn Sicherheit in der Gemeinschaft auch in Stärke, in Autonomie, in Selbstbehauptung gegenüber diesen Anderen liegt, dann muß Konkurrenzdenken ein bedeutender Faktor auch im Zusammenleben der Menschen sein. Mit anderen Worten: Das soziale Wesen Mensch kann nur sozial sein, wenn es sich (um zu bestehen, um zu überleben) zugleich auch als Rivale verhält. Das ist keine Ideologie, die den Philosophien von Hobbes oder Spencer nachgebetet wurde, das ist keine soziologische Spekulation mehr, sondern das ist heute naturwissenschaftliche Erkenntnis.

Nur von dieser Einsicht aus können wir daher auch eine sichere Ausganspostion für die Politik gewinnen. Konkurrenz und Wettbewerb sind Wesensmerkmale jeder »freien« Gesellschaft; jeder Gesellschaft also, die dem Menschen diejenigen Freiheiten einräumt, von denen wir heute als den Grundrechten ausgehen. Man könnte auch sagen: Wer diese Grundrechte will, der muß im Kern auch Konkurrenz wollen. Wer den freien Menschen will (und weiß, daß er dann den Menschen mit seinen evolutionär entwickelten Eigenschaften auch so nehmen muß, wie er ist!), der muß auch freie Konkurernz wollen. Denn jeder freie Mensch versteht sich eben immer *auch* als Konkurrent. Kreativität und Freiheit sind untrennbare Geschwister; Kreativität und Rivalität sind zwei Seiten *einer* Medaille. Auf diese Weise sind aber leider auch Freiheit, Kreativität *und Aggressivität* Verwandte. Es war deswegen immer die entscheidende politische Aufgabe, um der *gemeinsamen* Existenz willen die Freiheit des Einzelnen oder ganzer Gruppen sinnvoll und produktiv einzuschränken.

Warum sind diese Eigenschaften des Menschen, die im individuellen Verhalten des Einzelnen so tief verwurzelt sind, zugleich zu dem entscheidenden Motor der wirtschaftlichen, ja der gesamten gesellschaftlichen Entwicklung der Menschheit geworden? Auch hier will ich mich nicht mit den zahlreichen Theorien zu den Ursprüngen des westlichen Kapitalismus befassen: Mir scheinen diejenigen recht zu haben, die mit dem Franzosen Fernand Braudel eine Antwort in den immer weiter gesteckten geographischen Grenzen und dem sie dann immer wieder überschreitenden Handelsverkehr sehen. Das ursprüngliche Fundament des Kapitalismus ist der Handel, nicht die Industrie. Woher kommt aber alle Energie?

Die Überlegenheit des Menschen über andere Lebewesen auf dieser Erde gründet evolutionär auf der Entwicklung seiner Erkenntnisorgane, seiner Intelligenz. So kann es nicht verwundern, daß auch die Fortentwicklung der menschlichen Erkenntnis in Philosophie, Naturwissenschaft und Technik stets um zwei Ziele kreiste: um die Stärke der Menschen in ihrer Rivalität untereinander und um die Herrschaft des Menschen über andere Lebewesen und die Natur. Konkurrenz hat seit jeher nicht nur das Geschäft belebt, sondern auch die Wissenschaft vorangetrieben; und nicht nur zufällig ganz an ihrer Spitze die Militärtechnik. Ja, sogar die Religion und die Künste unterlagen – und unterliegen –

sehr viel stärker diesem Antrieb der Konkurrenz, als wir manchmal ahnen oder doch mindestens zugeben wollen.

Wir tragen in uns ein hehres Bild der Wissenschaft, ein Bild des Forschers, selbstlos hingegeben einer einzigen Aufgabe, der Suche nach Wahrheit und Erkenntnis. Aber schon die Tatsache, daß Wissenschaft von menschlichen Individuen betrieben wird, sollte Skepsis gegenüber diesem schönen Bild wecken. Denn Menschen rivalisieren eben, und wissenschaftliche Ergebnisse sind Ergebnisse menschlicher Arbeit – warum sollten ausgerechnet hier Rivalität und Kokurrenz keine zentrale Rolle spielen? Warum sollte ausgerechnet der Wissenschaftler ein Mensch ohne die wichtigste Eigenschaft des Lebewesens Mensch sein: ohne den Trieb, durch überlegene Leistung Anerkennung (und Geborgenheit) in der menschlichen Gesellschaft zu finden?

Ich werde auf diesen Zusammenhang noch einmal dort zurückkommen müssen, wo es um die Chancen einer wirksamen Steuerung der wirtschaftlichen Entwicklungsprozesse geht. Jedoch sei schon hier auf die grundlegende Studie von David L. Hull »Science as a Process« (1988) verwiesen, in der die evolutionäre Mechanik der Entwicklung der Wissenschaften und eines vorrangig konkurrenzgetriebenen Wissenschaftssystems theoretisch und exemplarisch begründet wird.

Die Geschichte als Wettbewerb der Nationen

Warum entstand der moderne Kapitalismus nicht im hochkultivierten China, nicht im persischen oder osmanischen Großreich, sondern in Kontinentaleuropa? Ihr fortgeschrittener Stand der Wissenschaften in früheren Jahrhunderten hätte allein schon den asiatischen Reichen einen Vorsprung einräumen müssen. Folgt man für die Anwort den Überlegungen von Fernand Braudel, Immanuel Wallerstein und Paul Kennedy, dann hat dazu maßgeblich die besondere Verflechtung der Staaten und Gesellschaften in Europa beigetragen: Die schärfere Konkurrenz verschiedener und doch verwandter Kulturen hat den Evolutionsprozeß der europäischen Gesellschaften beschleunigt. Diese europäische Ausprägung der menschheitlichen Evolution hat dann zur wirtschaftlichen und kulturellen Dominanz Europas bzw. seines kulturellen Ablegers, der USA, auf allen Kontinenten geführt.

Die Historiker meinen also, daß neben hervorragenden klimatischen Bedingungen der überragende europäische Erfolg in erster Linie auf Europas geographische Lage und Struktur zurückzuführen ist. Die gleichzeitigen Möglichkeiten von Kommunikation *und* Abschirmung, von überregionaler Konkurrenz *und* regionaler Selbständigkeit waren hierfür entscheidende Voraussetzungen. In Europa konnten nach dem römischen Imperium (anders als zum Beispiel in China oder Persien) trotz enger regionaler Verflechtung schon aus geographischen Gründen kaum homogene »Großreiche« entstehen. So entwickelten sich frühzeitig ethnisch und sprachlich sehr verschiedenartige und miteinander heftig konkurrierende kulturelle und politische Einheiten, die aber dennoch zugleich geographisch eng beieinander lagen und sehr intensiv miteinander kommunizierten. Oft zwar auch durch Krieg, aber in Krieg *und* Frieden lernten sie ständig voneinander. So erlaubte Europa in seiner geographisch zwar zergliederten, aber doch auch relativ kleinräumigen Struktur beides gleichzeitig: Rivalität und intensive Kommunikation der Völker in Gedanken und Wissenschaft, in Waren und Dienstleistungen. Weniger aus den religiösen oder konfessionellen Entwicklungen also (wie dies zum Beispiel Max Weber in seinen Überlegungen zur Entwicklung von Kapitalismus und protestantischer Ethik meinte), scheint mir die Besonderheit des europäischen Erfolges in den letzten 2000 Jahren erklärbar zu sein, als aus den besonderen geographischen und sich daraus wiederum ergebenden politischen Ausganspositionen einer kulturellen Rivalität auf einem relativ kleinen, aber klimatisch begünstigten Kontinent.

Die Energie, mit der es den Europäern gelang, den Rest der Welt in ihre Kultur einzubeziehen, ist von einer besonders intensiven Reibung innereuropäischer Konkurrenz erzeugt worden. Das von Unterschiedlichkeit und Nähe besonders scharf geschliffene Wettbewerbsbewußtsein der europäischen Städte und Staaten schuf auch eine besondere Effektivität in der Nutzung von Wissenschaft und Technik im Wettbewerb der Staaten und Nationen. Von ihren Begabungen her hätten natürlich andere große Kulturregionen die gleiche Chance gehabt wie die Europäer. Aber insbesondere die asiatischen Großreiche erzeugten mit ihren einheitlichen Ordnungen (soweit die Technik dies jeweils zuließ) und den damit verbundenen bürokratischen, auf Einheit und Unterwerfung gerichteten Verwaltungsstrukturen – im Vergleich zu der Vielfalt der miteinander konkurrierenden, sehr viel kleineren europäischen Staaten – einen dort bis heute nachwirkenden Nachteil.

Nicht irgendein unerklärbarer autonomer Vorsprung in Wissenschaft und Technik, kein Zufall also hat Europa in jene beherrschende Rolle gebracht, die zunächst die gewaltsame Kolonisation anderer Kontinente und später die kulturelle Dominanz europäischen Denkens und europäisch geprägter Wirtschaftsstrukturen ermöglichte. Rivalität in der Kommunikation war die Energie des Motors, der die materielle Überlegenheit der europäischen Nationen und damit die Europäisierung der Welt ermöglicht hat. Europa war schon früh der »kleine Weltmarkt«.

Konkurrenz sucht immer neue Chancen. Als der merkantilistische Raum kleiner Feudalherren in Europa erschlossen war, mußte der größere Raum folgen. Die Nation wurde zum Wettbewerbsraum, und die jeweils größeren Räume wurden mit immer neuen, immer großräumigeren Strukturen ausgefüllt. Wo dies nicht oder erst spät gelang (wie z. B. in Deutschland), dort blieb auch die wirtschaftliche Entwicklung zunächst zurück (obwohl die Wissenschaft gerade in Deutschland einen hohen Stand erreicht hatte). Dann aber, als der größere Raum sich in Deutschland – zunächst im Zollverein und später im Reich – öffnete, konnte Deutschland um so schneller und explosiver nachholen, was, zum Beispiel, in Großbritannien oder Frankreich früher und über einen viel längeren Zeitraum gewachsen war.

Ein anderes Beispiel bieten die USA und Japan. Die USA, dieser im Ursprung koloniale europäische Ableger, umfaßt heute einen Kontinent. Der große Raum, die Freiheit des Individuums und die weitgehende Abwesenheit von Staat und Bürokratie setzten in den neuen Siedlern bisher ungekannte Konkurrenzkräfte frei und speisten damit eine ökonomische Kraftmaschine, wie sie bis heute ihresgleichen sucht. Doch das vielfältige Europa blieb immer ein Teil dieses neuen materiellen und geistigen Wettbewerbsraumes. Allerdings, die amerikanische Kraftmaschine erzeugte auch die bisher wahrscheinlich zerstörerischste ökologische Wirkung auf die Natur und vernichtete zugleich die ursprünglichen Bewohner des nordamerikanischen Kontinents. Auf keinem Kontinent wurden in so kurzer Zeit die Urbevölkerung ausgerottet, Landschaft und Klima verändert und die Tierwelt zu Tode gehetzt wie im Nordamerika der Siedler und Einwanderer.

Japan wiederum hatte sich über Jahrhunderte von der Begegnung mit anderen Kulturen abgeschottet. Erst in der Mitte des 19. Jahrhunderts wurde das Land durch einen Gewaltakt der US-Marine geöffnet, um sich dann kaum ein Jahrzehnt später in den großen Reformanstrengungen der Meiji-Periode europäischer Erfahrungen und Strukturen (z. B. im Bildungswesen) als Sprungbrett in die internationale Wettbewerbsfähigkeit zu bedienen. Das abgeschottete Japan hatte sich zwar über Jahrhunderte durch »Schlüssellöcher« portugiesischer und niederländischer Missions- und Handelsniederlassungen auf seinen Inseln einen Blick auf die europäischen Entwicklungen ermöglicht; aus diesen Erkenntnissen hat Japan damals auch seine Auswahl des »Nützlichen« getroffen. Doch in dieser Zeit war japanisches Lernen wertorientiert an den Maßstäben der hochentwickelten japanischen Inselkultur. So entstand bis in die Mitte des 19. Jahrhunderts eine einzigartige Mischung aus mittelalterlichen Gewohnheiten und mancher modernen Technik. Doch *wettbewerbsfähig* war das auf seine Weise ebenfalls hochentwickelte Japan vor den Meiji-Reformen nicht: Das Fehlen einer offenen Kommunikation zu anderen Völkern hatte dies verhindert. Erst mit den Öffnungsreformen nach 1868 entstand dann das unersättliche, weltweite Wettbewerbsstreben Japans.

Es ist die Berührung der Völker miteinander, die ihr Wettbewerbsbewußtsein schärft. Und es sind Kriege oder Wirtschaftswettkämpfe (oder auch beides), mit denen die Rivalität der Völker ausgetragen wird. Wirtschaftswettkämpfe sind die friedlicheren Formen; ihr Werkzeug ist der Markt. Rolf Peter Sieferle, den ich breits zitierte, faßt dies so zusammen: »Die Suche nach einem Subjekt oder einer dominanten Struktur in der Geschichte ist daher wohl vergeblich und auch überflüssig. Es genügt, Geschichte als revolutionäre Transformation natürlicher und symbolischer Muster zu verstehen, deren Organisationsprinzip nicht zur bewußten Disposition der Individuen steht.«

Es gibt keine Gesellschaft ohne Markt

Nationale und internationale Arbeitsteilung waren die entscheidenden Faktoren in der Entwicklung unserer heutigen Welt; nicht alles, was wir wissen, aber fast alles, was wir besitzen, verdanken wir dieser arbeitsteiligen Gesellschaft. Sie gründet auf immer komplexer und komplizierter werdenden Systemen der konkurrenzgetriebenen Kommunikation. Und von diesen Kommunikationssystemen ist der Marktmechanismus der wichtigste.

Der Markt ist ein nach Regeln und Gebräuchen ablaufendes Verfahren des Tausches. Keine auch noch so primitive, aber eben doch arbeitsteilige Gesellschaft konnte je ohne den Mechanismus des Marktes auskommen. Das Regelsystem des Marktes mußte unter den jeweiligen wirtschaftlichen und politischen (hierarchischen) Rahmenbedingungen immer für beide Seiten des »Tausches« zweckmäßig (um nicht zu sagen fair) und akzeptierbar sein. Auch wo in einem ausbeuterischen System die bestehenden Herrschaftsverhältnisse ein für bestimmte Marktteilnehmer ungerechtes Tauschverhältnis erzwingen, heißt dies doch zugleich, daß bis zur Änderung dieser Regeln und Rahmenbedingungen die bestehenden Regeln des Marktmechanismus nolens volens akzeptiert werden. Der zynische sowjetische Arbeiterwitz aus den Breschnew-Jahre: »Die tun so, als ob sie uns bezahlen, und wir tun so, als ob wir arbeiten«, gibt diese Situation sehr treffend wieder.

Wie auch immer der Markt gestaltet war oder ist; was seine Ordnung und seine Regeln, was sein System von Risiken und

Chancen auch bilden mag: man denke sich den komplexen Tauschmechanismus des Marktes (im weitesten Sinne, wie der Begriff hier gebraucht wird) einmal weg, und vor unseren Augen erscheint trotz des riesigen heutigen Wissens und trotz nahezu unbegrenztem individuellem Können sogar für unsere Tage zwangsläufig und unausweichlich wieder das Bild einer primitiven Sammler- und Jägergesellschaft, in der die ungezähmte Natur den Menschen in ihrer unbeschränkten Herrschaft hält; und in der die Gruppe, in der der Stamm alles teilt und doch nichts besitzt, außer der Chance, auch morgen wieder der Natur kaum mehr als das nackte Leben abzutrotzen. Ohne Arbeitsteilung keine moderne Gesellschaft, ohne Markt keine Arbeitsteilung.

Im Laufe der Jahrhunderte wurden immer mehr Güter und Dienstleistungen von den ursprünglich nur lokalen Märkten auf größere nationale und schließlich internationale Märkte gebracht. Vom Apfel zum Telefonbuch, vom Küchenbesen zum Personalcomputer, vom Brotgetreide zum Waschpulver, vom Sportwagen bis zum Fahrrad, von der Bluse bis zum Schraubenzieher: Heute ist alles Gegenstand einer internationalen Wirtschaft geworden. Oder besser: Gegenstand der Weltmärkte.

Und diese Entwicklung schreitet in immer größeren Schritten fort. In allen Ländern steigt der Anteil von Export und Import an der gesamtwirtschaftlichen Leistung (dem Sozialprodukt). Und diese Tendenz ist so stark, daß sogar die zusätzliche Öffnung der EG-Mitgliedstaaten seit Abschluß der Römischen Verträge 1957 den Prozeß kaum beschleunigen konnte. Denn in einem Land wie der Schweiz, das nicht Mitglied der EG ist, oder in Spanien und Portugal, Österreich und Schweden, die erst sehr viel später Mitglieder der Gemeinschaft wurden, stieg seit 1957 ebenfalls der Anteil des Außenhandels am Sozialprodukt vergleichbar etwa wie in den Niederlanden, Frankreich oder alten Bundesrepublik Deutschland, die schon seit 1957 dazugehörten. Ganz zu schweigen von Japan, Südkorea oder Australien, die zu keiner internationalen Wirtschaftsgemeinschaft gehören und doch hohe

Exportleistungen erwirtschafteten. Dies verdeutlicht, daß die Europäische Gemeinschaft als größerer Markt im Grunde nur einer regionalen Erscheinungsform der allgemeinen Internationalisierung der Wirtschaft ist. Wenn wir das begreifen, werden wir nicht den Fehler machen, Europa als eine Art Schutzmacht des Sozialstaates international abzuschotten. Doch davon später.

Jeder Markt wird von den zur Verfügung stehenden Transportsystemen geprägt; seine Größe von der Reichweite der Transportgeräte. Diese Transportsysteme, von denen die Entwicklung der Märkte entscheidend abhängt, sind allerdings nicht nur Fahrzeuge; Leitungssysteme (z.B. Pipelines) gehören ebenso dazu wie Funkstrecken- oder Nachrichtensatelliten. Und für die Entwicklung der Transportsysteme sind auch nicht nur die Fortschritte der Transportträger selbst bedeutsam (also zum Beispiel größere Schiffe, schnellere Lastwagen und Flugzeuge oder neue Systeme der elektronischen Kommunikation), sondern auch solche Veränderungen, die unter gegebenen Kostenbedingungen das Transportsystem für Menschen, Waren oder Dienstleistungen überhaupt erst zugänglich machen. Deswegen müßte man z.B. die Kühl- und Reifeeinrichtungen eines Obstfrachters ebenso zur Transportindustrie zählen wie den Plastikbecher des Frühstücksjoghurts, die Röntgenbestrahlung von Feldprodukten zur Erhöhung ihrer Haltbarkeit während des Ferntransports oder das Drucksystem einer Telefax-Anlage und den Anrufbeantworter eines Telefons. Die Verpackungsindustrie ist heute vermutlich ein fast ebenso bedeutender Bestandteil der Transportindustrie wie die Kommunikationswirtschaft selbst.

Ein weiterer Aspekt muß gesehen werden, um die Ursachen der sich immer schneller vollziehenden Verflechtung der Weltmärkte in einer realistischen Wirtschaftsperspektive und in ihren Folgen wirklich zu verstehen: die Veränderung der zu transportierenden Waren und Dienstleistungen in Gewicht und Gestalt. Denn Transportfähigkeit bestimmt die Transportkosten und damit wesentlich das Entstehen von Märkten. Wenn Waren leichter und transportsicherer (zum Beispiel weniger stoßempfindlich) gemacht werden können, dann schafft das immer auch eine größere Reichweite ihres Marktes. Dasselbe gilt für die sogenannte Miniaturisierung, also für die Reduzierung des Umfanges und Gewichts der Produkte: je kleiner, desto weniger Transportvolumen und meist auch desto geringer die Transportkosten.

Die Entwicklung von der Radioröhre zum Transistor und später zum Microchip war deswegen eine der Voraussetzungen für den Erfolg japanischer Radios, Plattenspieler usw. auf den Märkten der USA und Europas. Niemals hätte Japan diesen Erfolg mit den Radios der dreißiger Jahre erzielen können: Das Volumen, das Gewicht und die Transportempfindlichkeit der Produkte wären im überseeischen Transport vermutlich viel zu teuer für das Massengeschäft geworden. Aber auch neue Rohstoffe, wie z. B. Aluminium statt Stahl, Glasfaser statt Kupfer, erleichtern nicht nur die Handhabung der Ware im Gebrauch, sondern eben auch den Transport der Dienstleistungen und verbilligen damit die Kosten. Auch solche Entwicklungen tragen maßgeblich zum Entstehen neuer Weltmärkte bei.

Zugleich wächst bei technischen Waren (und welche sind es heute nicht?) ständig derjenige Anteil am Wert der Produkte, der aus geistiger Arbeit (wissenschaftlich-technischer Entwicklung und Management-Effizienz) resultiert und so die Waren besser und wertvoller macht. Auch diese Tendenz ist ein unaufhaltsamer Förderer der weltwirtschaftlichen Integration. Denn eine derart wertvoller gemachte Ware relativiert die Transportkosten auf den Märkten, weil die »geistige Investition« nichts wiegt, und erlaubt damit, Transportkosten auch für größere Entfernungen zu tragen.

Am wirksamstem wird die weltweite Verflechtung natürlich dort vorangetrieben, wo es gelingt, den Transport von Menschen, Waren oder Informationen vollständig zu »entmaterialisieren«, das heißt an ihrer Stelle nur noch Energieimpulse als Information zu übertragen. Das Telefon transportiert Worte, wie wir wissen, Geschäftsinformationen oder Liebesgeflüster, ohne Unterschied.

Aber es sind eben nicht nur Worte, sondern es ist ein ganzes Geflecht von Kommunikation, das über Telefon, Telefax oder Videokonferenzen um die Welt geht: Was früher materiell umständlich transportiert werden mußte, von der Geschäftsreise bis zum langsamen Brief, das kann heute faktisch zum Nullgewicht als elektronischer Impuls in Sekundenschnelle um die Erde getragen werden.

In der Summe fügen sich diese Entwicklungen zu einem eindrucksvollen Ergebnis: Die Produkte werden immer kleiner, leichter und doch, bezogen auf Gewicht und Volumen, immer wertvoller; die Transportmittel werden schneller und billiger; und die Transportkosten damit pro transportierter Werteinheit (also je DM/kg) immer günstiger. Dieser säkulare Trend ist ein Schlüssel zum Verständnis des Integrationsprozesses der Weltwirtschaft.

Schon 1988 veröffentlichte der Präsident der Notenbank der USA im Wall Street Journal einen interessanten Artikel mit einer bemerkenswerten Statistik: In der Zeit von 1967 bis 1988 hatte sich der US-Außenhandel mehr als verzehnfacht, während das Gewicht der gehandelten Waren und Dienstleistungen im selben Zeitraum jahresdurchschnittlich (bezogen auf den Wert in Dollar per Pound) um etwa 2,5 % bei den Exporten bzw. sogar um etwa 4 % bei den Importen zurückging. In diesem Zeitraum vervielfachte sich das immer mehr von Dienstleistungen bestimmte US-amerikanische Sozialprodukt. Greenspan kam dann zu der für uns nicht mehr überraschenden Feststellung, daß während der Wert des Sozialproduktes enorm gestiegen sei, das »Gewicht« dieses Sozialproduktes jedoch (also wenn man den absurden Versuch machen würde, nicht nur gehandelte und transportierte Waren, sondern die gesamtwirtschaftliche Leistung der USA auf eine Waage zu legen) kaum zugenommen haben dürfte. Diese Schlußfolgerung ließe sich gleichermaßen auf andere Länder übertragen; die darin enthaltene Trendaussage für die Wissens- und Informationsgesellschaft in Zukunft sogar verstärkt fortschreiben.

Die Entwicklung der Weltwirtschaft ist das Ergebnis eines

säkularen Prozesses der beschleunigten und ständig relativ billiger werdenden Durchdringung aller Regionen dieser Erde mit Kommunikation, Waren und Dienstleistungen. Märkte haben die nationalen Gesellschaften entscheidend gestaltet; Weltmärkte werden dies mit den internationalen Gesellschaftsstrukturen, den Menschheitsstrukturen tun. Wenn man so will: Die Erfindung des Rades und die Freiheit, es über Grenzen zu rollen, sind die beiden Elemente, aus denen Weltmärkte gemacht sind.

Fügt man diesen Überlegungen die Erkenntnis hinzu, daß Wissenschaft und Technik ebenfalls vom Wettbewerb getrieben sind und daß sie nicht nachlassen werden in ihrem Bemühen, auch die entferntesten Winkel der Welt durch Märkte zu erschließen, dann ist die Feststellung nicht überraschend, daß die Internationalisierung der Wirtschaft, die sogenannte »Globalisierung«, erst am Anfang ihrer Entfaltung steht. Solange jedenfalls die Energieversorgung für die Transportsysteme zur Verfügung steht – und die Perspektive auf Wasserstoff- und Solartechnologien zeigt keine Begrenzung –, werden die Weltmärkte größer und die Konkurrenz intensiver werden.

Allerdings stoßen diese Entwicklungen heute an die im Zeitalter der Industrialisierung gezogenen nationalen Grenzen unterschiedlicher Gesellschaftssysteme. Die weiträumigen Verflechtungen der übernationalen Märkte werden sich dabei als stärker erweisen als die in den nationalen Reichweiten der Märkte entstandenen sozialrechtlichen Begrenzungen. Und dieser Übergang ist schmerzhaft: die Unternehmen fordern Freiheit für ihre notwendige Anpassung an den übernationalen Wettbewerbsdruck – die Menschen aber kämpfen für den Schutz ihrer gewohnten sozialen Behausung.

Dieselbe Entwicklung zu immer intensiveren, internationalen Verflechtungen, hin zur »Globalisierung«, hat erst nach langen Schmerzen in Europa schließlich Frieden ermöglicht. Unsere historischen Erfahrungen solcher Prozesse im kleineren europäischen Raum verweisen damit nicht nur auf die Chancen, sondern auch auf die Gefahren, die mit den zukünftigen Entwicklungen der wachsenden weltweiten Verflechtungen verbunden sein können. In seinen bedeutenden »Beobachtungen zur Entwicklung der Menschheit«, die Norbert Elias 1985 unter dem Titel »Humana Conditio« am 40. Jahrestag *eines* (so schrieb er damals!) Kriegsendes veröffentlichte, heißt es:

»Früher ging es immer um den Zusammenschluß und gewöhnlich auch die Befriedung von Teilverbänden der Menschheit. Nun haben wir eine Stufe erreicht, auf der es um den Zusammenschluß und die Befriedung auf globaler Ebene, also der ganzen Menschheit geht. Diese Aufgabe aber läßt sich nicht mehr in der herkömmlichen Weise, mit den traditionellen Institutionen und Denkweisen bewältigen, die zum guten Teil aus der Epoche der Fürstenstaaten stammen. Die Paradoxie dieser neuen Lage beruht darauf, daß die Menschheit aufgrund der Entfernungen früherer Tage außerordentlich vielgestaltig geworden ist und daß sie zugleich aufgrund des gegenwärtigen Schrumpfens der Entfernungen, und der immer länger werdenden, immer dichter und fester gespannten Interdependenzketten, in allen ihren Teilen bis in die entferntesten Winkel der Erde ganz eng geworden, ganz nahe aneinandergerückt ist.«

Der Prozeß, in dem wir uns befinden, ist daher nicht nur wirtschaftlich, sondern auch sicherheitspolitisch brisant. Denn wie in der Geschichte Europas so könnten sich eines Tages auch weltweit aus wirtschaftlicher Konkurrenz ernstere internationale Konflikte ergeben.

Ein Markt ist niemals »frei«

Die Märkte stoßen an nationale Rechtsgrenzen, und in der politischen Debatte wird deswegen heute immer häufiger mehr »Freiheit« für die Märkte gefordert. Viele erwarten dann von den selbstregulierenden Funktionen des Marktes eine Heilung unserer Wirtschaftsprobleme, insbesondere des Arbeitsmarktes. Um diese Forderung richtig einzuordnen, müssen wir jedoch zunächst klären, was »Freiheit« des Marktes überhaupt bedeuten kann. Ist der wahre Markt nur der »freie«, unbehinderte Austausch von Waren und Dienstleistung ohne gesellschaftliche Regelsysteme? Ist nur dieser »freie« Markt, von dem wir in letzter Zeit wieder so viel hören, der »richtige« Markt?

Der Markt ist ein sozialer Mechanismus, mit dem die menschliche Konkurrenz unter einem Minimum an äußerer Gewalt ausgetragen werden kann. Insofern ist in jeder arbeitsteiligen Gesellschaft nur der Markt die Alternative zu Gewalt, Raub oder Pression. Niklas Luhmann schreibt in »Die Wirtschaft der Gesellschaft« (1988): »Geld wendet für den Bereich, den es ordnen kann, Gewalt ab – insofern dient eine funktionierende Wirtschaft immer auch der Entlastung von Politik. Geld ist der Triumph der Knappheit über die Gewalt.«

Um der arbeitsteiligen Gesellschaft einen möglichst gewaltfreien Tauschmechanismus zu schaffen, bedarf der Markt aber einer Ordnung, der Regeln. Denn in einem »Markt« ohne gesellschaftliche Ordnung müßten zwangsläufig Pression und körperliche Gewalt herrschen, wie uns die Mafia auf illegalen Weltmärkten lehrt. Konkurrenz ist zwar die Energie, von der wirtschaftliche und soziale Entwicklungen vorangetrieben werden, aber einen Markt gibt es nur dort, wo es auch Regeln gibt. Konkurrenz als solche, also die *unbeschränkt* freie Konkurrenz, wäre kein Markt, sondern ein Chaos von Gewalt.

Ein Spiel ohne Regeln wäre auch kein Spiel, sondern bestenfalls ein *happening*. Es sind die Regeln, und zwar *nur* die Regeln, die den Charakter des Spiels bestimmen. Auch Märkte ohne Regeln kann man nicht mit ökonomischen Begriffen beschreiben; sie sind nur noch Konflikte von Macht. Ein Markt ohne Regeln wäre »Wilder Westen«; die Herrschaft des Stärkeren, ein Regime der Gewalt. Sogar die Mafia hat ihre »Gesetze«.

Schon Adam Smith, der Verfechter einer naturgewachsenen Arbeitsteilung, ließ keinen Zweifel daran, daß jeder Markt eine menschengerechte Ordnung haben müsse, denn sonst herrsche nicht der Markt, sondern die »Ordnung« der Anarchie, der nackten Gewalt, das Recht des Stärkeren. Adam Smith war natürlich kein Freund der Anarchie. Für ihn, den Moralphilosophen, sollten Recht und Sitte dem freien Spiel der Marktkräfte die Grenzen abstecken.

Einen »Markt« gibt es deswegen grundsätzlich sogar in einem kommunistisch-sozialistischen Wirtschaftssystem. Allerdings werden dort Quantitäten, Qualitäten und Preise nicht in erster Linie durch Angebot und Nachfrage bestimmt, sondern von Planungsbehörden festgesetzt. Ein »Marktmechanismus« dieser Art hat aber auch seine »Gesetze«, und die kommunistisch-sozialistischen Staaten mußten sich überall mit den Folgen ihrer »Marktgesetze« auseinandersetzen. Denn wo die Preise festgelegt waren, aber Produktionsmengen prämiert wurden, produzierten die Anbieter eben Mengen und vernachlässigten dabei die Qualität; das war die vielbeklagte »Tonnenideologie« der Sowjetwirtschaft. Oder: Wenn bestimmte Materialien oder Zulieferteile für die Produktion einer Ware im DDR-System schwer erhältlich waren, richtete der Produzent seine Ware, soweit ihm dies irgend möglich war, in Quantität und Qualität auf denjenigen Zulieferer aus, der ihm im Gegenzug wiederum die gesuchten Rohstoffe oder Teile liefern konnte. Diese Fehlentwicklungen zwangsverwalteter Märkte interessieren uns an dieser Stelle nur insofern, als sie erkennen lassen, daß die wirtschaftlichen Ergebnisse eines *jeden* Marktes immer nur die Rahmenbedingungen widerspiegeln, die sein Funktionieren bestimmen. Entscheidend ist immer der Wunsch des Anbieters, für seine Waren möglichst günstige Gegenwerte zu erhalten. Im liberalen Markt des Westens ebenso wie im früher verstaatlichen Markt des Ostens: Was dem einen hohe Erträge für Qualitätsprodukte sind, mögen dem anderen die politische Beförderung für ein erfülltes Mengensoll gewesen sein.

Wenn wir also über die unterschiedlichen wirtschaftlichen, sozialen und politischen Ergebnisse einer Wirtschaft debattieren, geht es immer um unterschiedliche Schattierungen ihrer rechtlichen Rahmenbedingungen; es geht niemals um die *absolute* Freiheit der Märkte, sondern immer nur um eine *relative*. Das Ziel, Vorteile aus Produktion und Dienstleistungen zu erwerben, ist überall dasselbe; es ist die Gesellschaftsordnung, es sind die Rahmenbedingungen des Marktes, von denen die unterschiedlichen wirtschaftlichen und sozialen Ergebnisse bestimmt werden. Wenn wir von der »Freiheit« des Marktes sprechen, so sind es deswegen immer nur *andere* Rahmenbedingungen, die wir meinen, und nicht die vollständige Beseitigung derselben. Es geht dann um »mehr« Freiheit, nicht um »die« Freiheit.

Der privatwirtschaftlich organisierte Markt jeder Industriegesellschaft unterliegt notwendigerweise einer unzählbaren Vielfalt von Regeln und Normen; sie sind ein Teil des Marktes selbst. Wir sprechen deswegen mit Recht vom Sozialstaat und nicht nur von Sozialgesetzen. Regelungen, die bei der Fertigung der Fahrzeuge zu beachten sind; rechtliche Vorschriften, die den Kauf neuer und gebrauchter Autos betreffen; Sicherheitsgebote, denen Autos und Autoverkehr unterliegen; Umweltschutzauflagen, die den Gebrauch des Fahrzeuges begrenzen: All dies sind Bestandteile des Auto*marktes*, den wir dennoch als einen »freien« Markt bezeichnen, in dem Angebot und Nachfrage entscheiden.

Die Kräfte, die den Markt treiben, sind und waren zwar immer dieselben, nämlich das Bemühen der Anbieter, im Austausch von Waren und Dienstleistungen ein möglichst günstiges »Tauschverhältnis« zu erzielen. Was die unterschiedlichen Ergebnisse der Ordnungssysteme ausmacht, sind aber nicht einfach »Freiheit« in den Rahmenbedingungen hier und »Unfreiheit« dort, sondern die unterschiedlichen Inhalte und Methoden von Freiheits*begrenzungen* des Marktes in den verschiedenen Staaten. Die Weltbank hat deswegen in ihrem Bericht 1997 ganz richtig auf die große Rolle hingewiesen, die dem Staat auch im Zeitalter der Globalisierung zukommt.

Indem wir die produktiven Kräfte der Marktwirtschaft beschwören, unterliegen wir folglich einem Irrtum, wenn wir unbekümmert alle positiven Ergebnisse der wirtschaftlichen Leistungskraft der Marktwirtschaft, der »Freiheit« der Märkte zuschreiben und alle Probleme dem regulierenden Staat. Richtig ist vielmehr, daß eine Gesellschaft, die zum Beispiel durch eine entsprechende Umwelt- und Sozialgesetzgebung enge Spielräume für alle Marktteilnehmer festlegt, nicht nur dennoch eine »freie« Marktwirtschaft sein kann: Sie könnte auch sehr effizient, produktiv und wettbewerbsfähig sein – vorausgesetzt, es gibt keine Konkurrenz, die mit sehr viel laxeren Spielregeln arbeiten darf und so die »geregelten« Unternehmen mit kostengünstigeren Wettbewerbsbedingungen bedrängen kann.

Wir haben gesehen, daß gerade unser deutsches demokratisch-marktwirtschaftliches System bisher das Fundament einer im internationalen Vergleich ungewöhnlich erfolgreichen Gesellschaft bildete. Die Produktivität der deutschen Wirtschaft; unser Lebensstandard mit seinen umfassenden Sozialleistungen; die Fähigkeit zu demokratischer Auflösung sozialer Konflikte; die außenwirtschaftliche Stärke; die vergleichsweise effiziente Nutzung von Ressourcen; die weitgehende Freiheit von persönlicher Bevormundung; ein vergleichsweise wirksames Umweltschutzsystem; und so weiter: Sie alle sind positive Faktoren unseres Systems. Ich wiederhole hier ausdrücklich: Die demokratische, von sozialer Marktwirtschaft geprägte »alte« Bundesrepublik konnte sich bisher international gegenüber aller Konkurrenz in der Welt behaupten. Von Einzelheiten abgesehen, schnitten wir bei allen internationalen Vergleichen sehr gut ab. Aber dieses Ergebnis war eben *nicht* das Ergebnis eines »freien« Marktes, sondern, im Gegenteil, das Ergebnis seiner zweckmäßigen Begrenzungen, Regulierungen und Rahmenbedingungen.

Es war unsere »Ordnung«, die unsere Marktwirtschaft so umfassend produktiv machte und die unsere Erfolge im Vergleich zu anderen Nationen hervorstechen ließ. »Marktkräfte« gab es überall in der Welt – aber die »Ordnung« dieser Marktkräfte war eben unterschiedlich. Heute wird auch die bisherige deutsche »Ordnung« durch die wissenschaftlich-technische Entwicklung und ihre Folgen herausgefordert. Und unsere Frage lautet deswegen: Was ist für uns unter diesen veränderten Bedingungen die zweckmäßigste zukünftige Ordnung?

Wer dem Irrtum unterliegt, die Leistungsfähigkeit unserer Wirtschaft und die Qualität unseres Lebens sei allein den Wettbewerbskräften des Marktes und nicht der *Qualität ihrer Zähmung* zuzuschreiben, der wird die geltenden sozialen Rahmenbedingungen, die heute von technischen Umwälzungen und wachsender Internationalisierung bedrängt werden, natürlich gerne vermissen und die neuen Verhältnisse als »mehr Konkurrenz« unbekümmert begrüßen. Wer dagegen begreift, daß sich jeder Markt nur durch seine Ordnung definiert, der muß aufhorchen. Wo die Jagd frei ist für jedermann, wo niemand verantwortlich ist für Wildbestand und Hege, dort verwundert es uns ja nicht, wenn das Wild schließlich ausgerottet wird. Es sind die *Regeln* der Jagd, die auf Dauer die Möglichkeit einer Jagd überhaupt bestehen lassen. Es ist merkwürdig, daß dieser einfache Tatbestand so häufig übersehen wird, wenn »freie« Märkte gefordert werden und von Marktwirtschaft »pur« geredet wird.

Jeder, ob »rechts« oder »links«, der Wunschvorstellungen an die Stelle von Wirklichkeiten setzt, ist ein Ideologe: Das gilt auch für die Befürworter von »Marktwirtschaft pur« oder von »Freiheit pur« in der Wirtschaft. Wir leben nicht von den Kräften des Marktes schlechthin, denn sie wirken in jeder arbeitsteiligen Gesellschaft. Wir leben so, wie wir leben, von der *Ordnung*, die wir den Kräften des Wettbewerbs für ihre Entfaltung gesetzt haben. Zwischen den extremen Polen der Gewalt und des Rechts der Stärkeren, also eines uneingeschränkten »laissez faire« auf der einen Seite, und einer jeder menschlichen Natur widerstrebenden, umfassenden Bevormundung (einer Staatsverwaltungswirtschaft) auf der anderen Seite, hatten wir in der alten Bundesrepublik, wie andere demokratische Staaten auch, ein Ordnungssystem geschaffen, das sich als menschlich und fruchtbar erwies. Dieses System stellte aber eine komplizierte Balance dar und ist heute in Gefahr, aufgehoben zu werden, ohne daß wir wissen, welche andere Ordnung wir an seine Stelle setzen können.

Noch einmal zurück zu Adam Smith. Seine Prophezeiung einer segensreichen unsichtbaren Hand, die in freier Konkurrenz freie Märkte zum Wohl des Ganzen lenkt, war an Voraussetzungen geknüpft, die er auch ausdrücklich genannt hatte. Nämlich die Veranwortung des Staates: *für die rechtliche Ordnung* des Marktes; *für die Armen*; für die öffentliche *Infrastruktur*; und schließlich für die innere und äußere *Sicherheit* der Nation. Adam Smith war also kein rücksichtsloser »Alles-ist-erlaubt«-Kapitalist. Er war, vergessen wir es nicht, Moralphilosoph.

Wie war es dann dennoch möglich, daß zur selben Zeit, als der 52jährige Professor für Moralphilosophie an der Universität Glasgow »An inquiry into the Nature and Causes of the Wealth of Nations« veröffentlichte, der transatlantische Sklavenhandel immer größeren Reichtum an die Westküste des Königreichs, insbesondere nach Liverpool, brachte?

War der britische Sklavenhandel ein Modellfall jener angeblich so segensreichen Kräfte eines gut organisierten, arbeitsteiligen Marktes? Zunächst noch merkantilistisch auf die den Spaniern und Franzosen zu Beginn des 18. Jahrhunderts abgetrotzten Menschenhandelslizenzen (ascientos) gestützt, behaupteten englische Sklavenhändler ihre marktbeherrschenden Anteile am Sklavenhandel mit Amerika über viele Jahrzehnte. Rund 40 % eines Marktvolumens von etwa 60 000 Afrikanern jährlich hatten britische Kaufleute in der Hand, bei einer relativ konstanten »Gewinnspanne« von etwa 12 %, wenn man den bereits vor »Versendung« eingeplanten »Transportverlust« von etwa 15–20 % der »Ladung« abzog Mit diesem »Ausfall« auf der Route England–Afrika–Amerika wurde die in Afrika »verladene Ware« kalkuliert; die Verluste wurden den Preisen für die »lebendig ausgelieferte Ware« zugeschlagen. So lautete auch der Sprachgebrauch der zum Teil hochgebildeten britischen Sklavenhändler. Der »slave trade« war eben ein kompliziertes, arbeitsteiliges, risikoreiches und *internationales* Geschäft.

Smith erwähnt die Sklaven an mehreren Stellen seines wissenschaftlichen Buches; zum Beispiel im Vergleich zu freien Arbeitern. Wegen unzureichender Motivation hielt er Sklaven für betriebswirtschaftlich minderwertige Arbeitskräfte, die allerdings aus seiner Sicht von der »Willkürherrschaft« der Sklavenhalter angeblich noch immer besser geschützt würden als von der Politik, da sich der freie Unternehmer als verantwortlicher *Eigentümer* von der Obrigkeit weniger in seine Angelegenheiten (nämlich die Behandlung der Sklaven) hineinreden ließe; eine mehr als nüchterne Einschätzung für die Marktmoral in einer Demokratie. Kein Wort jedoch in »Wealth of Nations«, wenn ich richtig gelesen habe, über die *moralische* Dimension des Sklavenhandels und der Sklaverei an und für sich, obwohl schon 1620 ein englischer Kapitän namens Richard Johnson das Angebot zum Sklavenkauf mit den Worten abgelehnt hatte, die Engländer seien »ein Volk, das nicht Menschen ihrer eigenen Gestalt als Ware handle«.

Aber Johnson blieb eine einsame Ausnahme unter den britischen Kaufleuten. Auch John Locke in seinem Essay »Two treatises of government« (1689) und später Montesqieu in »Les lettres personnes« (1721) und »A l'esprit des lois« (1748) hatten scharfe moralische Kritik am Sklavenhandel und an der Sklaverei geübt.

Adam Smith jedoch dachte in erster Linie »marktwirtschaftlich« und deswegen in den rechtlichen Rahmenbedingungen seiner Zeit. Vermutlich hätte sich Smith auch grundsätzlich gegen Sklavenarbeit und Sklavenhandel gewandt – wenn da nicht immer der Aspekt der Konkurrenz gewesen wäre. Die Tatsache, daß unter tropischen Bedingungen die schwarzen Arbeiter auf den Plantagen nachweislich eine geringere Anfälligkeit für Krankheiten, eine längere Lebensdauer und günstigere Kosten aufwiesen als die weißen Arbeiter aus Europa, war eben für die »Marktwirtschaft« von erheblicher Bedeutung. Im scharfen Wettbewerb der Zuckerproduzenten fiel dies durchaus ins Gewicht, auch für den schottischen Moralphilosophen.

Der europäische Sklavenhandel verdeutlicht eine unmißverständliche Warnung: *Der Markt als solcher ist amoralisch*. Ja, er kann ein monströser Mechanismus der Unmenschlichkeit und Zerstörung sein, *wenn* der Wettbewerb dies zweckmäßig erscheinen läßt – es sei denn, dem Wirken des Marktmechanismus werden von der Gesellschaft rechtlich wirksame Fesseln angelegt; es sei denn, der Wettbewerb wird geregelt.

Entgegen allem bildungsbürgerlichem Vorurteil, das nur eine Brutalisierung unserer Welt zu erkennen mag, haben die Menschen im Laufe eines »Prozesses der Zivilisation« immer größere Empfindsamkeiten entwickelt. Sklavenhandel gibt es heute nur noch als illegales Geschäft – zum Beispiel mit asiatischen Mädchen; aber die ganze Welt verurteilt und verfolgt diese Praktiken. Auch die Art und Weise, wie wir schmerzempfindliche Tier noch immer wie Halbfertigwaren »verarbeiten«, wird schrittweise endlich zum Skandal. Die gepferchte Mästung halbblinder Kälber, die als Lege-Maschinen fast bewegungslos gehaltenen Hühner der großen Eierfabriken oder die für kosmetische Spielereien mit den meist schmerzhaften und tödlichen Krankheiten geimpften Mäuse, Ratten oder Katzen: Sie alle sind ein Zeugnis für unseren Charakter und den eines nicht mehr nach unserem Gewissen geordneten Marktes. Unsere Tierschutzgesetze – gelegentlich verspottet als Regulierungen eines sozialistischen Interventionismus, wie Margaret Thatcher vielleicht gesagt hätte – machen deswegen einen berechtigten Versuch, veränderte moralische Rahmenbedingungen auch für diese Märkte zu schaffen. Möglicherweise (man kann es nur hoffen) werden wir in einigen Jahrzehnten solche Praktiken mit demselben Unverständnis beurteilen wie heute manche historische Umweltzerstörung in der europäischen Geschichte. Haben wir aber angesichts wachsender internationaler Konkurrenz dafür noch eine Chance?

Der Unternehmer allein hat sie nicht. Es war schon immer ein Fehler, die Ursache menschenunwürdiger Tatbestände im Marktgeschehen in erster Linie beim einzelnen Unternehmer zu suchen. Im Kampf um die betriebswirtschaftliche Wetbewerbsfähigkeit des Kalbssteaks, Dutzend-Eier oder Hautcremes bleibt dem Hersteller als Konkurrenten auf dem Markt kaum etwas anderes übrig, als sich an die bestehenden Rahmenbedingungen des Wettbewebs zu halten. Gewiß, man kann versuchen, die Verbraucher, also die Käuferseite im Markt, zu gewinnen und mit ihnen über alle Gesetze (oder besser: Nicht-Gesetze) hinweg Kartelle der Moral zu schließen. Aber auch die Verbraucher sind keine Einheit. Friedrich Engels, der »marxistische« Unternehmer, Freund und Arbeitszwilling von Karl Marx, hatte schon recht, wenn er im »Produktionsprozeß des Kapitals« (1867) schrieb: »Beiläufig bemerkt hängt es gar nicht vom guten Willen der einzelnen Kapitalisten ab, ob sie sich in diesen Kampf einlassen wollen oder nicht, da die Konkurrenz selbst den philantropischsten unter ihnen zwingt, sich seinen Kollegen anzuschließen und so lange Arbeitszeit zur Regel zu machen wie diese.«

Der Staat, die staatlich organisierte Gemeinschaft und nicht der Unternehmer trägt die Verantwortung für die Rahmenbedingungen, für die Ordnung und damit für das »soziale Ergebnis« des Marktes. Unterschiedliche Wettbewerbsbedingungen für Konkurrenten auf denselben Märkten gewinnen aber mit wachsender Internationalisierung der Märkte notwendigerweise an Bedeutung, weil die verschiedenen Rahmenbedingungen der jeweiligen Heimatmärkte (z. B. im Sozialbereich, in der Umweltschutzgesetzgebung, bei Steuern und Abgaben) natürlich auf die Wettbewerbsfähigkeit durchschlagen. Und wo diese Fakten eine wesentliche oder gar ausschlaggebende Bedeutung haben, sei es als niedrigere Kosten oder als sonst günstigere Bedingungen für Kunden oder Produzenten, setzen dann diese auch den Maßstab für den Wettbewerb. Die Globalisierung stellt hier ihre Fragen. Können hier am Ende nur die geldwerten Maßstäbe des Wettbewerbs gelten?

Die sterile Antwort auf diese Fragen lautet: Mehr Freiheit für den Markt. Aber, wie wir gesehen haben, ein wirklich »freier« Markt wäre nichts als ökonomische Gewalt. Die Antwort, die wir suchen müssen, liegt dort, wo sich auch in den größeren Märkten eine neue Ordnung finden läßt, die unseren sozialen Zielen und der Wettbewerbsfähigkeit der Wirtschaft soweit wie möglich entspricht. Die Antwort kann voraussichtlich nicht aussehen wie diejenige, die wir bisher im Nationalstaat geschaffen hatten. Aber eine Ordnung muß es dennoch sein.

Eigentum: Anker der Verantwortung im Markt

Während der sechziger und siebziger Jahre wurden von den Kritikern der »bürgerlichen Gesellschaft« das private Eigentum oft als Ursprung von Ausbeutung und materieller Herrschaft kritisiert. Heute, nach Öffnung der kommunistischen Gesellschaften, wissen auch dort alle, welche große gesellschaftspolitische Bedeutung das Eigentum als Rechtsinstitut hat.

Solange bei wachsender Bevölkerung und begrenztem Raum die Nutzung von Acker- und Weideflächen jedermann in beliebigem Umfang freistanden, waren Übernutzung und damit letztlich auch Zerstörung der gemeinsamen Lebensgrundlagen faktisch unvermeidlich. Erst das Eigentumsrecht konnte einen im Interesse aller verantwortlicheren Gebrauch durch den jeweiligen Nutzer herbeizuführen. Warum? Die Schaffung exklusiver Eigentumsrechte (oder Nutzungsrechte) verknüpfte das *Interesse* des Berechtigten *an der Nutzung* des Gegenstandes mit seinem *Interesse* auch *an den Folgen dieser Nutzung*. Wer einen Gegenstand heute zu eigen hat, möchte ihn, wenn irgend möglich, auch für zukünftige Nutzung erhalten. Hierdurch wird im Regelfall auch eine für die Gemeinschaft verantwortliche Nutzung noch am ehesten gewährleistet. Denn Nutzungsinteresse und Erhaltungsinteresse treffen sich in einer Person. In ihr findet die Abwägung zwischen Nutzungsinteresse und Erhaltungsinteresse statt. Hier waltet spürbar das wichtigste Prinzip der Evolution: die Verantwortung für die Folgen des Handelns.

Ohne Eigentumsrechte, ohne persönliches Interesse an Nutzung *und* Nutzungsfolgen kann ein freies und arbeitsteiliges Ordnungssystem daher nicht befriedigend funktioniere. Und das gilt, ob dieses Nutzungsrecht ein unbeschränktes privates Eigentumsrecht ist oder ein gesellschaftliches (staatliches, gemeinschaftliches usw.). Worauf es ankommt ist immer, daß dieselbe »rechtliche Einheit« (Individuum oder Gesellschaft, privat oder öffentlich), die über das Nutzungsrecht verfügen kann, auch die eventuell nachteiligen Folgen von Fehlnutzungen zu tragen hat. Erst aus dieser Verbindung von Verfügungsrecht und Interesse an den Folgen der Verfügung entsteht nämlich eine wirkliche »Verantwortung« für den Gegenstand der Verfügung. Nur so entsteht die im Volksmund so weise formulierte Konsequenz: Wer nicht hören will, muß fühlen.

Märkte, und insbesondere großräumige, internationale Märkte und ihre Transportsysteme, trennen zunehmend diesen ursprünglich auch räumlich bedingten Zusammenhang. Für jede produktive Steuerung gesellschaftlicher Marktfolgen ist es aber notwendig, daß auf beiden »Kommunikationsseiten« (vereinfacht: Käufer und Verkäufer oder auch Arbeitgeber und Arbeitnehmer) folgenbelastete Interessen bestehen. Eine »Vernunft« der Märkte kann es eigentlich nur geben, wenn selbst-betroffene Interessen auf beiden Seiten im Spiel sind. Ein Käufer, zum Beispiel, der für andere und ohne jede Folge für sich selbst einkauft, wird leicht schlechtere Ware zu überhöhten Preisen akzeptieren; und ein Verkäufer, der ohne jedes eigene Interesse fremde Ware zu veäußern hat, wird leicht Gefahr laufen, sie zu verschleudern.

Die Institution der Nutzungsrechte entstand zunächst im Rahmen regional begrenzter Rechtssysteme. Der grenzüberschreitende Handel und die grenzüberschreitende Wirtschaft hatten aber ein vitales Interesse, daß die Substanz der Nutzungsrechte durch Grenzüberschreitungen nicht verloren gehe. Da die nationalen Rechtssysteme oft erheblich voneinander abwichen und ein *internationaler* Rechtsgeber nur für wenige Bereiche zur Verfügung stand, befaßte sich das internationale Wirtschaftsrecht intensiv mit der Frage, welche regionale und später welche nationale Rechtsordnung in einem grenzüberschreitenden Streitfall Anwendung finden solle (conflict of laws). *Ohne* eine solche Klarheit über die anwendbare Rechtsordnung fühlten sich beide Seiten zu unsicher. Inzwischen gibt es eine Vielzahl materieller internationaler Vereinbarungen und eine sich schnell ausbreitende internationale Schiedsgerichtspraxis, die im Streitfall privat ausgewählten Schiedsrichtern die Rechtsfindung überläßt. So wird heute nationales Wirtschaftsrecht de facto durch eine privatisierte Rechtsordnung internationalisiert. Die Wirtschaft hat sich die für sie notwendigen internationalen Ordnungssysteme damit schon weitgehend geschaffen.

Auch auf internationalen Märkten gilt der Grundsatz, daß ein Markt ohne Klarheit über Eigentumsrechte, Nutzungsrechte und über die Folgeverantwortung für Nutzungsentscheidungen nicht funktionieren kann. Welche Bedeutung in einem Weltmarkt die prinzipielle Anerkennung exklusiver Nutzungsrechte durch alle Marktteilnehmer hat, läßt sich insbesondere am Streit über die Ausgestaltung eines internationalen Rechtssystems für geistiges Eigentum erkennen. In den Verhandlungen der sogenannten »Uruguay-Runde« zur Fortentwicklung der Regeln des Welthandels verfolgten die USA verständlicherweise vorrangig ihr Interesse an einer umfassenden weltweiten Anerkennung langfristiger Nutzungsrechte für Patente und Urheberrechte; amerikanischen Wissenschaftsindustrien sollten ihre Eigentumsrechte auch in den Schwellen- und Entwicklungsländern gesichert werden.

Für solche Vereinheitlichung internationaler Regelsysteme, die der Wirtschaft auf den Weltmärkten die Arbeit erleichtern, gibt es unzählige Beispiele: Die rapide Anpassung von Normen in internationalen Wirtschaftsausschüssen; die Sicherung von »Vereinbarkeiten« (Kompatibilität) in der Computertechnik oder den Programmsprachen; die rechtzeitige Normenabstimmung bei neuen, für die Weltmärkte geplanten Medien; die Vereinheitlichung der international geltenden Maße und Gewichte auf das metrische System; die schrittweise Anpassung bisher abweichender nationaler Regelsysteme an mehrheitliche internationale Systeme (z. B. Übergang vom Linksfahren auf das Rechtsfahren in Schweden). All diese Fortschritte sind ebenso unübersehbar wie logisch. Nur eine internationale Ordnung kann die international ungeordnete und potentiell auch immer kriminelle Konkurrenzenergie zu einem Markt machen. Unternehmen brauchen Ordnung, sie hassen das Chaos.

Wir können uns deswegen auch darauf verlassen, daß die Interessen der Wirtschaft immer darauf hinauslaufen werden, in ihrem Bereich die Grundregeln für Normen, Nutzungsrechte und den Marktzugang zu vereinheitlichen. Und zwar auch dort, wo vielleicht zunächst versucht wird, hinter nationalen Regeln noch Schutz vor der Konkurrenz des Welthandels zu gewinnen. Der Markt überschreitet die Staatsgrenzen, die Wirtschaft folgt mit dem für sie notwendigen Regelwerk. Nur so kann das Wirtschaftsgeschehen weltweit berechenbar bleiben. Und dies ist das zentrale Interesse *aller* Marktteilnehmer.

Die Unternehmen können also ihre Interessen klarer Eigentumsrechte dem Globalisierungsprozeß verhältnismäßig zügig anpassen, denn letztlich sind alle Marktbeteiligten an der Berechenbarkeit weltweiter Unternehmenstätigkeiten interessiert. So mögen zwar noch heute die Pharmaunternehmen der Dritten Welt an zeitlich kürzeren Patentrechten interessiert sein als die der USA; aber an der *Klärung* der Laufzeit ist beiden Seiten gelegen. Deswegen sind für die Unternehmerseite internationale Kompromisse über Regelsysteme mehr eine quantitative als eine grundsätzliche Frage. So wird der von der Wirtschaft selbst geregelte Weltmarkt heute auch zu einer immer gewichtigeren Ordnungsmacht. Man könnte ohne Übertreibung sagen: Nicht die Vereinigten Staaten, sondern die Wirtschaftsordnung des Weltmarktes stellt die wahre Supermacht unserer Zeit dar.

In einem weiteren Sinne ist aber nicht nur das Verfügungsrecht über Gegenstände oder geschützte Ideen »Eigentum«. Auch

Rechte der Gemeinschaft, wie zum Beispiel ein Recht auf eine gesunde Umwelt oder auch das Recht auf eine faire Behandlung im Arbeitsprozeß sind im Kern »Eigentumsrechte«, soziale Rechte und Berechtigungen wie Rentenanspruch, Krankenversicherung oder Ansprüche aus der Arbeitslosenversicherung gehören ebenfalls hierher. Auch sie beinhalten ja ein exklusives, das heißt andere von einem entgegengesetzten Anspruch ausschließendes Nutzungsrecht. Ansprüche im Arbeitsbereich sind zum Beispiel darauf ausgerichtet, entgegenstehende Nutzungsrechte der Arbeitskraft durch rechtsverbindliche Vereinbarungen zu begrenzen. So ist der Kündigungsschutz, den ein Arbeitnehmer genießt, im weiteren Sinne auch ein »Eigentumsrecht« am Arbeitsplatz. »New property rights« hatte Charles Reich diese Rechte schon 1952 genannt.

Doch *diese* »Eigentumsrechte«, die »new property rights«, sind nicht mobil und werden deswegen durch die Globalisierung zunächst vom Verfügungsrecht der Unternehmen zurückgedrängt. Wo nämlich derartige Rechte des nationalen Raumes eine für den internationalen Wettbewerb spürbare Belastung bedeuten, besteht ein verständliches Interesse der Produzenten und Unternehmer an der Herstellung von Wettbewerbsgleichheit. Das aber heißt, daß die Wirtschaft auf die Beseitigung oder doch mindestens auf die Einebnung dieser nationalen Besonderheiten drängen muß, wenn diese der Wettbewerbsgleichheit entgegenstehen. Da die internationalen Konkurrenten jedoch meist keinen Anlaß sehen, ihrerseits Rechtsansprüche anzuerkennen, die sie als belastende Auflagen empfinden, ist jeder Versuch, diese nationalen Auflagen auch international verbindlich zu machen, mit großen Schwierigkeiten verbunden. Nationale Ordnungssysteme, die Kosten verursachen, werden folglich immer zu einer Angleichung »nach unten« gedrängt werden: Je weniger Einschränkungen, desto besser für den Unternehmer. So können sich Unternehmen international relativ schnell auf den kleinsten gemeinsamen Nenner sozialer Schutzrechte einigen. Die Hauptsache ist für sie, daß es einen allgemein geltenden Maßstab gibt. Es ist eine irrige Unterstellung zu meinen, Unternehmer wollten in erster Linie soziale Auflagen unter dem Vorwand der Globalisierung beseitigen: Wettbewerbsgleichheit ist ihr Hauptziel; und das ist nachvollziehbar.

So wird die weltweite Kampagne aller Unternehmensverbände zur Deregulierung verständlich: Nationale Regeln sind Behinderungen im internationalen Wettbewerb, und da man sich ein vergleichbares internationales Regelsystem noch nicht vorstellen kann (und es sich wohl auch oft gar nicht vorstellen mag!), müssen aus betriebswirtschaftlicher Sicht der Unternehmen auch die an und für sich vernünftigen nationalen Regelsysteme, wie zum Beispiel der arbeitsfreie Sonntag oder die kommunale Gewerbesteuer, dem Druck des Weltmarktes weichen. Den Unternehmen kann man dies nicht verdenken: Sie müssen die Belastungen ihres Betriebes immer vorrangig aus der Perspektive des grenzüberschreitenden Wettbewerbs betrachten.

Was aber wird dann mit den regionalisierten Eigentumsrechten im weiteren Sinne, den »*new* property rights«? Wie können sie in diesem Prozeß der Internationalisierung der Unternehmen einer endgültigen Aufspaltung von Entscheidungsbefugnis (oder auch Anspruchsrecht) und Folgeverantwortung entgehen? Wie kann erreicht werden, daß die Anspruchsberechtigten, zum Beispiel auf dem Gebiet des Arbeitsrechts, sich so verhalten, wie es ihrer wahren Interessenlage dann entsprechen würde, wenn sie die Folgen der Wahrnehmung ihrer Ansprüche selbst zu verantworten haben?

Solange wir im wesentlichen Güter nutzten und verbrauchten, die aus einem einheitlichen, nämlich dem jeweiligen nationalen Rechtsraum stammten (also solange die Außenhandelsquote klein und solange Export wie Import auf wenige Produktgruppen beschränkt waren), konnte zwischen den Interessen der Unternehmen an möglichst wenigen kostenwirksamen Auflagen *einerseits* und dem Interesse der Arbeitnehmer, Verbraucher und

Bewohner an zwar kostengünstigen, aber doch zugleich schutzwirksamen Auflagen *andererseits* ein nationaler (regionaler, lokaler) politischer Ausgleich gefunden werden: Die Institutionen der parlamentarischen Demokratie gaben den sozialen »Eigentumsrechten« in einer Bündelung der nationalen Interessen gegenüber den Märkten ein bestimmtes Gewicht. Die zunehmende internationale Arbeitsteilung jedoch, auch die Übernahme von Versicherungs- und/oder Folgeschäden durch andere, lösen diesen inneren Verantwortungsbezug der Verfügungsrechte immer mehr auf. So geht ein zentraler Baustein der Sozialen Marktwirtschaft verloren.

Eigentum aber ist der Anker der Vernunft im Prozeß der wirtschaftlichen Evolution, denn es bündelt Interessen und Verantwortung. Dies gilt auch für die »new property rights«. Mit seinen Verfügungen ist der Unternehmer eine entscheidende Kraft der Veränderung. Er muß auch in Verantwortung auf die sozialen Folgen reagieren, wenn ihm diese im Unternehmen wirkungsvoll entgegentreten können. Potentiell ist er also ein Geselle der Vernunft in der Nutzung von Eigentumsrechten im weiteren Sinne, auch der sozialen Berechtigungen, vorausgesetzt der sozial Berechtigte wird ebenfalls in die Lage versetzt, seine Rechte gegen Mißbrauch zu schützen. Dies kann allerdings sinnvoll und erfolgreich nur an der Stelle erfolgen, an der Unternehmerinteressen und Sozialrechte sich bündeln lassen. Und diese Stelle heißt Betrieb. Mit anderen Worten, die veränderten Wettbewerbsbedingungen in der Welt verlangen nicht nur vom Unternehmer eine Anpassung, sondern auch von den Trägern sozialer Eigentumsrechte. Auch sie werden nur verantwortungsvoll handeln, wenn die Folgen ihres Handelns bei der Inanspruchnahme ihrer Rechte von ihnen gespürt, das heißt unmittelbar verantwortet werden.

Heute können Unternehmer sich den sozialen Folgen ihres Handelns zunehmend entziehen. Gibt es unter den Bedingungen der Globalisierung eine Möglichkeit, durch eine Wiederherstellung von mehr Übereinstimmung zwischen Entscheidungsbefugnis und Verantwortung auch den Trägern sozialer Eigentumsrechte wieder mehr Gewicht im Entwicklungsprozeß einzuräumen? Um diese Frage zu beantworten, bedarf es zunächst eines Überblicks über die Auswirkungen des weltwirtschaftlichen Evolutionsprozesses auf unsere Gesellschaft.

Die Folgen der internationalen Informationsgesellschaft

Nun haben wir eine Stufe erreicht,
auf der es um den Zusammenschluß
und die Befriedung auf globaler Ebene,
also der ganzen Menschheit geht.
Norbert Elias,
Humana Conditio (1985)

Vorbemerkung über die wachsende Kluft zwischen der Einsicht in drohende Gefahren und unserer Fähigkeit, nach besserer Einsicht zu handeln

Schon seit Jahrzehnten registrieren wir immer deutlichere Zeichen heraufkommender Krisen: eine schnell wachsende Weltbevölkerung; die Zerstörung menschlicher Lebensbedingungen in einer natürlichen Umwelt; die Gefahren großer Bevölkerungsbewegungen aus den verarmten Zonen der Erde; die wachsende Arbeitslosigkeit vieler Industriestaaten und eine gleichzeitig immer weiter aufreißende Kluft zwischen Reich und Arm. Welche Antworten können wir, im Besitz der bitteren Erfahrungen der Kriege und des Terrors im 20. Jahrhundert, geben?

Meine Bücherregale sind voll von Schriften zu diesen Fragen. Es sind viele optimistische Werke darunter, aber wohl noch mehr skeptische. Und da ich seit jeher die schlechte Eigenschaft habe, meine Bücher (Ausnahmen sind nur Erstausgaben aus Erscheinungsjahren, bevor ich lesen gelernt habe) mit Name und Erwerbsdatum zu versehen und sie (wie ich heute manchmal finde: oft ziemlich vorlaut) an den Rändern zu kommentieren, weiß ich meist, wann ich ein Buch gelesen habe und welchen Eindruck dieses Buch damals bei mir hinterlassen hat.

Gehe ich heute an den Regalen meiner Bibliothek entlang, drängen sich zwei Eindrücke auf: Zunächst werde ich vorwurfsvoll daran erinnert, wie früh, im Vergleich zu Politik und Wirtschaft, die Wissenschaft von den Bedrohungen Kenntnis nahm, die heute unsere tagespolitische Debatte und die Arbeit in den Betrieben bestimmen: Naturschutz, Umweltschutz, Arbeitsmarkt und Globalisierung. Und zweitens beeindruckt mich, wie gradli-

nig wir alle dennoch auf unseren Wegen fortgeschritten sind, so als seien sie ohne Alternative. Nicht, daß wir nichts getan hätten: Unsere Kraftwerke werden sauberer, die industriellen Wasserverschmutzungen nehmen ab; die Autos fahren schadstoffärmer; die Arbeitslosigkeit rückte in den Mittelpunkt der Politik – und so weiter. Aber die Probleme, die sie verursachen, sind dennoch geblieben; weltweit sind sie sogar größer und schwerer beherrschbar geworden.

Ich greife zum Beispiel nach Rachel Carsons Buch »The Sea Around Us«, das 1952 in deutscher Sprache unter dem eher bagatellisierenden Titel »Geheimnisse des Meeres« erschien. Rachel Carson wollte erinnern, daß uns das Meer nicht nur geographisch umgibt, sondern unser ganzes Leben umschließt. Die See ist die Mutter allen Seins. So schreibt sie vom Ozean: »Mit seiner geheimnisvollen Vergangenheit umfaßt er all die dämmerigen Ursprünge des Lebens und umfängt nach wer weiß wie vielen Verwandlungen wiederum die toten Hüllen dieses selben Lebens. Denn alles kehrt zuletzt ins Meer zurück – in den Okeanos, den Ozeanstrom, der gleich dem ewig fließenden Strom der Zeit Anfang und Ende ist.« Schon damals, vor bald 50 Jahren, als es das Wort Umweltschutz noch gar nicht gab und die Menschen noch unbefangen und abenteuerlustig an dieser Erde herumhobelten, beschrieb Rachel Carson die Folgen menschlichen Handelns: »Der Mensch als Zerstörer hat jedoch unglücklicherweise die finstersten Spuren auf den ozeanischen Inseln zurückgelassen. Selten hat er auf eine Insel Fuß gesetzt, ohne katastrophale Veränderungen auf ihr hervorzurufen. Er hat die Umwelt zerstört, indem er fällte, rodete, verbrannte . . .«

Rachel Carsons Buch erreichte damals hohe Auflagen und wurde ein Bestseller. Jedermann war ergriffen; niemand widersprach. Aber was hat das Buch bewirkt? Wer von uns hat die Warnungen nicht nur literarisch genossen, sondern auch beachtet und daraus Politik gemacht? Zum Beispiel wenn die Meeresgründe aufgebohrt werden, um an die Ölschätze zu gelangen, die dann das Meer verseuchen? Niemand kann ja sagen, wir hätten nicht wissen können, was wir tun.

Oder: Jean Fourastier schrieb vor fast 50 Jahren weit in die Zukunft weisende Bücher über strukturelle Veränderungen der Arbeitswelt. Seine Überlegungen bewegten damals die Köpfe – aber auch nicht mehr. Heute hören wir eine Debatte über die Arbeitslosigkeit, so als seien die Probleme, denen wir gegenüberstehen, gänzlich unerwartet und neu.

Meine Bücher wußten viel und waren doch wenig Hilfe. Denn die klugen Köpfe, die sich Gedanken über die Zukunft machten, beschränkten sich allzu oft auf Beschreibungen, formulierten dann Beschwörungen und illusionäre Ziele, blieben aber arm an realisierbaren Vorschlägen, die uns weiterhelfen konnten.

Wenn es darum geht, die Schuldigen zu suchen, so sind für diese beschämende Kluft zwischen Erkenntnis und Handeln die am häufigsten genannten Ursachen Opportunismus der Politik und Parteiegoismus. Aber anders als viele journalistische Schnellrichter kenne ich meine Kolleginnen und Kollegen in der Politik. Und ich weiß, daß sie keineswegs dümmer sind als ihre Kritiker, oft sogar kenntnisreicher, bewußter und zäher engagiert als diejenigen, die nur kritisch schreiben und Entscheidungen in der Wirklichkeit nicht zu verantworten haben. Ich erinnere meine Konflikte in der politischen Arbeit, meine Erfahrungen und auch die Widersprüche meines eigenen politischen Handelns.

Deswegen bin ich heute sicher, daß die Ursachen dieses wachsenden Widerspruchs zwischen Erkenntnis (oder doch mindestens: möglicher Erkenntnis) und politischem Handeln tiefer liegen, als die verbreitete Kritik an der politischen Führung zugeben will. Weder Wissenschaftler noch Techniker, weder Wirtschaftler noch Politiker können wir für die großen Fehlentwicklungen haftbar machen. Sie werden von starken Kräften außerhalb ihrer Wirkungsmöglichkeiten verursacht. Dort gibt es keine »Schuldigen«.

Ich kehre noch einmal in meine Bibliothek zurück. Im Laufe meiner politischen Arbeit haben mir einige Bücher besonders geholfen, unsere Welt besser zu verstehen und mögliche Antworten auf die schwierigen Entwicklungen zu finden. Fernand Braudel zum Beispiel hat mit seinem großen Werk »Sozialgeschichte des 15. bis 18. Jahrhunderts« beschrieben, welche sozialen Probleme der seit Jahrtausenden fortschreitende Prozeß weltwirtschaftlicher Verflechtungen (die »Globalisierung«, wie wir heute sagen) schon immer den Menschen bereitete.

Ende der siebziger Jahre fand ich im Hauptwerk des 1990 im Alter von 93 Jahren verstorbenen Soziologen Norbert Elias »Der Prozeß der Zivilisation« den theoretischen Schlüssel für mein heutiges Denken über die Möglichkeiten der Politik in einer sich immer tiefer verflechtenden Welt. Norbert Elias' Werk gründet auf der Erkenntnis, daß der Kommunikationsprozeß die zentrale Kraft in der Evolution menschlicher Zivilisation ist. Die Instrumente, die der Menschheit immer weiter gezogenen Kreise der Kommunikation ermöglichen, waren Wissenschaft und Technik. Wettbewerb und Markt, jene untrennbaren Erzeuger unseres Wohlstandes, sind insofern nur eine *(wenn auch sehr bedeutsame) Ausdrucksform dieses fortschreitenden Kommunikationsprozesses der Menschheit. Es sind diese Kräfte der Kommunikation, die als »Wettbewerb«, »technischer Fortschritt« und »Globalisierung« unsere soziale Welt umstürzen.*

Ich habe das vorliegende Buch gewiß nicht in der Überzeugung geschrieben, eine Patentantwort auf die sozialen Fragen unserer Zeit gefunden zu haben. Im Gegenteil, mir liegt daran, die Grenzen deutlich zu machen, die nach aller bisherigen Erfahrung unserem Wirken im weltweiten Evolutionsprozeß offenbar gezogen sind. Mir ist auch bewußt, daß die zukünftige Entwicklung nicht wirklich prognostizierbar ist. Mein Ziel ist es aber auch nicht nur, einen moralischen Anspruch der Politik gegenüber einer reinen Kommerzgesellschaft zu wiederholen. Mir liegt vielmehr daran, durch ein besseres Verständnis der Evolution unserer menschlichen Gesellschaft und der kommerziellen Welt unseres Zeitalters, mögliche pragmatische Ansätze zu einer politischen

Selbstbehauptung der Gesellschaft aufzuzeigen. Denn ich habe die Hoffnung nicht verloren, daß politische Vernunft uns diese Chancen gibt und daß unsere Kräfte noch immer genügen, aus dieser Vernunft wirkungsvolle politische Entscheidungen abzuleiten.

Voraussetzung hierfür ist allerdings ein rigoroses Bekenntnis zur Wirklichkeit. Zu dieser Wirklichkeit gehören die tiefgreifenden sozialen Umwälzungen unserer Zeit, deren Ursache, Richtung und Kraft wir zunächst verstehen müssen, wenn wir überhaupt eine Chance haben wollen, uns politisch, demokratisch und sozial erfolgreich zu behaupten.

Geschichte – ein Kommunikationsprozeß

Im Sommer 1989 schrieb Francis Fukuyama, damals stellvertretender Direktor des Planungsstabes im Auswärtigen Amt, dem State Department, der USA, in der Washingtoner Zeitschrift »National Interest«: Was wir erleben, ist nicht nur das Ende des Kalten Krieges oder einer besonderen Periode der Nachkriegsgeschichte, sondern »Das Ende der Geschichte« überhaupt. Aus seiner Sicht hatten wir einen Schlußpunkt der ideologischen Evolution der Menschheit erreicht, weil die liberale westliche Demokratie als eine endgültige Form menschlicher Regierungsform universale Geltung gewonnen habe.

Fukuyama vertritt mit dieser These – dann auch im erfolgreichen Buch – offenbar die Auffassung, Geschichte sei in erster Linie eine Chronologie gewaltsamer internationaler Konflikte, der Kriege und Gewaltherrschaften, der religiösen und ideologischen Auseinandersetzungen. Wir alle sind wohl gewohnt, Geschichte wie Fukuyama zu definieren: In unserem Wissen haften die Kriege und die Zerstörungen, leben die markanten Ereignisse. Wir sehen in diesen Ereignissen die wesentlichen Ausdrucksformen der Geschichte und versuchen, sie zu einem Gesamtbild zu verknüpfen. Verwechseln wir hier aber nicht die Böen mit den Strömungen? Würde damit nicht die Geschichte der Nationalstaaten auf ihre Oberfläche reduziert? Sind nicht die großen *inneren* politischen und wirtschaftlichen Entwicklungen der Stämme, Völker und Rassen die wirkliche »Geschichte«?

Schauen wir auf die Welt, in der wir leben. Wir selbst, zum Beispiel, haben in Europa in unserem Jahrhundert unvorstellbare Umbrüche und Zerstörungen erlebt. Aber wiesen diese Ereignisse eine Richtung? Unsere gegenwärtige Welt jedenfalls läßt schon heute die Wirkungen dieser zeitlich doch noch so nahen Weltkriegskatastrophen kaum mehr erkennen. West-Deutschland, das 1945 neben der Sowjetunion vielleicht das zerstörteste Land in Europa war, wirkt heute nur ein wenig neuer und im ganzen eher wohlhabender als seine damals wesentlich weniger verletzten westlichen Nachbarn. Aber Deutschland wirkt doch nicht »ganz anders«! Wie ein Spuk scheinen die Jahre zwischen 1933 und 1945 verflogen, fast ohne sichtbare Spuren (unsichtbare gibt es natürlich genug), als habe eine starke Hand die verbogenen Linien wieder ausgerichtet, um nach 30 Jahren Chaos – 1914 bis 1945 – ihren Verlauf zurückzubringen auf den Weg, den das Land vermutlich im wesentlichen auch genommen hätte, wenn die Entwicklung in diesen drei Jahrzehnten nicht unterbrochen gewesen wäre. Ja, die schrecklichen, vergeudeten Jahre scheinen nicht einmal zu fehlen: Trotz ihrer in diesem Jahrhundert extrem unterschiedlichen politischen Geschichte sind zum Beispiel sogar die Schweiz und die Bundesrepublik Deutschland aus der Nähe betrachtet nahezu verwechselbar geworden. Und so wird es auch in einigen Jahren oder Jahrzehnten mit Ostdeutschland gehen.

Wenn so ungleiche geschichtliche Wege zu so ähnlichen Ergebnissen führen, dann müssen doch Kräfte am Werke sein, die stärker sind als alle Tagesereignisse, am Ende stärker auch als Diktaturen und Kriege. Norbert Elias hat diese evolutionäre Kraft den »Prozeß der Zivilisation« genannt. Die treibende Kraft ist nach seiner Erkenntnis ein immer differenzierterer Kommunikationsprozeß; Arbeitsteilung und Markt sind die Folgen. Es sind *diese* Kräfte, die den Lauf der Geschichte geführt haben, die unsere Gegenwart prägen und die Zukunft formen werden. In einer eng verflochtenen Welt scheint nun auch der große Krieg nur noch als katastrophaler Unfall vorstellbar; diese Welt kann sich nur noch den Frieden leisten. In ihm aber wird der Markt zum Vater aller Dinge und der Weltmarkt zur stärksten historischen Kraft.

Aus dieser Sicht ist auch die große europäische Geschichte letztlich nur eine Art »Stammesgeschichte«, die nun zu einer »Frühzeit« der beginnenden Menschheitsgeschichte wird. Die Geschichte wird ihr Ende nicht dadurch finden, daß die Nationen nun hoffentlich beginnen, ihre Konflikte, nach innen wie nach außen, gewaltlos (das heißt, ohne große Kriege) auszutragen. Im Gegenteil: Die Menschheitsgeschichte beginnt erst. Auch so verstanden erweist sich allerdings Geschichte noch immer als ein schmerzhafter Prozeß des ständigen Wandels, der Verschiebung von Machtgewichten, der sozialen Menschheitsevolution.

Wir müssen versuchen, unsere Zeit in diesem größeren Zusammenhang der Menschheitsgeschichte zu sehen. Während wir persönlich immer größere Freiheitsräume gewinnen, werden wir zugleich immer tiefer in die Abhängigkeiten größerer Räume und fremderer Welten gezogen. Diese Entwicklung charakterisierte die Menschheitsgeschichte, wo immer und solange wir sie überschauen können. So spüren wir auch, daß wir in unserer Zeit, trotz zunehmender individueller Freiheit als Bürger eines Nationalstaates, offenbar immer weniger Einfluß auf die historische Entwicklung nehmen können. Vielleicht haben wir Menschen unseren gestaltenden Einfluß auf das, was sich nun als Geschichte der Menschheit entpuppt, schon immer überschätzt? Wir konnten wohl schon immer viel weniger auf die großen historischen Entwicklungen einwirken, als wir uns (besonders als Politiker) gerne eingestehen. In wenigem hat Karl Marx wohl so geirrt wie in dem von der Linken (früher auch von mir) so oft selbstbewußt zitierten Ausdruck: Der Mensch macht seine Geschichte selbst. Richtig verstanden war wohl der geschichtliche Prozeß der Stämme und Völker Europas nichts anderes als ein verschlungener, umwegreicher, blutiger, aber am Ende eben evolutionärer Weg in eine immer tiefere kommunikative Verflechtung von Menschen und Völkern zu einer Gemeinschaft der Menschen auf diesem Planeten, zur Menschheit. Heue sind bereits so enge globale Verflechtungen entstanden, daß sie Gewalt nur noch lokal zulassen können. Denn immer größere Freiheiten schaffen zugleich auch immer größere Abhängigkeiten, die keine Gewalt mehr ertragen können. Doch Frieden in einer »fernen« Kommunikationsgesellschaft heißt eben immer auch, in »fernen« Abhängigkeiten zu leben. Wir spüren dies und fühlen uns bedroht.

Norbert Elias beschrieb die Geschichte als einen Prozeß zu immer größeren befriedeten Räumen. Schritt für Schritt traten an die Stelle der aufregenden Wechsel von Herrschaft und Aufstand in immer größeren Räumen die rechtlich geordneten Auseinandersetzungen von Interessen. So gesehen wären die kurzen Jahrtausende der Menschheitsgeschichte, die wir einigermaßen anschaulich überblicken können, nur eine Art Pubertät, eine Phase schrittweiser Zivilisierung, eben ein »Prozeß der Zivilisation«. Ist dies aber die historische Tendenz und lösen sich regionale Gesellschaftsstrukturen unter dem Druck immer intensiverer weltweiter Kommunikation stets auch auf, so ist unsere politische Zukunft schwer deutbar: Wie wird sich die immer dichtere kommunikative Verflechtung der Menschen, Völker und Kontinente nicht nur im täglichen Leben, sondern in unseren politischen Lebensräumen auswirken?

Niemand kann hier heute eine konkrete, eine detaillierte Antwort geben. Also müssen wir uns für schwer berechenbare Zeiten wappnen. Sicher scheint nur eines: Wir stehen erst am Anfang und nicht am Ende dieser Menschheitsetappe, und der Ausgang der Entwicklung ist nicht absehbar. Sicher scheint mir aber auch, daß am Ende die friedenstiftende Kommunikation eine Organisationsform für das Zusammenleben der Menschen ermöglichen kann und muß, auch wenn der Weg noch von großen Schmerzen begleitet sein sollte.

Geschichte, so verstanden, ist also weder in erster Linie eine Geschichte der Herrscher und Schlachten, wie wir sie noch vor 50 Jahren aus unseren Geschichtsbüchern auswendig lernen mußten; noch wäre es vorrangig eine Geschichte der Beherrschten und der Klassen, auf welche Weise – auch als Reaktion auf den Geschichtsunterricht der Kalenderzahlen – der Verlauf der Geschichte in den Nachkriegsjahrzehnten oft einseitig erklärt wurde. Eine Geschichtsbetrachtung, wie Norbert Elias sie lehrt, wäre auch nicht in erster Linie eine Wirtschaftsgeschichte, obwohl die Entwicklungsgeschichte der Wirtschaft zum Verständnis des langfristigen Geschichtsablaufes erheblich mehr beizutragen hätte, als diesem Aspekt im Geschichtsunterricht meist eingeräumt wird.

Am treffendsten könnte man diese Geschichtsauffassung als den Versuch beschreiben, die Konsequenzen aus immer dichter geflochtenen Kommunikationssystemen zu verstehen. Schritt für Schritt entstehen aus Systemen des Austausches von Information, von Meinungen, Waren und Dienstleistungen, zwischen immer mehr Menschen in immer größeren Räumen neue gesellschaftliche Gebilde und mit ihnen auch neue Konflikte. Und wenn durch Entwicklungen der Kommunikationstechnologie, wie Satellitentechnik und Digitalisierung, die Intensität und die Reichweite dieser Kommunikationen sprunghaft gesteigert wird, wenn also plötzlich neue und wesentlich umfassendere Kommunikationsverflechtungen entstehen, dann wandeln sich die bisherigen gesellschaftlichen Gebilde umsturzartig. Und in einer solchen historischen Phase befinden wir uns. Es sollte nicht als Blasphemie verstanden werden, wenn ich hier formuliere: Am Anfang war das Wort – am Ende steht die Kommunikation. Der »Prozeß der Zivilisation« ist ein Prozeß von einer Kommunikation der Rivalität durch Gewalt zu einer Kommunikation der Rivalität mit friedlichen Mitteln. Vom Krieg zum Markt.

Denn die bedeutsamste Institution der friedlichen menschlichen Kommunikation ist der Markt. Der »Prozeß der Zivilisation« war immer – und wird immer mehr – zugleich eine Geschichte der Kommunikation durch den Markt. Wenn nun durch das Entstehen und Wirken von immer dichteren Kommunikationsverflechtungen in unseren Jahren neue Weltmärkte geschaffen werden, dann stehen wir auch hier erst am Anfang einer Menschheits-Wirtschaftsgeschichte. Denn noch ist der Weltmarkt nur ein sehr kleiner Teil unserer wirtschaftlichen Tätigkeit.

Wir selbst verdanken dieser Entwicklung bis heute einen wesentlichen Teil unseres verschwenderischen Wohlstands. Wir haben bisher den historischen Trend zu immer größeren Kommunikationsräumen, zu immer größeren Märkten durch eine Politik offener Handelsgrenzen für uns sehr fruchtbar machen können. Weitgehend ungehinderte Umbrüche traditioneller nationaler Wirtschaftsstrukturen konnten neue Grundlagen für noch größeren Wohlstand schaffen. Und die soziale und liberale Demokratie war bis auf einige kurze, kritische Phasen auch souverän in der Lage, trotz des beschleunigten Wandels die politischen und sozialen Gleichgewichte immer wieder herzustellen. Heute neigen wir dazu, die Arbeitslosigkeit in erster Linie auf die Verschärfung der internationalen Konkurrenz von Produkten und ihrer Kosten zurückzuführen. Die »Globalisierung« ist als Ursache der wachsenden Arbeitslosigkeit im Visier der Politik. Doch was ist gemeint?

Die meisten Menschen verstehen unter »Globalisierung« wohl das wachsende Angebot kostengünstigerer Waren und Dienstleistungen aus dem Ausland; oder die »Vernichtung« von Arbeitsplätzen durch die Verlagerung von Produktionsstätten in kostengünstigere Staaten. Die »Globalisierung« erschreckt, weil wir meinen, durch sie wesentliche Bereiche unserer bisherigen Branchen und Arbeitsplätze an billigere Anbieter aus anderen Staaten und Kontinenten zu verlieren. Dies ist sicher ein wichtiges Problem: Märkte für Waren und Dienstleistungen haben sich ja in der Tat ständig geographisch erweitert (»globalisiert«) und damit auch veränderte Konkurrenzlagen für die Produktionsbedingungen (auch Rahmenbedingungen) der Hersteller, also der Anbieter, entstehen lassen. Es gab und gibt immer Gewinner und Verlierer dieser Entwicklung: Textilindustrie, Lederindustrie, Keramikindustrie sind klassische Beispiele; ich habe sie erwähnt.

Hier liegt jedoch *nur eine* der Ursachen der wachsenden Arbeitslosigkeit und der sinkenden Löhne für einfachere Tätigkeiten. Denn so wichtig die Beachtung der internationalen Waren-Konkurrenz ist, diese einseitige Thematisierung täuscht uns darüber hinweg, daß schon der bisherige Abbau industrieller Arbeitsplätze – und wohl auch der zukünftige – nicht in erster Linie eine Folge des Verlustes von Märkten an kostengünstigere Anbieter war, sondern das Ergebnis beschleunigter wissenschaftlicher und technischer Entwicklungen, die eine wachsende Produktion von Waren und Dienstleistungen mit immer weniger direkt eingesetzter menschlicher Arbeitskraft ermöglichen. Die sogenannten »Rationalisierungen« spielen für die Arbeitslosigkeit eine mindestens ebenso bedeutsame Rolle wie die wachsende »globale« Konkurrenz. Ich komme darauf im letzten Teil dieses Buches noch zurück. Denn dieser technische Fortschritt ist eine Kraft, die mit unseren anthropologischen Grundstrukturen von Rivalität und Konkurrenz zusammenhängt und nun mit Hilfe der globalen Kommunikationsstrukturen mit großer Beschleunigung vorangetrieben wird. Es ist erst dieser wissenschaftlich-technische Fortschritt, der auch die »Globalisierung« ermöglicht – und nicht umgekehrt. Aus dieser zunehmend internationalen Kommunikation resultiert dann allerdings wieder eine Verschärfung des wissenschaftlichen Wettbewerbs und damit eine Beschleunigung des wirtschaftlich-technischen Fortschritts.

Globalisierung ist eben der gesamte Prozeß weltweiter Kommunikationsverflechtungen. Es geht dabei nicht nur um den Wettbewerb von Waren und Dienstleistungen. Es geht vielmehr um einen ungeheuren Produktivitätsschub als Folge eines beschleunigten und vertieften Austausches von Gedanken und Ideen, Erfahrungen und Hoffnungen; und *auch* von Waren und Dienstleistungen.

Die jeweilige Realisierung neuer wissenschaftlich-technischer Möglichkeiten in einem einzelnen Unternehmen hängt nicht davon ab, ob durch diese technischen Neuerungen bereits real eine neue Konkurrenz entstanden ist: Wirtschaftliche Chancen, die ein konkurrierendes Unternehmen in seiner Konkurrenzposition auch nur stärken *könnten*, müssen von jedem Unternehmen genutzt werden, und zwar möglichst schon, bevor die konkrete Bedrohung entsteht. Jedes gut geführte Unternehmen muß versuchen, schon gegenüber einer *möglichen* Bedrohung zu handeln. Rationalisierungen und kostensenkender Abbau von Arbeitsplätzen sind deswegen auch nicht in erster Linie eine Antwort auf den bereits errungenen Vorsprung eines Konkurrenten, sondern Maßnahmen zur Abwehr eines erwarteten, eines »antizipierten« Verhaltens der Konkurrenz. Für jedes gut geführte Unternehmen ist nicht der bereits realisierte Wettbewerb, sondern Wettbewerbs*furcht* die treibende Kraft. Erfolgreiches Verhalten unter evolutionären Bedingungen heißt immer Gefahren vorauszusehen und zu reagieren, bevor es dann *in* der Gefahr zu spät sein könnte. Und deswegen spielt die Globalisierung der Information eine entscheidendere Rolle als die Globalisierung des Warenaustausches selbst.

Wer also eine Anwort sucht auf den scheinbaren Widerspruch zwischen Arbeitsplatzabbau und steigenden Unternehmensgewinnen, findet schon hier eine Anwort. Denn wer von einem Unternehmen erwartet, daß es aus sozialen Gründen kostensenkende oder gewinnsteigernde Möglichkeiten nicht ergreift, *obwohl* erwartet werden muß, daß Konkurrenten diesen Weg der Kostensenkung beschreiten *könnten*, der hat den Wirtschaftsprozeß im Ganzen nicht verstanden. Denn versuchte man, den Unternehmen diesen Weg der Vorsorge zu verbauen, wären die Unternehmen verloren.

Eine soziale Anwort auf diese Problematik kann nur darin liegen, einen sozial möglichst verträglichen Weg – zum Beispiel durch differenzierte Arbeitszeitverkürzung ohne Lohnausgleich – zu finden oder gewinnsteigernde Maßnahmen auch den Arbeitnehmern über Beteiligungsmodelle zu ermöglichen. Vom Unternehmen selbst oder auch vom Unternehmer und seinen arbeitsplatzgebundenen Mitarbeitern zu erwarten, aus sozialer Rücksicht für andere Arbeitnehmer notwendige Maßnahmen zur Wettbewerbsstärkung des Unternehmens zu unterlassen, wäre fahrlässige Illusion. Schließlich verdanken wir wettbewerbsfähigen Unternehmen die Substanz unseres sozialen und kulturellen Fundaments.

Das doppelte Gesicht des Marktes

Segensreiche unsichtbare Hand

Gerade in unserer Zeit der wachsenden Globalisierungsfurcht lohnt es sich, zunächst die positiven Kräfte der offenen Konkurrenz und der Märkte noch einmal zu unterstreichen. Dabei geht es um mehr als unseren Wohlstand, unsere Gesundheit und Lebenserwartung, die ohne den arbeitsteiligen Markt undenkbar wären. In meinen Arbeitsjahren, also während eines Zeitraums von nur fünf Jahrzehnten, habe ich auf unserer Welt einen langsamen, mühseligen, aber eben doch auch eindeutigen Fortschritt zu mehr Menschenrechten und Demokratie beobachten können. Es begann mit der Befreiung Europas von der Nazidiktatur. Seither gab es zwar Rückschläge, zum Beispiel in Griechenland 1968, in Chile 1973, in der Tschechisch-Slowakischen Volksrepublik 1968 oder in China 1989. Diese Rückschläge kamen oft unerwartet; es gab auch schreckliche Greuel. Und doch, machen wir einen Sprung zurück in das Jahr 1949, als ich mein deutsches Studium beendet hatte und begann, mir mindestens einen Teil meines Lebensunterhaltes selbst zu verdienen – so müssen wir erstaunen, welche Fortschritte die demokratischen Verfassungsrechte und Menschenrechte inzwischen insgesamt und weltweit gemacht haben.

Ich schreibe das natürlich nicht in Unkenntnis oder Mißachtung der Ereignisse der letzten Jahre, zum Beispiel des Krieges im ehemaligen Jugoslawien oder der afrikanischen Greuel. Ich habe diese Kriege und Bürgerkriege im Kopf; ich kenne auch die Statistiken des Hungers, die Berichte über Verfolgung und Folter, die mörderischen Erpressungen des Terrorismus und die verderbliche Flutwelle der Drogen. Und ich halte mich auch nicht unkritisch an einen Begriff von Menschenrechten, der das Recht auf eine menschenwürdige und friedliche Existenz ohne Hunger geringer achtet als das Recht, über diesen Mangel frei zu sprechen und zu schreiben. Ich weiß, oder mindestens glaube ich zu wissen, was auch hier wirtschaftliche Entwicklungen angerichtet haben und täglich weiter anrichten.

Und dennoch, wenn der Weg auch verschlungen war und die Fortschritte im Pendelschlag der Ereignisse oft nur schwer erkennbar, so haben im Zuge der Kommerzialisierung menschlicher Beziehungen Demokratie und Menschenrechte doch unbestreitbar an Boden gewonnen. Die Welt hat sich entscheidend verändert. Unsere Augen sind empfindsamer, vor allem aber: die Inhaber von Macht und Gewalt sind vorsichtiger geworden.

Im westlichen und mittleren Europa sind die Diktaturen fast völlig verschwunden; Griechenlands Obristen ebenso wie Spaniens und Portugals Faschisten sowie andere. Die harten Schwarzweiß-Grenzen der Apartheid in Südafrika sind gebrochen, und auch die reale Gleichberechtigung der Schwarzen in den USA gewinnt an Boden. Martin Luther King hat in den USA schließlich über den Ku-Klux-Klan gesiegt. Wohin immer unser Weg in den nächsten Jahren führt: Orwells Land wird das Reiseziel nicht mehr sein. Es mag und es wird wahrscheinlich Rückschläge, Pendelschläge der Entwicklung geben – aber die Richtung wird sich nicht grundsätzlich ändern. Sie führt zu mehr Empfindsamkeit der Menschen füreinander, übrigens auch zu mehr Empfindsamkeit gegenüber der Vergewaltigung von Natur und Kreatur. Und damit zu mehr Vorsicht und Zurückhaltung bei denen, die auf den Stühlen der Macht sitzen.

Wissenschaftler mögen versuchen, die folgenden Thesen mit mehr Fakten und breiterem historisch-empirischen Material zu bestätigen oder auch zu verwerfen. Aber es ist meine feste Überzeugung, daß der von Wissenschaft und Technik ermöglichte, aber von Wettbewerb, Konkurrenz und den Märkten vorangetriebene Prozeß der Globalisierung von zwei parallel verlaufenden Konsequenzen begleitet wird: einer Tendenz zur Brutalisierung, zur Verantwortungslosigkeit, über die wir so oft lesen; aber eben doch auch einer entgegengesetzten Tendenz, die uns eine wachsende Einsicht in die gegenseitigen Abhängigkeiten und in das gemeinsame Schicksal der Menschheit gibt. Und die damit schrittweise zu einem immer stärker werdenden gemeinsamen Verantwortungsgefühl auch der härtesten Konkurrenten auf den Weltmärkten führt.

Denn diese internationale Verflechtung wird weiter fortschreiten. Niemand kann sich erfolgreich abschotten. Da die Grundlage jeden Marktes ein Kommunikationssystem ist, war es schon immer unvermeidlich, daß mit den Handelskontakten auch andere, kulturelle und politische Eindrücke und Informationen ausgetauscht wurden. Im Ergebnis aber waren diese Informationen immer zugleich auch eine unwiderstehliche Kraft der eigenen Veränderung. Dies ist der Grund, warum Regierungen immer wieder den Versuch gemacht haben, auch Handelskontakte so zu begrenzen, daß möglichst wenige und möglichst nur »vertrauenswürdige« Personen der ausländischen »Ansteckungsgefahr« ausgesetzt würden. Japan war bis zu seiner Öffnung in der zweiten Hälfte des 19. Jahrhunderts hierfür ein erstaunliches Beispiel; einige ostasiatischen Länder sind es noch immer.

Aber drei Entwicklungen haben jeder selbstgewählten Informations-Isolierung immer wieder ein Ende bereitet: *Erstens* der internationale Charakter der Wissenschaft und der Technik, der es unmöglich macht, ohne Kontakte mit ausländischen Fachleuten wirtschaftlich und technisch Schritt zu halten; man konnte eben auch in der Sowjetunion kein Kernkraftwerk bauen, ohne westliche Zeitschriften zu lesen, ohne Englisch zu können und westliche Kraftwerke zu besuchen. *Zweitens* die Internationalisierung der politischen, ökonomischen und ökologischen Entwicklungen erfordert, wenn man die eigenen nationalen Interessen international vertreten will, den Kontakt mit Ausländern auf immer breiterer Ebene. Man kann eben aus China nicht exportieren, ohne die Exportmärkte auch vor Ort eingehend zu erkunden; und man kann die Umweltverschmutzung nicht zu angemessenen Kosten reduzieren, ohne die Erfahrung anderer Nationen zu berücksichtigen. *Drittens* ist Information auch ein Markt mit sehr potenten, zum Teil nicht einmal sprachgebundenen Inhalten (z.B. Sport im Fernsehen) geworden. Die Energien der Konkurrenz haben diesen Markt technologisch erschlossen, indem sie frühere, national kontrollierbare Grenzhindernisse im Wege der Satellitentechnik wirkungslos machten. Man könnte sagen: Orwell wurde von Orwell geschlagen. Die Kräfte des Informationsmarktes waren überall stärker als die Kräfte staatlicher Begrenzungen der Informationspolitik. Wie gesagt, es mag immer wieder Rückschläge geben, aber es gibt keine Umkehr: Die Weltinformationsgesellschaft ist ebenso unaufhaltsam wie der Weltmarkt.

Wissen ist nicht nur Macht; das Wissen des jeweils anderen ist zugleich immer auch eigene Machtbegrenzung. Denn die zunehmende, und, wie ich meine, unaufhaltsame gesellschaftliche Durchlässigkeit für Informationen aus allen Staaten in alle Staaten der Welt, zähmt die Arroganz der Macht und stärkt die Menschenrechte. Es mag zwar auch sein, daß wir nach vielen Schreckensszenen auf den Fernsehschirmen gleichgültiger werden; aber kein Mensch mag auf Dauer Not in seiner Nachbarschaft. Und die Reichen der Welt wußten schon immer, warum sie ihre Gartenmauern so hoch zogen, daß die von der Straße nicht darüberschauen konnten. Ich glaube also, daß letzten Endes die Wiederholung der Fernsehbotschaften von Ungerechtigkeit, Not und Verfolgung unser Gewissen schärft und daß diese Konsequenz auch den Unterdrückern und Verfolgern bekannt ist. Der Weltmarkt der Information macht unsere Welt empfindamer für Machtmißbrauch und staatliche Gewalttätigkeit, und auch diese

Entwicklung wird weitergehen. Ob unsere Gesellschaft schon allein damit auch menschlicher werden wird, ist vielleicht noch offen. Doch die Ausbreitung der Demokratie durch die Ausbreitung von Information ist unbestreitbar. Wissen schafft auch Gewissen; Wissen stellt Fragen, und Fragen zwingen zu Antworten. Die Informationsgesellschaft bietet deswegen auch eine Chance für mehr Menschlichkeit.

Dies gilt sogar in gewisser Weise auch für die Arbeitswelt. Wir sehen heute an erster Stelle die wachsende Arbeitslosigkeit. Aber es gibt auch hier die Kehrseite, die Humanisierung der Arbeitswelt durch die Informationsindustrie. Denn Wissenschaft und Technik finden in den expansiven Weltmärkten eine immer größere wirtschaftliche Nachfrage. Die durch den Ausbau der Kommunikationswirtschaft (im weiteren Sinne, von der Eisenbahn bis zum Fernsehsatelliten) entstandene Weltwirtschaft hat Arbeitsteilungen entstehen lassen, in denen die sogenannten »intelligenten Komponenten« der Waren und Dienstleistungen, also ihre wissenschaftlich-technischen Bestandteile, eine immer größere Rolle spielen. Die Konsquenz hiervon ist unter anderem auch, daß die Bedeutung menschlicher Intelligenz und menschlicher Motivation als Anteil am Unternehmenserfolg zunimmt. Auch wenn Automaten und Roboter zugleich an Bedeutung gewinnen, entsteht doch keine Wirtschaftswelt, die menschliche Kreativität entbehrlich macht. Im Gegenteil, die Maschinen und Automaten übernehmen bisher in der Regel die weniger kreativen Tätigkeiten, die wirkliche Disposition über die Maschinen und ihre Entwicklung verbleiben aber noch immer den Menschen. Auch hier wird es Einbrüche geben, wie der Sieg des Computers über den Weltmeister im Schach Garry Kasparow zeigt. Aber im Kern bleibt den Menschen die menschliche Arbeit. Die Arbeit wird dadurch auch körperlich leichter, und dies ist ein entscheidender Beitrag zur Emanzipation der Frauen.

Die Arbeit der Disposition, der Kombination, der Systemfindung wiederum ist in einer hierarchischen Kommandowirtschaft kaum zu bewältigen. Offene Diskussion, Freiheit der Meinung, unbefangene Kritik an Vorgesetzten und dezentralisierte Verantwortung sind daher immer deutlicher Merkmale erfolgreicher Unternehmen unserer Zeit. Die erfolgreiche moderne Unternehmenskultur gründet auf der *inneren* Beteiligung der Arbeitnehmer am Unternehmenserfolg. Mit anderen Worten: *Eigenverantwortung* der Mitarbeiter, eine Art »Demokratie« im Unternehmen sind Elemente der Produktivität und damit erfolgreicher Konkurrenz, nicht nur der Unternehmen, sondern auch der Staaten. Die neue Unternehmenskultur des technischen Fortschritts und der Globalisierung ist humaner als die Welt am Fließband des Henry Ford. Kohlengruben und Fließbandproduktion lassen sich notfalls in Kommandostrukturen führen – ein Software-Unternehmen aber nicht.

Niemand wird sich auf Dauer diesen Konsequenzen entziehen können. Denn auf der Seite der Beteiligung von immer mehr Arbeitnehmern an der Verantwortung steht die Produktivitität in der Informationsgesellschaft. Und auf dieses Element der Produktivität kann nicht verzichtet werden, denn jenseits der Grenzen steht immer die Konkurrenz. Wäre die frühere DDR, wäre die ehemalige Sowjetunion in der Lage gewesen, den Informationsstrom über die wirtschaftlichen Erfolge und individuellen Freiheiten im Westen total abzublocken – der Reformdruck wäre vermutlich weniger drängend gewesen und hätte sich vielleicht auch bis heute nicht durchgesetzt. Der Anstoß für den inneren Reformdruck kam insofern *nicht* in erster Linie von innen, sondern, wenn auch indirekt, von außen; und zwar als Konkurrenz, als Markt. Der Druck entstand durch den unausweichlichen Vergleich mit »den anderen«, in diesem Fall mit dem Westen. Freiheit konnten die totalitären Parteien so lange unterdrücken, als sich die konkrete Kenntnis der Unterschiede zwischen drinnen und draußen auf relativ wenige Personen beschränken ließ. Und solange man, um im wissenschaftlich-technischen Wirtschaftssystem international »mitzuhalten«, noch nicht von der motivierten Mitarbeit aller Arbeitnehmer abhängig war. Es sind aber schon, wie wir gesehen haben, die Informationen über das, was sein *könnte*, es sind schon die *potentiellen* Folgen einer anderen wirtschaftlichen und gesellschaftlichen Struktur, die Konkurrenzdruck auf ein System ausüben und dieses, wenn es sich der Evolution sperrt, ins Wanken bringen.

Der Markt kann auch ein Monster sein

So erinnern wir den »Markt« als eine fruchtbringende Institution menschlicher Kommunikation. Es gibt aber auch die andere Seite. Die Kräfte des Marktes bergen hinter ihrem anderen Gesicht auch eine Tendenz zur Brutalisierung unserer Gesellschaft. Und diese Quelle ist stark: Auch aus ihr strömen Kräfte der Evolution; Kräfte der Rivalität, fließen Konkurrenzdruck und ökonomische Eroberungslust. Die Tendenz einer zunehmenden Empfindsamkeit entspringt dem Zwang der Menschen, im dichter werdenden Geflecht der Kommunikation einen »zivilen« Umgang miteinander und Geborgenheit in der Gruppe zu suchen; also sich letztlich einem unausweichlichen »Prozeß der Zivilisation« zu fügen. Doch der Mensch will, wie wir gesehen haben, beides: geborgen sein in der Gruppe, aber doch überlegen sein in der Rivalität. Die unzähmbaren Kräfte menschlicher Evolution bergen am Ende zwar auch einen Zwang zur Selbsterhaltung durch Frieden, aber der Weg dorthin ist immer voller Rivalität und damit voller Gefahren.

Von Märkten sind in der Geschichte schon immer auch verheerende Folgen ausgelöst worden. Vor über 2500 Jahren entstand das Römische Reich. Die damaligen Herren Italiens und großer Landstriche im Mittelmeerraum bezogen später ihr Getreide unter anderem aus Afrika, insbesondere aus einem Gebiet, das etwa dem heutigen Libyen entspricht; so ernährten sie die schnell wachsende Bevölkerung ihrer Hauptstadt Rom. Um die Frachten zu bewegen, brauchten sie Schiffe. Und die Schiffe brauchten Holz. Das Holz war auch zugleich die wichtigste Energie- und Wärmequelle, wie es dies noch heute für einen großen Teil der Weltbevölkerung ist.

Und so schlugen die Römer die Bäume und fällten die Wälder, zunächst um Rom herum, dann in immer weiter gezogenen Kreisen; eine Entwicklung übrigens, die sich ein Jahrtausend später, als in Norditalien die große Kultur der Stadtstaaten entstand, noch einmal wiederholte. Venedigs lagunare Bodenbefestigung und sein Schiffbau zerstörte die Wälder im Norden der italienischen Halbinsel sowie an den östlichen Adriaküsten, wie dies der Schiffbau des Römischen Reiches schon zuvor in der Mitte und im Süden Italiens getan hatte. Bis heute können Verkarstung, Trockenheit und ländliche Armut auf diese zügellose wirtschaftliche Ausbeutung der Landschaften zurückgeführt werden.

Ein anderes historisches Beispiel liegt uns zeitlich näher. Als die Siedler der »Mayflower« die neue Welt zu Beginn des 17. Jahrhunderts betraten, war der nordamerikanische Kontinent eine waldreiche Landschaft, unterbrochen von fruchtbaren Prärien, auf denen Millionen von Büffeln grasten. Als aber die nachströmenden Siedler auf dem Wege nach Westen frei und ungehindert das Land kultivierten und als dann in der Mitte des 19. Jahrhunderts die Revolution der Eisenbahn den kostengünstigen Transport landwirtschaftlicher Produkte des Mittleren Westens an die dichter besiedelte Ostküste ermöglichte, da trieb die ungezügelte Konkurrenz der Fleischfabriken die Büffelherden in die Schlachthöfe Chicagos; riesige Wälder verschwanden zu Spottpreisen in den Sägewerken und Holzfabriken; der auf kurzfristigen Nutzen ausgerichtete, marktwirtschaftliche Wettbewerb der Farmer laugte die vom Schutz der Wälder entblößten Getreideböden so aus, daß die Schäden bis heute mit bloßem Auge sichtbar geblieben sind. Erosion und zunehmende Unfruchtbarkeit der Landschaft waren die Folge. Mühsam wird heute versucht auszugleichen, was ein unregulierter Markt damals vernichtete.

Es gibt unzählige weitere Beispiele für die verhängnisvollen

Folgen zügelloser Markteinflüsse, bis in unsere Tage. Sie sind uns geläufig, von der Überfischung der Meere bis zur Aufheizung der Erdatmosphäre, von der Verschmutzung der Weltmeere durch ungenügende Sicherheitsregelungen für die Tanker bis zur chemischen Vergiftung der Agrarböden. Sie alle sind letztlich darauf zurückzuführen, daß der Entscheidungsberechtigte, der die Verfügung als Eigentümer treffen kann, von den Folgen seiner Entscheidung selbst nicht unmittelbar betroffen wurde. Jeder pflegt seine eigenen Fischgründe – und überfischt die der anderen. Es war deswegen logisch, daß der Umweltschutz auf das Verursacherprinzip zurückgriff – es ist ja nichts anderes als eine Art virtueller Wiederherstellung der einstmals einheitlichen Eigentümerfunktion von Verfügungsbefugnis und Folgeveranwortung.

Worauf es mir ankommt, ist daran zu erinnern, daß wir einen Denkfehler machen würden, wenn wir die positiven Ergebnisse der Marktwirtschaft den unsichtbaren ordnenden Händen, von denen Adam Smith sprach, zuschreiben – für die negativen »Begleit«-Erscheinungen aber dann nicht den Markt selbst, sondern irgendwelche anderen Ursachen heranziehen, vorzugsweise natürlich die Politik (so die Wähler) oder die rücksichtslosen Unternehmer (so oft die Konsumenten).

Wer darauf verweist, daß aus ungeordneter und damit ungezügelter weltweiter Konkurrenz heute immer deutlicher Bedrohungen der menschlichen Gesellschaft erwachsen, der sollte sich allerdings auch immer wieder daran erinnern, was wir Markt und Wettbewerb verdanken. Denn nur wenn wir beide Seiten des Marktes im Auge haben, können wir die Kräfte des Marktmechanismus, seine Produktivität wie seine Gefahren, realistisch einschätzen. Nur so können wir auch in der Nutzung der positiven und in der Zähmung der zerstörerischen Kräfte des Marktes erfolreicher werden.

Zu groß für Sitte und Moral?

Ein weiterer Gesichtspunkt ist von Bedeutung: Die wachsende Entfernung der Marktkonkurrenten voneinander, vom Ort der Verwendung ihrer Produkte und damit auch von deren Folgen für die Nutzer und ihre Gesellschaft. Sie löst die Marktteilnehmer zunehmend aus den traditionellen Bindungen und von überbrachten moralischen Gesetzen der Gesellschaft.

In einer Weltwirtschaft wird der Unternehmer immer mehr zum Nur-Konkurrenten. Die größere kulturelle Entfernung der Konkurrenten voneinander droht gewachsene soziale Bindungen und akzeptierte moralische Grenzen aufzulösen. Händler und Bauern waren auf den benachbarten städtischen Märkte auch früher »Konkurrenten«; sie gehorchten auch früher nicht nur einem tradierten Kodex allgemein akzeptierter Produktions- und Vertragspraktiken; und schwarze Schafe, Betrug und Ausbeutung, gab es immer. Aber mit zunehmender Globalisierung der Wirtschaftsbeziehungen nehmen eben die nicht-ökonomischen kulturellen Bindungen und Konventionen wieder ab; die »reine« Konkurrenz gewinnt an Bedeutung. Ein Prozeß der »Zivilisation« konnte in diesen größeren Räumen noch nicht wirklich stattfinden. Die Beziehung der Wettbewerber untereinander streift ab, was die nur-kommerziellen Ziele behindern könnte. Wenn den global engagierten Unternehmern vorgeworfen wird, sie seien keine »Patrioten« mehr, so ist das richtig: Die Wettbewerbslage verbietet ihnen als globale Unternehmer »patriotisch« zu sein.

Sitte und Moral haben also offenbar auch etwas mit der Größe einer Gemeinschaft zu tun. Großen, übernationalen Verflechtungen fehlen mindestens zunächst die sittlichen Bande der historischen Gemeinschaft. Diese Feststellung ist nicht Ausdruck bornierter Provinzialität, auch wenn Tendenzen unserer Zeit, wie Le Pens nationalistische Bewegung in Frankreich, sich wohl auf solche Erfahrungen beziehen. Fakten dürfen wir aber nicht deswegen leugnen, weil andere falsche Schlüsse aus ihnen ziehen. Es gibt zwar keine verläßlichen Hinweise darauf, daß in großräumigen Gemeinschaften, zum Beispiel, eine höhere Kriminalitätsrate bestehen *muß*; und wir wissen aus historischer Erfahrung, daß auch zwanghafte Enge eine Quelle von Verbrechen und Unterdrückung sein kann. Dennoch, die moderne, offene, großräumige Gesellschaft hat ihre Feinde nicht nur draußen. Und in den größeren, von gewachsenen Strukturen kaum noch getragenen gesellschaftlichen Räumen erwachsen neue Feinde einer menschlichen Ordnung.

In diesem Zusammenhang sei eine abschließende Bemerkung auch zur oft beschworenen Mobilität der Gesellschaft gemacht. Es ist gewiß richtig, daß in einer offenen Informationsgesellschaft nicht nur die berufliche, sondern auch die regionale Mobilität eine Notwendigkeit geworden ist. Wir müssen auch das respektieren. Aber zugleich dürfen wir eben nicht übersehen, daß dadurch nicht nur Familienbindungen zwischen den Generationen immer weiter gelöst werden. Mobilität und Kriminalität mögen auch Zusammenhänge aufweisen. Denn wo eine übersichtliche räumliche Stabilität der Gesellschaft besteht, ist ihre innere Bindekraft größer und im System (oft freilich spießiger) gegenseitiger Kontrolle wirksam.

Von Aristoteles stammt die These, eine Demokratie könne räumlich nicht größer sein, als die Stimme des Herolds trage. Unsere Erfahrungen haben ihn zwar widerlegt, in den großen Stadtstaaten zunächst und später in den demokratischen Nationen. Aber daß es einen Zusammenhang geben könnte zwischen dem Bestehen lebendiger sittlicher Bindungen und der Größe eines sozialen Gebildes, daran kann wohl dennoch kein Zweifel bestehen. Unsere geschichtliche Erfahrung jedenfalls zeigt: Je größer der politische Raum, desto wichtiger werden zur Erhaltung einer moralischen Ordnung auch das geschriebene Gesetz und das verbindlich gesprochene Recht. Desto gewichtiger werden Verwaltung, Bürokratie und die Uniformität der Entscheidungen. Je überschaubarer der Raum, den eine gesellschaftliche Ordnung umschließt, desto verbindlicher und wirkungsvoller kann das ungeschriebene, gewachsene Sittengesetz sein.

Wir hatten gesehen, welche Folgen Entfernung und Internationalisierung für die Entwicklung des britischen Seehandels im 18. und 19. Jahrhundert hatten. Es mag ja sein, daß sich die englischen Reeder nicht selbst in den Sklavenhandel gedrängt haben; aber mit den neuen Schiffbautechniken wurde der Transatlantik-Handel für die europäische Schiffahrt zur Existenzfrage, und das Geschäft mit den Sklaven war eben zu einem wesentlichen Bestandteil dieses Handels geworden. Hätten die britischen Reeder sich auch so verhalten, wenn die Schwarzen seit Jahrhunderten ihre Nachbarn gewesen wären? Es gab britische Reeder, die am Sklavengeschäft nicht teilnehmen wollten – allerdings profitierten auch sie dann noch immer am Import der überseeischen Waren, deren Produktion ohne die schwarzen Arbeitersklaven zu realisierbaren Marktpreisen kaum möglich gewesen wäre. Hätten die britischen Importeure auch diese Produkte der Sklavenarbeit zurückweisen müssen? Aus moralischen Gründen sicherlich. Doch sie taten es nicht, um im Amerika-Geschäft konkurrenzfähig zu bleiben und ihre enormen Gewinnspannen zu verdienen, deren Reichtum bis heute die Insel schmückt. So wurde Großbritannien im 18. und 19. Jahrhundert mit seiner ganzen Gesellschaft schuldig an der bis dahin in der Geschichte wohl größten zynischen Vernichtung von Millionen Menschenleben, bis dann im Holocaust, dem einzigartigen Rassen- und Völkermord des 20. Jahrhunderts, die Deutschen sie mörderisch übertrafen.

Zusammenfassend kann man auch hier sagen: Die Gefahr der Entmoralisierung der Gesellschaft durch eine Internationalisierung der Märkte steht nicht im Widerspruch zu der Feststellung, daß es auch die Ausweitung der Weltinformationsmärkte war, die entscheidend zu bedeutenden demokratischen Fortschritten und einem besseren Schutz der Menschenrechte in der Welt beigetragen hat. Es gibt eben *immer* zwei Seiten des Fortschritts in der Verflechtung der Welt zu einer Kommunikationsgesellschaft: Wir verdanken den Kräften, die Weltmärkte ausweiten und vertiefen, *sowohl* die soziale Verflechtung der Interessen der Völker und damit ihre schrittweise Befriedung sowie die Stärkung der Menschenrechte in der Welt, *als auch* brutale Zerstörungen der Umwelt, sozialer Strukturen und demokratischer Lebensformen und des ihnen zugrundeliegenden moralischen Fundaments. Weltmärkte können also auch eine moralische Entmachtung gewachsener politischer Kulturen herbeiführen. Und da es lange dauern wird, bis im Raum der Weltmärkte eine »Zivilisation« entstehen könnte, wie wir sie in den kleineren, nationalen Räumen ja auch erst in vielen Jahrhunderten hatten schaffen können, ist dies eine bedrohliche Perspektive.

Denn so könnte der Weltmarkt die gewählte Politik zunächst mattsetzen, und Politik könnte nur noch nachvollziehen, was Wissenschaft, Technik und Wirtschaft vorgezeichnet haben. Den Politikern bliebe dann nur, die Gefahren und negativen Folgen des vorgezeichneten Weges zu beklagen und ihre eigene Hilflosigkeit zu bekennen. Das darf und wird aber nicht der Weg der Politik im kommenden Jahrhundert sein.

Die Gefährdung kollektiver Solidarität

Deutschlands wirtschaftliche Stärke ist nicht nur die Kreativität der Forscher oder die Effektivität in den Fertigungsstätten; es war immer auch ein wesentliches Merkmal des Deutschen Modells, daß die Beziehungen von Kapital und Arbeit produktiver gestaltet waren, als dies die meisten unserer internationalen Konkurrenten erreichen konnten.

Kapital und Arbeit sind kein Gegensatz, den Karl Marx erfinden mußte. Mit dem Entstehen des Eigentums, mit seinen Verfügungsrechten und Nutzungsrechten, wurden auch diejenigen Besitzenden möglich, die andere für sich arbeiten lassen können. Wo Eigentum an Produktionsmitteln besteht, dort teilten sich deswegen die Menschen zwangsläufig in Entscheider und Ausführende. In einer Gesellschaft mit Eigentumsrechten ist das Verhältnis von Verfügungsbefugten zu Weisungsgebundenen im Prinzip nicht aufhebbar, denn es wurzelt in der Institution des Eigentums selbst. Und das Eigentumsrecht ist, wie wir gesehen haben, ein unverzichtbares Steuerungsinstrument für die evolutionäre Entwicklung menschlicher Vernunft in einer arbeitsteiligen Gesellschaft.

Aus den Sklaven, wie es sie im gebildeten Athen und im mächtigen Rom oder auch noch bis vor fast 100 Jahren in den USA gab, wurden schrittweise im Laufe einer blutigen Geschichte freie und vor dem Gesetz gleichberechtigte Arbeitnehmer und Angestellte, ausgestattet mit Grundrechten demokratischer Verfassungspraxis. Für sie stellt das Streikrecht eine bedeutende Errungenschaft dar. Und doch bleiben Arbeiter und Angestellte unausweichlich abhängig Beschäftigte, der Eigentümer (oder derjenige, der für ihn die Nutzungsrechte ausübt, der Manager) bleibt verfügungsberechtigt, auch wenn seiner Willkür und seinem Ermessen durch Mitbestimmung, Mitwirkung und Sozialgesetze immer engere Grenzen gezogen wurden. Aus Herr und Knecht oder Meister und Geselle wurden zwar Inhaber und Arbeitnehmer, Geschäftsleitung und Mitarbeiter. Der prinzipielle Gegensatz jedoch bleibt unaufhebbar. Der Einzelne, der diesem Verfügungsrecht ausgesetzt bleibt, konnte aber bisher ein gewisses Gleichgewicht der Kräfte durch solidarisches Handeln aller abhängig Beschäftigten bewirken. So entstanden Betriebsräte und Gewerkschaften als Gegenmacht gegen eine mögliche Willkür des Eigentümers. Es sind diese *beiden* Säulen, auf denen der soziale Frieden des modernen Sozialstaats gründet.

Gewerkschaften und betriebliche Arbeitnehmervertreter haben unterschiedliche Interessen und daher auch häufig unterschiedliche Meinungen. Die Vertreter der Arbeitnehmer im Betrieb sind dem einzelnen Betriebsschicksal notwendigeweise näher als eine Organisation überbetrieblicher Arbeitnehmermacht. So konnte es niemanden überraschen, daß zum Beispiel die Betriebsräte in den deutschen Kernkraftwerken mit den Anti-Kernenergie-Beschlüssen ihrer Gewerkschaft nicht übereinstimmten. Aber trotz solchen Widerspruchs blieb bisher klar, daß der eine den anderen braucht; ein isolierter Betriebsrat und die nur von ihm vertretene Belegschaft wären ohne die von Gewerkschaften organisierte Solidarität anderer Arbeitnehmer in anderen Betrieben häufig doch nur Spielball betriebsübergreifender Kapitalinteressen.

Wenn wir also heute von dem bedeutenden Beitrag sprechen, den Gewerkschaften und Betriebsräte zum Lebensstandard und zum sozialen Ausgleich in der Bundesrepublik Deutschland geleistet haben, dann dürfen wir nicht übersehen, daß dieser Erfolg immer auf zwei Pfeilern der Arbeitnehmerorganisationen ruht:

auf Gewerkschaften *und* Betriebsräten. Daran müssen wir uns auch dann erinnern, wenn wir uns gelegentlich (oder auch oft) über gewerkschaftliche Positionen ärgern. Ich kenne die Gewerkschaften, und ich weiß, daß auch sie, wie alle Großorganisationen, zu Verkrustungen, Dogmatismus und Borniertheit neigen. Und dennoch: Wer die Geschichte der letzten 150 Jahre im Auge hat, kann nicht übersehen, daß der soziale Ausgleich, den wir in den westlichen Industrienationen erreicht haben, zu einem erheblichen Teil dem politischen Konto der Gewerkschaften gutzuschreiben ist. Unsere wirtschaftliche Leistungskraft wäre gering ohne tatkräftige Unternehmer; aber unsere soziale Leistungskraft wäre ebenfalls unvergleichbar geringer ohne die Gewerkschaften.

Dennoch müssen wir uns darüber klar werden, daß die differenzierten Folgen des technischen Wandels und die Internationalisierung der Märkte, daß also die Mechanismen eines Wettbewerbs in immer größeren Räumen und Informationssystemen, die Gewerkschaften größeren Gefahren ausgesetzt haben als die Betriebsräte. Denn das Gegengewicht der Gewerkschaften in der Gesellschaft beruht ja letztlich immer nur auf der Möglichkeit, notfalls die Arbeitnehmerschaft einer ganzen Branche oder sogar eines ganzen Wirtschaftsraumes *geschlossen* gegen die Herausforderungen der Eigentümerinteressen zu mobilisieren. Nur diese potentielle Solidarität *aller* Arbeitnehmer ist der Hebel, mit dem die Gewerkschaften in Grundsatzfragen der Löhne, der Arbeitszeit und der Arbeitsbedingungen ihren Willen ausdrücken und tragfähige Kompromisse erzwingen können.

Mit Recht galten daher Streikbrecher immer als die Erzfeinde der Gewerkschaften. Und seit jeher war deswegen der Noteinsatz von Beamten oder von Militär in den Betrieben unannehmbar für jede Gewerkschaftsbewegung.

Die Erweiterung des Wettbewerbsraumes über die bisherigen Grenzen des Nationalstaates und seines Rechtsraumes hinaus führt jedoch zwangsläufig zu einer »Individualisierung« der Wettbewerbssituation einzelner Unternehmen und Betriebe. Während früher zwei verschiedene deutsche Exportunternehmen, zum Beispiel der Metallindustrie, in der Regel ihre Wettbewerber in demselben nationalen Rechtsraum hatten und daher auch mit vergleichbaren rechtlichen und tarifpolitischen Rahmenbedingungen dieser Wettbewerber rechnen konnten, ist es heute eher wahrscheinlich, daß die Hauptwettbewerber dieser Unternehmen aus ganz verschiedenen Rechtsräumen kommen. Die Einhaltung einheitlicher deutscher Rahmenbedingungen für beide deutschen Betriebe hätte damit heute sehr unterschiedliche Auswirkungen. Das gilt natürlich erst recht für ganze Branchen und Wirtschaftszweige. Internationalisierung und Globalisierung bedeuten, daß im grenzüberschreitenden Wettbewerb jede betriebsübergreifende nationale Regelung zu einer Strangulierung derjenigen Unternehmen führen kann, deren *spezifische* internationale Wettbewerber gegenüber der deutschen Regulierung besondere Wettbewerbsvorteile besitzen. Der Weltmarkt spaltet zunächst die Lager der Unternehmer, aber mit ihnen eben auch die der Arbeitnehmerorganisationen.

Das relative Gleichgewicht der Kräfte von Kapital und Arbeit, das in Deutschland im Laufe der Jahre erreicht wurde, beruht aber im Kern auf der geographischen Übereinstimmung von Rechts- und Wirtschaftsraum. Das nationale Recht kann die Arbeitnehmer eines rechtmäßig streikenden Betriebes vor Streikbrechern in deutschen Fabrikhallen schützen. Dieses Recht kann aber die Arbeitnehmer selbstverständlich nicht dagegen schützen, daß Produktionen ins Ausland verlagert werden oder anstelle streikbrechender Arbeitnehmer in den Betrieben »streikbrechende« Produktionen aus anderen Rechtsbereichen eingeführt werden. Aus Sicht der Arbeitnehmerinteressen sind die Verlagerung von Produktionen oder der Einkauf von durch Streik ausgefallenen Produktionen im Ausland im Ergebnis nichts anderes als der Einsatz von Streikbrechern. Bisher haben einheitliche Gewerkschaftsorganisationen und solidarische Arbeitnehmer in demselben Rechts- und Wirtschaftsraum versucht, solche Wege zu blockieren. Das aber ändert nun die Globalisierung der Märkte. So verlieren die Gewerkschaften ihren Biß.

Die überbetrieblich orientierten Gewerkschaftsfunktionäre (und man darf sie hierfür nicht schelten) neigen verständlicherweise dazu, das betriebsübergreifende Prinzip in den Vordergrund zu stellen, um den drohenden Dammbruch in den allgemeinen Arbeitsbedingungen für *alle* Arbeitnehmer abzuwenden. In immer mehr Fällen läßt sich aber heute schon feststellen, daß die Kapitalseite entscheidende Veränderungen der Arbeitsbedingungen im Betrieb am Ende auch gegen die Gewerkschaften durchsetzen kann, weil sie die Zustimmung der Belegschaften, und das heißt letztlich der Betriebsräte, erhält: Denn vor die harte Wahl gestellt, entweder Arbeitsplatz und betriebliche Wettbewerbsfähigkeit zu erhalten oder aber mit dem bisherigen sozialen Besitzstand auch die zukünftige Existenz des Betriebes zu riskieren, werden sich Belegschaften verständlicherweise eher für Arbeitsplätze und das Fortbestehen des Unternehmens entscheiden.

So geht mit der Erweiterung der Wettbewerbsräume eine entscheidende Schutzfunktion der Gewerkschaften verloren. Und jede politische Institution, die ihre Schutzfunktion für die Menschen einbüßt, verliert schließlich ihre politische Bedeutung. Insofern muß die Gewerkschaften ein Blick in die Wirtschaftsgeschichte beunruhigen: Wenn man auf die Entwicklung der Zünfte des Mittelalters schaut, kann man sehen, wie einst auch diese von den sich ausweitenden Märkten gesprengt wurden. Und die Entwicklung der Rolle der Gewerkschaften in den USA seit den siebziger Jahren verheißt auch nichts Gutes.

Die Folgen reichen aber noch einen Schritt weiter: Nicht nur Unternehmen und ihre Belegschaften werden im internationalen Wettbewerb »isoliert«; dies gilt sogar für einzelne Arbeitnehmer. Denn die Möglichkeit global operierender Unternehmen, international aus verschiedenen Produktionsstätten unterschiedlicher Nationalstaaten zu disponieren, nimmt im Gefolge besserer Kommunikationsbedingungen zu. Hersteller mit verschiedenen

Produktionsstandorten, etwa in der Automobilindustrie, sind bemüht, eine möglichst große Zahl von Teilen für möglichst viele Modelle »kompatibel« (also gleichartig) zu machen; die Teile werden dadurch billiger – und austauschbar. Diese Tendenz und der Trend, das Risiko der Herstellung und Lagerhaltung weitgehend auf selbständige Lieferanten zu verlagern, internationalisiert die Struktur der Zulieferer und ermöglicht dem globalen Unternehmen eine hohe Flexibilität in der Disposition. Dadurch wird jeder Arbeitnehmer, der an solchen Komponenten arbeitet, ein »Konkurrent« jedes anderen Arbeitnehmers mit vergleichbaren Aufgaben an einem anderen Standort.

Hieraus entsteht zwangsläufig Druck auf die Solidarität der einzelnen Arbeitnehmer. Denn ein deutscher Zulieferer, der die bestellten Teile entsprechend dem anfallenden Bedarf nicht flexibel und kurzfristig anbieten könnte, wäre schnell aus dem Geschäft. Für den belieferten Automobilhersteller ist es ja letztlich einerlei, von wem und aus welchem Land geliefert wird, wenn Termin, Qualität und Preis zuvor weitgehend standardisiert wurden. Ist es dann nicht selbstverständlich, daß die Betriebsräte betroffener Zulieferfirmen jeder Form von Flexibilität in Arbeitszeit und Überstunden zustimmen würden, wenn sie damit die bedrohliche internationale Konkurrenz fernhalten und ihre eigenen Arbeitsplätze sichern können?

Bleiben wir bei der schon heute weitgehend globalisierten Automobilindustrie, deren Entwicklung für viele andere Konsumgüterindustrien, und zwar nicht nur solche des höheren Bedarfs, schon heute Umrisse zukünftiger Strukturen aufzeigen dürfte. Gefährlich wird ja durch diese Entwicklung nicht nur die Lage der Arbeitnehmer in Zulieferbetrieben. Wenn nämlich der Hersteller eines PKW-Modells alternative Produktionsstätten für dieses Produkt selbst schafft, also identische Produkte oder Dienstleistungen entweder an verschiedenen Orten produzieren kann oder auch nur droht, dies durch Verlagerung von Arbeitsprozessen zukünftig möglich zu machen, entsteht für viele einzelne Mitarbeiter dieselbe Situation, wie wir sie für die Zulieferbetriebe beschrieben haben: Sogar der einzelne Mitarbeiter wird als »Wettbewerber« an seinem individuellen Arbeitsplatz »isoliert«. Neue Kommunikationstechniken könnten seine bisherige Tätigkeit notfalls auch von einem »Konkurrenten« in anderen Orten erledigen lassen.

Dieser mögliche Konkurrent an einem geographisch entfernten Produktionsort muß – wie immer in Konkurrenzsituationen – den Fuß noch nicht einmal in der Tür haben, um das Verhalten des nur möglicherweise betroffenen Mitarbeiters zu beeinflussen: Um einen Mitarbeiter »zur Einsicht« zu bringen, könnte schon die Bedrohung genügen, zum Beispiel eine computergestützte Entwicklungsarbeit aus Deutschland nach Indien zu verlegen, von wo sie *online* faktisch genauso effizient, aber zu einem Fünftel der Kosten geleistet werden kann. Auch Zulieferteile müssen noch gar nicht im bisherigen Lieferantenprogramm der Konkurrenz vorhanden sein: Es genügt die Bedrohung, daß sie dort gebaut werden könnten.

Im internationalen Wettbewerb werden daher auch Arbeitnehmer den »selbständigen« Unternehmern (Ware = Arbeit) immer ähnlicher. Und, wie wir gesehen haben, Wettbewerbs*furcht* ist die wahre Energie des Marktes. So kommt es, daß schon heute die Arbeitnehmer von Unternehmen, die nicht gerade wie die Brötchenbäcker vor einer Internationalisierung der Märkte aus praktischen Gründen weitgehend geschützt sind, die mögliche grenzüberschreitende Konkurrenz im Auge haben, obwohl eine tatsächliche Konkurrenzlage durch neue Lieferanten noch gar nicht besteht. Die *Möglichkeit* allein schwächt schon die Gewerkschaften und stärkt – allerdings nur im Verhältnis zu diesen – die Betriebsräte.

Faßt man diese Entwicklungen zusammen, so ergibt sich, daß die Internationalisierung der Märkte also zur Isolierung aller »Betriebseinheiten« führt; das gilt sowohl für die Betriebe als auch für die Arbeitnehmer. Diese Entwicklung löst zwangsläufig Tendenzen zur Entsolidarisierung aus: Die Gruppe kann offenbar nicht mehr schützen, also muß man sich auf sich selbst verlassen. Für die Arbeitnehmerseite heißt eine mögliche Folge »Syndikalismus«, also Vorrang für eine betriebsorientierte Arbeitnehmerpolitik; für die Gesellschaft im ganzen heißt es eine weitere Verstärkung des Trends zum Individualismus. Man könnte es auch als eine allgemeine Flucht in die Devise »Rette sich wer kann« beschreiben.

Die Gewerkschaften aber, diese wichtige überregionale und überbetriebliche Ordnungsstruktur, denen wir auf nationaler Ebene so viel zu verdanken haben, werden in Zukunft vermutlich wesentlich schwächer sein als heute, und zwar ganz unabhängig von den für sie ohnehin nachteiligen Strukturverschiebungen vom Arbeiter zum Angestellten. Auf der Betriebsebene selbst werden Kapital und Arbeit unter dem Druck des Wettbewerbs dafür in ihren Interessen enger zusammenrücken, denn die Informationsgesellschaft verlangt mehr Motivation und entschiedenere Verantwortungsbereitschaft auf allen Betriebsebenen. Dies wirft sehr schwierige Fragen auf, nicht nur für die Arbeitnehmeroganisationen, sondern auch für die mit ihnen eng verbundenen Parteien (in der Bundesrepublik insbesondere für die SPD).

Wiederum hat also ein und derselbe Prozeß zwei Seiten: Mehr Wettbewerber mit zum Teil günstigeren Kosten und anderen Rahmenbedingungen zwingen die Unternehmen zu einer immer intensiveren Ausschöpfung aller Produktivitätsspielräume, zur Innovation und Rationalisierung in den Produktionsabläufen; die komplexere Lage eines derartigen Wettbewerbs erfordert in den Unternehmen einen immer stärkeren Einsatz zeitgemäßer Managementtechniken auf *allen* Ebenen. Und hier begegnen wir erneut der Dialektik des Prozesses: Wieder ist die Kehrseite der Medaille auch ein unbestreitbarer Vorteil der Arbeitnehmer. Denn wo der Einsatz von Maschinen immer abhängiger wird von den dispositiven und kreativen Fähigkeiten des Menschen, dort werden auch die Management- und Dispositionsfähigkeiten des einzelnen (*noch* benötigten) Mitarbeiters zu entscheidenden Faktoren der Produktivität und damit der Wettbewerbsfähigkeit des Betriebes.

Dies ist zwar meist zugleich eine Entwicklung, die langfristig von einem Abbau des Personals begleitet sein wird. Aber andererseits relativiert jede Tendenz, die den Einsatz menschlicher Fähigkeiten begünstigt, auch die kostenbedingten Wettbewerbsvorteile von Niedriglohnländern; denn für die verbleibenden, dispositiven Tätigkeiten werden immer bessere Qualifikationen erforderlich. Rückverlagerungen von Betrieben in die alten Industrieländer, die ja auch vorgekommen sind, wurden am Ende immer mit dem Ausbildungsstand der Arbeitnehmer dort und der zuverlässigeren Qualität ihrer Arbeit begründet.

Die Verschärfung des Wettbewerbs im wissenschaftlich-technischen Zeitalter zwingt die Kapitalseite zu einer möglichst weitgehenden Einbeziehung der Mitarbeiter als Interessenten, Mitentscheider – ja als »Unternehmer« im Betriebssystem: Die Gruppenproduktion, also die Abkehr vom monotonen Fließband, ist nichts anderes als eine Stärkung der disponierenden Kraft der Mitarbeiter an der dezentralisierten Betriebsstätte. Der Wettbewerb, der die Arbeitnehmer zu immer mehr Rücksicht auf die Konkurrenzlage des Betriebs zwingt, macht sie zugleich selbst wichtiger für das Unternehmen. Die Globalisierung schwächt die Gewerkschaften, aber sie stärkt die Kräfte, die einen innerbetrieblichen Konsens suchen.

Wiederum erkennen wir, wie zweischneidig diese Entwicklung der Wirtschaft zur Informationsgesellschaft und zum Weltmarkt ist. Durch die Globalisierung entstehen Zwänge für das Unternehmen, die die Kapitalseite alternativ beantworten kann: Werden an dem einen Ort die Maschinenlaufzeiten an kapitalintensiven Arbeitsplätzen nicht verlängert, so können die Unternehmen entweder in entsprechend günstigere Produktionsregionen ausweichen oder ihre Tätigkeit auf Zulieferer übertragen; können sie beides nicht, genügt ein Hinweis auf die desolate Wettbewerbsfähigkeit, um Druck in Richtung auf eine flexible Anpassung des eigenen Betriebes auszuüben. In allen Fällen jedoch haben angesichts der Gloalisierung die Arbeitnehmer faktisch keine Wahl: Entweder sie passen sich den (meist grenzüberschreitenden) Bedingungen an, oder sie riskieren die Wettbewerbsfähigkeit ihres Unternehmens und ihre eigenen Arbeitsplätze.

Das ist aber nur die eine Seite. Auf der anderen Seite verringert der verschärfte Wettbewerb auch die Gegensätze von Kapital und Arbeit auf der Betriebsebene; neue Formen der Beteiligung und Mitwirkung ergeben sich zwangsläufig. Der Arbeitnehmer könnte (und wird in vielen Fällen) wieder ein wirklich *beteiligter* Teil des Unternehmens werden.

Für die Gewerkschaften, die als eine überbetriebliche Organisation vom Gegensatz zwischen Kapital und Arbeit existiert haben, kommen in jedem Fall schwierige Zeiten; sie werden von ihnen schmerzliche Veränderungen fordern. Angesichts der sozialen Probleme, die mit einer Globalisierung des Wettbewerbs unausweichlich verbunden sind, wären aber schwache Gewerkschaften weder für die Arbeitnehmer noch für die Gesellschaft im ganzen eine wünschenswerte Perspektive. Nur wenn die Gewerkschaften die neuen Marktbedingungen und ihre Differenzierungsfolgen aufgreifen, werden sie überleben. Sie müssen mehr Berater und weniger Anweiser der Betriebsräte werden. Diese Reformfähigkeit der Gewerkschaften im Zeitalter der Globalisierung ist eine Lebensfrage der Gesellschaft selbst. Die Frage der Reform überbetrieblicher Tarifregulierungen, also die Frage der Reform des Flächentarifvertrages, wird deswegen nicht nur über das Schicksal der Gewerkschaften entscheiden.

Dies gilt unter anderem auch deswegen, weil es einen Teil der arbeitenden Bevölkerung gibt, der gerade wegen dieser Tendenz zu mehr Mitarbeiterverantwortung für die hochtechnisierte Marktgesellschaft wenig geeignet ist. Die Zukunft auch dieser Menschen bedarf jedoch einer schützenden Hand. Bisher konnte sie vom nationalen Sozialstaat und von den kollektiven Organisationen der Gewerkschaften kommen. Schon jetzt aber sehen sich die Gewerkschaften aufgrund ihres eigenen Wettbewerbs um zahlende Mitglieder offenbar gezwungen, den Arbeitenden mehr Aufmerksamkeit zuzuwenden als den Arbeitslosen. Wer aber wird in einer internationalen Marktgesellschaft der Leistungsstarken eine schützende Hand über die leistungsschwachen, benachteiligten Menschen halten können?

Warum die Reichen reicher werden

Im Sommer 1989 berichteten die Zeitungen über ein Steuerstrafverfahren, das gegen den Erfinder der sogenannten »Junk-bonds« in New York eingeleitet worden war. Junk-bonds sind Anleihen wirtschaftlich (noch) nicht gesicherter Firmen, die Kapital für ihre Entwicklung über die Finanzmärkte aufnehmen, aber wegen des höheren Risikos auch erheblich höhere Zinsen zahlen müssen. Die »Junk-bond«-Finanzierung solcher Firmen ist ein vielschichtiger und technisch komplizierter Vorgang. Der erfindungsreiche Angestellte (nicht Mitinhaber!) des Bankhauses in New York hatte marktgünstige Verfahren ausgeklügelt und realisiert. Sein Gehalt (mit Bonus) betrug in drei Jahren rund 1 Mrd. Dollar, im Jahre 1988 allein rund 500 Mio. Ohne dabei zu verarmen, wie wir heute wissen, geriet er schließlich in die Fänge der Steuerfahndung.

Der Vorgang ist vermutlich vom Umfang her einmalig, aber dennoch nicht ungewöhnlich. Für ungewöhnliche Ideen und Leistungen kann ein größerer Markt auch größere Erträge erbringen. Im Zeitalter der Informationswirtschaft und der wachsenden Anteile menschlicher Kreativität an marktgängigen Produkten wird der wirtschaftliche »Klassenunterschied« zwischen den »Erfolgreichen« und den »Gewöhnlichen« immer größer.

Es gibt viele Gründe, warum in einer Zeit, in der Arbeitslosigkeit bei uns steigt und soziale Armut auch im erfolgreichen Job-Wunderland USA wächst, zugleich die Weltbörsen immer neue Rekorde erzielen und die höchsten Wachstumsraten auf Märkten des Luxuskonsums erzielt werden. Diese widerspruchsvollen Entwicklungen sind sozial schwer erträglich und politisch gefährlich. Denn auch wenn es rationale Erklärungen für diese unverträglichen Tendenzen gibt, so erreichen diese Erklärungen nicht die Köpfe und schon gar nicht die Herzen der Benachteiligten; und deren Zahl wächst.

Wenn Arbeitsplätze mehr Kapital brauchen und weniger Menschen, so ist verständlich, warum der Anteil der Kapitalrenditen im Verhältnis zu den Löhnen zunimmt. Wenn Wissen zum wichtigsten Rohstoff der Wirtschaft wird, werden diejenigen, die mehr wissen, die anderen wirtschaftlich überflügeln. Wenn schließlich staatliche Verschuldung wächst, so ist verständlich, daß diejenigen, die Geld haben, um es dem Staat zu leihen, am Ende von den Steuern der anderen (auch von ihren eigenen natürlich) ihre Renditen bezahlt bekommen.

Es sind diese und viele andere Gründe, die heute dazu führen, daß in allen Industriegesellschaften die Einkommensunterschiede wieder zunehmen. Weder schwedische Sozialdemokraten noch polnische Altkommunisten, weder sozialliberale noch christlichliberale Regierungen in Deutschland konnten bis heute diesen Trend aufhalten. Handelt es sich um das Nebenprodukt einer weltwirtschaftlichen Übergangsphase oder ist das die Zukunft? Ich kenne niemanden, der diese Frage bisher überzeugend beantwortet hat. Deswegen will ich mich hier mit einer der schwierigsten Ursachen dieser beunruhigenden Entwicklung befassen: mit der dialektischen Konsequenz einer chancengleichen Leistungsgesellschaft.

Keiner hatte diese Entwicklung wohl besser beschrieben als der britische Soziologe Michael Young in seinem satirischen Essay »Meritocracy« (1958), einem Rückblick aus dem Jahre 2033 auf unsere Zeit. Die Sozialisten hatten, so erzählt Michael Young, das Ziel der Chancengleichheit erreicht. Aber als die Gleichheit der Chancen wirklich durchgesetzt war, mußte die sozialistische Regierung gerade diejenigen Errungenschaften wieder beseitigen, für die man zuvor so viel Zustimmung erhalten hatte: Denn die Verbesserung der Methoden des sozialen Aufstiegs (social selection) war zwar die Voraussetzung des Fortschritts, aber bevor die Ernte eingebracht werden konnte, mußten zunächst die begabten Köpfe für ihre großen Aufgaben vorbereitet werden. Dafür mußte jedermann mit dem Ehrgeiz infiziert werden, so weit voranzukommen, wie dies seine (oder: ihre) Fähigkeiten erlaubten. Gleiche Chancen heißt ja nicht gleiche Leistung. Nur bei wirklicher Ausschöpfung ihrer unterschiedlichen Fähigkeiten, so Michael Young, können in einer chancengleichen Gesellschaft die Menschen mit den Erfordernissen des wissenschaftlichen Zeitalters in Übereinstimmung gebracht werden.

Jedoch gerade die Durchsetzung dieses zentralen psychologischen Wandels (nämlich die neue, freiwillige Leistungsdisziplin) hob – so berichtet Michael Young in seiner *Social fiction*-Geschichte – die Ziele der Chancengleichheit in der Gesellschaft wieder auf. Die Ungerechtigkeit einer Welt, in der Vaters Portemonnaie die Berufschancen entscheidend bestimmt hatte, war nun zwar beseitigt, und die intelligenteren und leistungsstärkeren Mitglieder *aller* bisherigen Klassen hatten ihre gleiche Chance. Aber nun wurden diejenigen, die bisher Feinde der etablierten Ordnung waren, die härtesten Verfechter der neuen, leistungsbegründeten und eben deswegen »legitimen« Ungleichheit. Denn »Verdienst« oder »Leistung« (merit) war nun *das* Prinzip, das die Erneuerung der Wirtschaft und des Erziehungswesens lenken sollte. Die alte Klasse war beseitigt, aber der Klassenunterschied nicht.

Mein Exemplar von Michael Youngs Satire stammt aus dem Jahre 1965. Ich muß es also gelesen haben, bevor ich 1968 als Staatssekretär in das Bonner Wirtschaftsministerium zu Karl Schiller berufen wurde. Ich erinnere bis heute den tiefen Eindruck, den mir das Buch schon beim ersten Lesen machte. Es war viel weiser als zum Beispiel George Orwells »1984« oder »Animal Farm«. Young, der einen melancholischen Rückblick auf die soziale Entwicklung der zweiten Hälfte des 20. Jahrhunderts geschrieben hatte, war der Wahrheit sehr viel dichter auf der Spur. Er hatte die Folgen der modernen Kommunikationsmittel richtig verstanden, Orwell jedoch hatte sich geirrt.

Die Wissenschaftsgesellschaft, die die moderne Informationsindustrie schuf, selektiert nach den Maßstäben der Leistungsstärke und der Intelligenz. Orwells düstere Vision einer Herrschaft des »Großen Bruders« aber wird täglich widerlegt. Wir werden nicht von *Big Brother* überwacht, die großen Big-Brother-Staaten brechen vielmehr zusammen. Aber Youngs tragische Perspektive wird täglich bestätigt: Der Bruder »Markt« ist viel größer als Orwells politischer Big Brother. Denn der »Markt der Leistungen« möchte lediglich wissen, nicht diktieren. Irgendeine große Bank mag in diesem Augenblick über meine Kreditkarte alles erkunden können, der Staatsmacht bleibt es nicht nur verschlossen, es interessiert sie auch kaum. Der Markt jedoch fragt nach Leistung und selektiert nach den Antworten. Er erzwingt neue Ungleichheiten. *Er* ist der »größere« Bruder. Orwell schrieb von einem Staat als großem Bruder und Aufpasser; er übersah die Zukunft anonymer Marktkräfte. Young hat das wichtigere Buch geschrieben, Orwell das erfolgreichere.

Es muß in den ersten Jahren meiner Arbeit im Bonner Ministerium für wissenschaftliche Forschung gewesen sein, also bevor ich selbst dort Minister wurde, als ich in Erinnerung an Michael Youngs Essay einen kurzen Vermerk für den Minister Hans Leussink und meine »beamtete« Kollegin Hildegard Hamm-Brücher schrieb, in dem ich auf die fragwürdigen Konsequenzen einer nur auf Chancengleichheit und Notendurchschnitte ausgerichteten Bildungsreformen aufmerksam machte: Ein solcher Reformansatz müsse am Ende zu einer Gesellschaft der Intelligenzquotienten führen. In der von keiner Satire mehr beschreibbaren Lächerlichkeit haben wir dies dann auch bei der Zulassung zum Medizinstudium nach Abiturnotenbruchteilen zustandegebracht; Noten, errechnet zwischen Gemeinschaftskunde, Mathematik und Reckturnen. Selbstverständlich hatte auch ich keine wirkliche

Antwort auf die sich abzeichnende Entwicklung einer rigorosen Leistungsgesellschaft, in der unkorrigierbare Begabungsunterschiede der Menschen schon heute diese für alle sichtbaren, gravierenden »Klassenunterschiede« bewirken.

Chancengleichheit muß zwar zentrales Ziel jeder demokratischen Regierung sein. Aber dieses Ziel reicht eben nicht aus: Neben der Chancengleichheit muß auch ein gewisses Maß von Lebensgleichheit angestrebt werden. Denn Chancengleichheit ohne »menschliche Bremse«, ohne eine gleichgewichtige Förderung der Schwächeren und ohne praktische Barmherzigkeit für denjenigen, der auf dem harten Weg der Leistungsgesellschaft »schlapp« macht (man könnte auch sagen: aussteigt) – eine solche Chancengleichheit führt zu unerträglichen und irreversiblen Ungleichheiten im Leben. Und es ist doch immer das einzige Leben, das er (oder sie) führen kann. Deswegen ist Chancengleichheit in diesem Sinn sozial kein ausreichendes Konzept.

Die Gründe ergeben sich bereits aus vorangegangenen Kapiteln: Der Wettbewerb wird schärfer; spezialisiertes Wissen und Können veralten immer schneller; die Bedrohungen ganzer Branchen und einzelner Arbeitsplätze durch Strukturwandel nehmen zu; die beschützende Kraft der Gewerkschaften nimmt ab. Und überall gewinnt der kommerzielle Aspekt an Gewicht; der (oder die) Einzelne wird so immer mehr und immer direkter am »Ertrag« seiner (ihrer) Arbeit (und zwar im eigentlichen Sinne dieses Wortes) gemessen. Arbeit und Kapital müssen enger zusammenrücken, weil die Wettbewerbsfähigkeit des einzelnen Unternehmens immer weniger nur von einem straff organisierten Einsatz der erlernten Fähigkeiten der Mitarbeiter abhängt und immer mehr von ihren nicht zentral organisierbaren, eher dispositiven (also unternehmerischen) Qualitäten. Motivation (oder auch: der Ehrgeiz) und die Fähigkeiten der Mitarbeiter werden in der Wissensindustrie immer wichtiger.

Zunächst ist das sicherlich eine positive Entwicklung für die Beteiligten. Arbeit, jedenfalls soweit man sie in Zeit mißt, kann wieder mehr Inhalt und Sinn gewinnen, weil der Mitarbeiter nicht nur Rädchen in einer großen Maschinerie, sondern Maschinist an einem kleinen Rädchen sein kann. Insofern kann man diese Entwicklung begrüßen. Aber man muß auch sehen, daß hier wohl die wichtigste Quelle der in allen Industrieländern wieder wachsenden sozialen Ungleichheiten liegt. Eine wirklich konsequente, die geistigen Fähigkeiten immer stärker betonende Leistungsgesellschaft, also die vielzitierte Wissens- oder Informationsgesellschaft, wird zwangsläufig die sozialen Ungleichheiten fördern. Denn bei aller Individualität der Menschen ist eben nichts an ihnen ungleicher als ihre individuelle, geistige Leistungsfähigkeit. Sicher, wir könnten *allen* eine bessere Ausbildung geben. Aber wenn *alle* mehr wissen und können, hebt sich zwar das Niveau, doch die Auslese erfolgt trotzdem, nur auf höherer Ebene. Selbst erhebliche körperliche Ungleichheiten könnten durch Training häufig leichter ausgeglichen werden als die unterschiedlichen geistigen Fähigkeiten, in ihrer Mischung aus Begabung, psychischer Beständigkeit und Motivation. Eine Gesellschaft, die diesen Prozeß der Selektion durch Leistung ganz sich selbst überläßt, darf sich nicht wundern, wenn sie am Ende fast unlösbare soziale Probleme der Unterprivilegierung produziert.

Einen deutlichen Anfang dieser Entwicklung können wir schon heute an der Struktur der Arbeitslosen, insbesondere der Langzeitarbeitslosen erkennen. Sie setzen sich überwiegend aus schlecht ausgebildeten Personen zusammen. Nun neigen wir dazu, diese Tatsache dem Ausbildungssystem zuzuschreiben: so als hätten diese Personen keine Chance zur Ausbildung erhalten. Könnte das Problem nicht darin liegen, daß unsere Ausbildungen inzwischen den steigenden Anforderungen folgen mußten und nun für die Minderbefähigten unerreichbar sind? Wäre es denn nicht besser und sozialer, auch einfachere Ausbildungen vorzusehen?

Es gibt keinen stärkeren Motor für die Verwirklichung von Michael Youngs Horrorvision als den ungezügelten Markt. Und es gibt keinen Markt, der sich auf dem Wege zu immer extremeren Leistungsauslesen schwerer korrigieren ließe als den Weltmarkt. Globalisierung der Wirtschaft ist ein Multiplikator im ökonomisch orientierten Sozialdarwinismus, dem die wissenschaftlich-technische Gesellschaft ohnehin ausgesetzt ist. Die USA, die das Leistungsprinzip so individualistisch realisieren, könnten auf diese Weise in der technisch-wissenschaftlichen Informationsgesellschaft zu einem wirklich abstoßenden Beispiel werden.

Immer absurder honoriert unsere Gesellschaft schon heute herausragende Leistungen – vorausgesetzt, sie lassen sich entsprechend vermarkten. Für eine hohe Entlohnung muß es außerordentliche Anbieter, geeignete Transportsysteme und ein großes Potential von Käufern geben. Naiv wird oft über die zunehmende »Star«-Gesellschaft räsoniert; es heißt, die Menschen wollten nur noch weltbekannte Sportler, Pop-Sänger, Tenöre und Schauspielerinnen sehen. Diese Beobachtung ist natürlich richtig; das Geschäft mit Sport, Musik und Schauspielerei wird immer deutlicher auf einige wenige Stars konzentriert, die gerade »in« sind. Die Einkommensunterschiede zwischen diesen »Stars« und dem Rest der Profession werden folglich immer größer. Aber wen kann es wundern, daß es Weltstars gibt, wenn es möglich ist, einige wenige Personen weltweit zu vermarkten? Es geht ja nicht darum, was der Mensch angeblich wollen sollte, sondern wofür er am Ende bereit ist, mit Eintrittsgeldern direkt (oder auch indirekt am Fernsehen durch sogenannte Werbekontakte) zu bezahlen. In einer leistungsstarken Kommerzgesellschaft (eine Tautologie, wie ich sehr wohl weiß) wird eben auch der Sport zu einem Teil des Kommerzes: Alles wird »Markt«, wie wir gesehen haben, soweit es sich eben vermarkten läßt.

Vermarktet werden Show und Sport von einer Transportwirtschaft, die sich vornehm »Medienwirtschaft« nennt. Sie nutzt die Stars in erster Linie als ein Fördermittel für den Transport von Werbebotschaften, die der »Transportunternehmer« (die Fernsehgesellschaft oder Zeitung) zu Stückpreisen (Zahl der Leser,

Zahl der Zuschauer) in Rechnung stellt. Die Manager dieser Medienwirtschaft halten vermutlich privat Schach oder Bogenschießen nicht für schlechtere und weniger förderungswürdige Sportarten als Tennis: Aber Tennis, besonders wenn dabei Helden (oder Heldinnen) involviert sind, ist leichter zu vermarkten. Es hat Dramatik, Bewegung und läßt sich in Aktionen und Reaktionen vom Zuschauer relativ leicht nachvollziehen. Tennis und Boxen sind Leistungskampfsport in einer auf Kampf und Leistung ausgerichteten Gesellschaft. Über das elektronische bewegte Bild wird, in Werbebotschaften verpackt, die »Ware« Becker, Graf oder Maske an Millionen Menschen transportiert, und die »Transportindustrie« Medienwirtschaft läßt sich diese Leistung entsprechend honorieren.

Um den »Transportträger«, den Star, wirtschaftlich zu stabilisieren und eventuelle Investitionen besser kalkulierbar und dauerhafter rentabel zu machen, muß man dann auch bemüht sein, die Stars durch eine von der Transportwirtschaft bezahlte Imagewerbung aufzubauen und zu stilisieren. Dies ist einerseits leichter, je weniger eine gezeigte Leistung vom Käufer direkt überprüfbar ist: Dirigenten, Rock-Sänger und Schallplatten können folglich leichter »gemacht« werden, während Steffi Graf das Break im 7. Spiel schon erkennbar selber zustande bringen muß, und zwar unter kritischer Beurteilung ihrer Leistungskäufer (vornehm: Zuschauer). Klassische Musik ist deswegen wohl ein stabilerer Markt als Tennis; aber Tennis, Boxen oder Fußball bringen mehr Geld, weil es mehr Interessenten dafür gibt, denen die transportierende Medienwirtschaft die Werbebotschaften »verkaufen« kann.

Wie durch das Fernsehen die Menschen zu Welt*kunden* geworden sind, so wurde ein Teil von ihnen eben auch zu Welt*anbietern*. Und wem es gelingt, sei es als begabter Werbeleiter einer Welt-Shampoo-Marke oder als Popstar, als Kreativ-Designer von Damenoberbekleidung oder als Tennisspieler, als ein dem Welt-Kunstmarkt genehmer Zeitgeist oder als Fernsehmime, als oft übersetzter Autor oder als vielgelobter Automanager: wem es so gelingt, ein Anbieter auf den Weltmärkten zu werden, dessen Einkommen wird entsprechend den Ertragschancen eines Weltmarktes und den Knappheitspreisen für außergewöhnliche Talente dann auch außergewöhnlich hoch sein. Das war immer so, nur haben die neuen »Transportmittel« den früher regionalen Markt zum Weltmarkt erweitert und damit quantitativ so extrem vergrößert, daß Sportler, Schauspieler oder Sänger, diese »Gleitmittel« der durch sie verkauften Werbebotschaften, auch sehr viel höhere Preise (letztlich sind es Gewinnanteile) erzielen können.

Mit der Globalisierung der Wirtschaft erhalten aber nicht nur einige Stars bessere Einkommenschancen, sondern – wenn auch mit selbstverständlich bescheideneren Erträgen – das gesamte »Kreativ«-Potential der auf den größeren Märkten operierenden Unternehmen. Aus diesem Grunde reißt auch die Einkommenskluft zwischen den Spitzenmanagern der Unternehmen, dem Durchschnitt der Beschäftigten und den zurückgebliebenen (den »humble«, wie Michael Young sie nannte) immer weiter auf. Denn auch hier gibt es einen die nationalen Grenzen zunehmend überschreitenden Markt. Zwar bedeutet für die Unternehmensführung, anders als für Sport und Künste, Sprache immer noch eine gewisse Barriere. Aber inzwischen findet man unter den Vorständen großer europäischer Unternehmen auch immer mehr Personen anderer Sprachräume; im Bereich der Finanzdienstleistungen, wo Englisch ohnehin die exklusive Umgangssprache ist, gilt dies vermutlich mehr als in der Industrie.

Im großen Sprach- und Wirtschaftsraum der USA wird der wachsende Marktwert erfolgreicher Manager besonders offenkundig. Erfolg wird mit Erfolgsbeteiligung honoriert, Aktienbeteiligungen sind eine Selbstverständlichkeit geworden, und gelegentliche Debatten auf Aktionärsverammlungen über die Angemessenheit extrem hoher Erfolgshonorare gehen im allgemeinen zugunsten der Manager aus: Wer gut ist, kennt seinen Marktwert.

Ein besonders ärgerlicher Aspekt dieser Entwicklung besteht für die öffentliche Debatte häufig darin, daß hohe Festgehälter von Managern nicht ausreichend leistungsabhängig sind; man sagt, auch weniger erfolgreiche Firmen zahlen sehr oft hohe Gehälter; die berüchtigten »Nieten in Nadelstreifen« werden also auch noch vergoldet. Andererseits führen aber leistungs-, das heißt ertragsabhängige Gehälter von Managern häufig dazu, daß extreme Personaleinsparungen in unmittelbarem Zusammenhang mit deutlichen Ertragssteigerungen stehen; der Manager, so wird dann geklagt, verdiene auch noch daran, daß er Leute gefeuert oder Arbeitsplätze abgebaut habe. Wie immer man es dreht und wendet: Spitzenmanager sind rar und machen für sich entsprechende Preise; durchschnittlich gute Mitarbeiter sind zwar auch nötig, aber es gibt sie zuhauf. Ihr Preis wird, wie derjenige der Manager, letztlich eben auch vom Markt gemacht.

Wo gleichzeitig Steuerpolitik ein Standortfaktor ist – und bleiben wird und damit zu internationaler Angleichung zwingt –, gibt es also wenig Hoffnung, das Dilemma zu lösen: Die Superreichen werden vielleicht weniger, aber dafür noch reicher werden; die Gutverdienenden werden ihren Abstand zum Mittelmaß erweitern und die Schwachen unerreichbar hinter sich lassen. Der Wettbewerb wird dafür sorgen.

Rückkehr in die Evolution

Wir haben gesehen, daß die Kräfte, denen wir die tiefgreifenden Veränderungen unserer Welt verdanken, ihre Wurzeln nicht in einem gemeinschaftswidrigen Verhalten einiger weniger Egoisten haben, sondern in unser aller Eigenschaften und Gewohnheiten. *Wir* wollen Freiheit; *wir* wollen Verbindungen zu anderen Menschen; *wir* wollen Waren, Dienstleistungen und Informationen so preiswert wie möglich; *wir* erfinden immer neue Techniken, die nur auf diesem Wege weiter voranschreiten; *wir selbst* schaffen damit die Märkte, die beginnen, uns zu beherrschen. Wir selbst sind der Markt und damit die Kraft der Veränderung. Und: *wir* werden uns nicht entscheidend ändern.

Vier Krisen des Sozialstaates, die uns heute besonders bedrohen, habe ich versucht aus diesem Zusammenhang zu erklären: (1) *Die Arbeitslosigkeit*, die im Kern einem Konflikt entspringt zwischen den Wettbewerbskräften der Märkte und dem Bemühen um einen sozialen Ausgleich im Sozialstaat; (2) die *Auflösung tradierter moralischer Bindungen*, die von den immer größeren und damit auch kulturell heterogenen Marktgebilden verursacht wird; (3) die *wachende Kluft zwischen Reich und Arm*, die in einer internationalen Wissens- und Fähigkeitsgesellschaft für die Begabten riesige Märkte öffnet, für die geringer Begabten oder auch nur weniger Glücklichen jedoch eine größere Konkurrenz und damit Druck auf ihre Einkommen bewirkt; (4) und schließlich die *zunehmende Entsolidarisierung in der Gesellschaft*, die daraus resultiert, daß Betriebe und Individuen zunehmend auf Konkurrenz von außerhalb der bisher vorwiegend nationalen Solidargemeinschaften stoßen und sich hiergegen nur selbst, und kaum mehr im Kollektiv, behaupten können.

Versucht man nun, die Gesamtentwicklung, der wir uns gegenübersehen, in ihren Grundströmungen zu begreifen, so müßte man wohl damit beginnen, daß revolutionäre Sprünge der Kommunikationswissenschaften und ihre technischen Umsetzung viele der noch bis vor 25 Jahren bestehenden räumlichen Freiheitsbegrenzungen des Menschen beseitigt haben. Alles, was wir unter scheinbar nur technischen Schlagworten wie Weltraumfahrt, Satelliten-Fernsehen, Personal-Computer (PC) oder Internet, Flugreisen, Handy oder auch nur Autobahn verstehen, hat diesen einen gemeinsmen Kern: Die Ausweitung unserer ursprünglich körpergebundenen Reichweite auf immer größere, immer unsichtbarere Entfernungen und unfaßbarere Geschwindigkeiten. In der Überwindung dieser Begrenzungen des menschlichen Körpers gewinnen wir zwar auch ungeahnte neue »Freiheiten«, aber jede neue Freiheit bedeutet immer auch eine neue Bindung.

> All', was du hältst, davon bist du gehalten,
> Und wo du herrschest, bist du auch der Knecht.

schreibt Franz Grillparzer in seinem Gedicht »Entsagung«. Doch dies wollen wir nur schwer und ungern lernen.

Don Tapscott, einer der einflußreichsten US-Analytiker der Informationsgesellschaft, faßt in seinem Buch »The Digital Economy« (1996) die Entwicklung unter anderem so zusammen:

(1) Wir erleben eine Verschiebung von den Muskeln zum Kopf; Wissen wird zur Grundlage von Umsätzen und Erträgen.
(2) Die gesamte Struktur, von den Regierungsprogrammen bis zu einzelnen Geschäftstransaktionen, wird digitalisiert werden.
(3) Diese Entwicklung erzwingt eine Enthierarchisierung der Gesellschaft, mit einer Verschiebung in Richtung auf Team-

arbeit und mit einer wachsenden Befähigung (und Verantwortung) des Individuums für selbständiges Handeln und Wertschöpfung.

(4) Das mittlere Management und alle Funktionen, die bisher ihre wesentliche Funktion in der »Weitergabe« von Informationen gehabt haben, werden überflüssig werden.

(5) Alle Organisationen im Bereich der Datenverarbeitung, Kommunikationstechniken *und der Herstellung ihrer Inhalte* (!) werden schrittweise verschmelzen.

(6) Innovation wird die Schlüsselkraft der Wirtschaftstätigkeiten werden. An die Stelle von Rohstoffen, Produktivität, Größe, Arbeitskosten tritt menschliche *Phantasie* als entscheidende Ressoure. Alte Regeln verfallen schnell. *Der einzige dauerhafte Vorteil bleibt organisatorisches Lernen.*

(7) Globalisierung verändert alle Strukturen. Auch wo Unternehmen nur lokal arbeiten, bleiben sie nicht frei vom Einfluß eines alles umfassenden Weltmarktes. Der Nationalstaat weicht schrittweise immer neuen Verflechtungen und Regionalisierungen. Die gleiche Arbeit kann von vielen Stellen her geleitet werden. Es werden sich Netzwerke und in ihnen Verdichtungen (clusters) von Unternehmen bilden, um weltweite Ziele besser erreichen zu können.

(8) Es werden massive Widersprüche und Unstimmigkeiten entstehen, z.B.: zwischen neu eingestellten, höher befähigten Arbeitnehmern und solchen, die entlassen werden und ohne Beschäftigung bleiben; zwischen Habenden und Habenichtsen; zwischen Wissenden und Unwissenden, zwischen System-eingeschlossenen und System-ausgeschlossenen. Der Anspruch an die Leistung der Arbeitnehmer wird ihrem Anteil am Ertrag der Leistung nicht entsprechen.

Tapscott zitiert dann Walter Wriston, den früheren Chef von Citicorp, mit den folgenden Worten: »Der ganze Erdball ist jetzt zu einem einzigen elektronischen Markt zusammengeschlossen, und dieser bewegt sich mit Lichtgeschwindigkeit. *Es gibt keinen Platz, um sich zu verstecken.*«

All dies heißt mit anderen Worten auch: Der Wettbewerb wird nicht nur härter, sondern auch viel differenzierter. Er trifft wieder verstärkt das Individuum in der Gesellschaft direkt und nicht nur Betriebe oder Produkte. Für uns an dieser Stelle ist deswegen eine weitere Einsicht bedeutsam:

Wo immer in der menschlichen Gesellschaft der Faktor »Freiheit« zunimmt, dort gewinnt gegenüber der von Menschen gesetzten Ordnung der Faktor »Evolution« zwangsläufig wieder eine größere Bedeutung. Das bedeutet, daß mit den revolutionären Sprüngen der Informationswissenschaften und ihrer Techniken das evolutionäre Element in der Entwicklung der menschlichen Gesellschaft wieder einen beschleunigenden Einfluß erlangt hat. Mit anderen Worten: Das soziale Gebäude menschlichen Zusammenlebens entzieht sich durch die freiheitsgewinnende Informationswirtschaft wieder der uns Europäern der zweiten Hälfte des 20. Jahrhunderts gewohnten Berechenbarkeit; die Welt, auch unsere Welt, geht auf einen beschleunigten und weniger berechenbaren Kurs. Wo der Markt in immer stärkerem Maße über die Grenzen eines bisher weitgehend geordneten Sozialstaates hinausreicht, dort gewinnen die evolutionären, also die nicht mehr wirklich steuerbaren Kräfte, die einer eigenen Gesetzlichkeit unterworfenen sind, wachsenden Einfluß auf den zwangsläufig immer regional begrenzten Sozialstaat. Fernand Braudel schreibt wohl in diesem Sinne in »Grammaire de Civilisation« (1987), daß die Welt von heute eine Welt in Evolution ist.

Ich weiß sehr wohl, daß das Wort »Evolution« in Verbindung mit Menschen und ihrer Gesellschaft einen biologistischen, sozialdarwinistischen Klang hat. Erinnert man die Unterschiede zwischen den ökonomischen Theorien der britischen und deutschen Wirtschaftswissenschaftler, wie ich sie oben beschrieben habe, dann allerdings überrascht es nicht, daß Darwin selbst in seinen biologischen Theorien von angelsächsischen *sozialwissenschaft-*

lichen Vorläufern, wie Benjamin Franklin und Robert Malthus, stark beeinflußt worden war; daß also eigentlich angelsächsische Sozialwissenschaftler »darwinistische« Thesen vertraten, bevor Darwin sein »The Origin of Species« niederschrieb. Es ist daher auch eine Verengung des Begriffs Evolution, wenn man diesen nur biologistisch definiert, wie dies heute meist geschieht.

Evolution menschlicher Gesellschaft ist ein Prozeß, der seine Kraft aus Handlungen mit nicht »beabsichtigten« Ergebnissen gewinnt. Oder, wie die Biologin Evelyn Fox-Keller formuliert: eine Art immer wieder neu ausgewogenes Verhältnis zwischen Ordnung und Chaos; hier setzen dann, wenn eine gewisse Schwelle der Komplexität überschritten wird, »Selbstorganisation« und »Selbstreproduktion« ein. »Systeme« in dieser Lage, so lehrt Niklas Luhmann in »Die Gesellschaft der Gesellschaft«, »haben nur lernend eine Chance in der Evolution, die sich planlos vollzieht, zu überleben«. Roger D. Masters sagte zu dem Thema »Evolutionsbiologie und der Sozialstaat« in einer Pariser Vorlesung 1981: »Es ist paradox genug, daß die Fortführung des Sozialstaates selbst – und noch viel mehr eine angemessene psychologische Vorbereitung auf das heraufziehende Zeitalter der Krisen – vielleicht am ehesten möglich sein wird, wenn wir die letztlich unausweichlichen Abhängigkeiten aller von Menschen geschaffenen sozialen Institutionen auf dem Hintergrund naturwissenschaftlicher Erkenntnisse begreifen.« Und Kenneth Arrow, der große Ökonom, ging 1995 in »Science« noch einen Schritt weiter: »Unsere Idee von der ökonomischen Theorie wird möglicherweise verändert werden. Einige Ökonomen sind der Auffassung, daß die biologische Evolution ein besseres Paradigma für die Wirtschaftswissenschaft sei als die Analogien zur Mechanik.«

Allerdings gilt auch der warnende Satz Adolf Portmanns aus den Nachkriegsjahren: »Wir müssen erkennen, daß unser menschliches Leben nicht allein von der Lebensforschung her verstanden werden kann, so wertvolle Hilfe uns die Biologie auch leisten kann.« So möchte ich mich auch hier verstanden wissen: Die Evolution wirkt tief in der Entwicklung der menschlichen Gesellschaft, aber biologische Vergleiche sind nur Hinweise, noch keine Antwort.

Im Konflikt zwischen evolutionären Kräften und den von Menschen gesetzten Ordnungsstrukturen haben letztere allerdings immer nur dann eine Chance, wenn sie sich auf die Evolution einlassen. Da aber die evolutionäre Entwicklung kaum berechenbar ist, werden die Industrienationen mit ihren komplexen Organisationsstrukturen offen sein müssen für immer neue Versuche sinnvoller Anpassungsstrategien. Der pragmatische Weg des »trial and error«, der Versuche einschließlich ihrer Irrtümer, ist der einzige Weg, der mit relativ geringen Schmerzen auf die neue Ebene demokratisch-sozialer Strukturen in einer globalisierten Weltgesellschaft führen kann. Frontale Konfrontation mit der Evolution ist immer tödlich. Tapscott und Luhmann haben recht, wenn sie den Rat geben: Der einzige dauerhafte Vorteil bleibt *organisatorisches* Lernen.

Kann der deutsche Sozialstaat das heute noch?

Die Chancen der Politik

All', was du hältst, davon bist du gehalten,
Und wo Du herrschest, bist du auch der Knecht.
Franz Grillparzer, »Entsagung«

Vorbemerkung über die Verantwortung der Politik

Den Deutschen ist das Vertrauen in die Politik zerbrochen; auch das Vertrauen in die deutsche Wirtschaft schwindet. Alte und erprobte Regeln scheinen ihre Gültigkeit verloren zu haben. Schon die Wiedervereinigung 1989/90 sprengte die Sicherheiten der gewohnten Lebensbedingungen für beide Teile Deutschlands. Im selben Jahrzehnt soll nun auch noch die verläßliche D-Mark gegen einen unbekannte Euro getauscht werden.

Die Menschen verlieren die Orientierung. Auch wenn das Land noch immer »funktioniert«: Schnell ausbrechende Streikbereitschaft und immer häufigere Demonstrationen zeigen, daß sich unter der Haut der Gesellschaft gefährliche Veränderungen vollziehen. Noch ist nicht voraussehbar, wo und wie sich diese Veränderungen Raum schaffen werden. Deutlich aber ist, daß wir in einer tiefen politischen Krise leben.

Es wäre die Aufgabe der Politiker, den Menschen diese elementare Verunsicherung wieder zu nehmen. Aber weder Regierung noch Opposition führen mit den Menschen einen ehrlichen und verständnisvollen Dialog, der allein eine Chance für Glaubwürdigkeit, Vertrauen und ein zuversichtliches Engagement der Bürger bieten könnte. Parteitaktik beherrscht die politische Szene. Nicht den Menschen, den Politikern fehlt es am notwendigen Mut zur Wahrheit und zur Führung auf gefährlichem Weg.

Ich bin mit Politik aufgewachsen. Es war die Zeit des Nationalsozialismus und der klaren Fronten – dabei sein oder dagegen sein. Wer dagegen war, der mußte etwas tun: Sonst war er näm-

lich dennoch dabei. Politik war essentiell. Politische Ethik und politisches Handeln bedingten sich gegenseitig. Niemand, den ich in jenen Jahren zu respektieren gelernt hatte, konnte von der Politik leben. Und für die Politik zu leben hieß auch, das Leben für die Politik einzusetzen und nicht umgekehrt. Auch Patriotismus und Widerstand waren untrennbar.

Ich weiß, daß dieses Verständnis von der Politik in den außerordentlichen Umständen der Diktatur wurzelt; und daß die Normalität, die wir wollen, auch andere parteipolitische Realitäten schafft. Und doch habe ich mich während meiner politischen Arbeit oft gefragt, ob es nicht gerade diese frühe Erfahrung der Nazi-Jahre war, die es mir persönlich immer schwerer und schließlich unmöglich machte, den wachsenden Widerspruch zwischen großen Worten und politischem Alltag zu übersehen. Ich konnte mich – und ich will mich – nicht damit abfinden, daß wir der Wirklichkeit und der Gefahr für die Zukunft nur noch mit politischen Gebärden begegnen. So bin ich im Mai 1988 zurückgetreten, auch um besser zu verstehen, was diesen wachsenden Widerspruch zwischen Worten und Handeln ausmacht. »Unser Ruder reicht nicht mehr in das Wasser«, sagte ich damals, im Mai 1988. Heute, fast zehn Jahre später, gilt diese Erkenntnis mehr denn je.

Wahrscheinlich verdanke ich meinen frühen politischen Eindrücken auch die Überzeugung, daß Politik im Kern nur eine Aufgabe hat, nämlich Leben zu bewahren und die Räume zu sichern, in denen Menschenwürde in Freiheit gedeihen kann. Der Staat hat darüber hinaus keinen Wert an sich, und die Nation hat nur diesen Sinn. Aber bewahren wir auf unseren heutigen Wegen Leben? Wird so zukünftig Menschenwürde gedeihen können? Ich weiß, daß Leben, Freiheit und Menschenwürde von vielen praktischen Voraussetzungen abhängen; daß, zum Beispiel, eine offene und fördernde Schule, ein menschliches und kompetentes Krankenhaus oder ein gesichertes Alter weniger von gut gemeinten Grundsatzbeschlüssen als von gut verstandenen und richtig gemachten

Einzelentscheidungen abhängen. Es ist der tägliche Lebensraum, in dem allein Freiheit und Menschenwürde wirklich werden können. Es sind deswegen auch diese Entscheidungen, die unsere Aufmerksamkeit in der Politik verlangen und mit Recht viel Zeit beanspruchen können.

Und doch dürfen wir uns nicht damit abfinden, daß, während wir uns um diese wichtigen Einzelheiten bemühen, die große Linien der Entwicklung offenbar in entgegengesetzter Richtung verlaufen und von ihnen die Fundamente demokratischer Existenz immer weiter unterspült werden könnten. Politik muß immer auch von einem fundierten Verständnis dieser großen Zusammenhänge der gesellschaftlichen Entwicklungen ausgehen, wenn sie die kleinen täglichen Schritte richtig setzen will. Auch das habe ich früh lernen müssen.

Aufstand statt Reform?

Markt und Demokratie sind eng miteinander verflochten: Offene Märkte erzwingen demokratische Strukturen. Können sie diese am Ende auch wieder zerstören? Ist das die letzte, entscheidende gesellschaftliche Folge des technischen Fortschritts und der »Globalisierung«?

Wir kennen die Herrscher der Geschichte bei ihrem Namen, wir kennen nicht die namenlosen Beherrschten. Als Sklaven, Tagelöhner, Leibeigene, unfreie Bauern oder rechtlose Arbeiter; als Frauen ohne gleiche Rechte. Gelegentlich, wenn die so unterworfenen Menschen aufgestanden sind zu einem ihrer vielen und so oft vergeblichen Kämpfe um die Selbstbehauptung des Menschen gegen die Macht der Ausbeutung, dann erinnern wir uns auch an die Namen ihrer Anführer: Spartacus, Hus, Owen, Lasalle, Martin Luther King und den Arbeiterführer auf der Danziger Werft, Walesa. Und wir wissen, gegen wen sie aufgestanden sind.

Die treibenden Kräfte der Welt heute haben keinen Namen. Nennen wir sie zum Beispiel IBM oder General Motors, so heißen sie auch Philips oder Volkswagen, Siemens und Daimler Benz oder Hitachi und ICI. Und streichen wir einen, ja alle dieser Namen, so würden andere an ihre Stelle treten und im Parallelogramm der Marktkräfte dieselben Ergebnisse erzeugen. Ich kann es nicht oft genug sagen: Es ist falsch und irreführend, die schwierigen Entwicklungen den »Eliten« oder den »Multis« in die Schuhe zu schieben: Der Markt, das sind wir alle. Es ist zwar einfach, bequem und auch beruhigend, der Gefahr einen Namen geben zu können, Menschen und Organisationen auf die Anklagebank zu setzen. Aber es ist zu einfach und zu bequem. Und es ist falsch.

Denn keine erkennbare Hand legt uns ein Joch des Profits an: Adam Smith' *unsichtbare* Hand ist auch *namenlos*. Und zwar sowohl dort, wo sie Segen spendet, als auch dort, wo sie ihre Verwüstungen anrichtet. Es ist sinnlos, den Unternehmer oder die Unternehmer als Klasse anzuklagen, so sehr dies im Einzelfall einmal auch berechtigt sein mag. Denn wir selbst sind mit unseren Wünschen und Trieben ein Teil dieser Unternehmen. Als Menschen, die dort Arbeit haben und die ihre Einkommen als Konsumenten genußvoll verbrauchen wollen. Die Unternehmen wären nichts ohne uns: Erst gemeinsam sind wir der Markt.

So würde jeder Betriebsrat die Sonntagsarbeit ebenso gerne ablehnen wie die Geschäftsleitungen – wenn dennoch die neuen Investitionen am alten Ort der Arbeitsplätze erfolgen würden. Aber wenn konkurrierende Standorte im Wettbewerb längere Maschinenlaufzeiten und niedrigere Kosten anbieten, bleibt eben oft beiden, Betriebsrat und Geschäftsleitung, keine Wahl: Notfalls muß auch die Sonntagsarbeit her. Man streitet natürlich mit unterschiedlichen Interessen, man will beiderseits immer auch etwas »heraushandeln«. Wo aber im Wettbewerb die Fakten zwingend auf dem Tisch liegen, gibt es am Ende auch zwischen Betriebsrat und Geschäftsleitung immer sehr viel mehr Zusammenarbeit als Streit. Wir haben gesehen: Arbeit und Kapital rücken zusammen. Denn beide sind Teil desselben Marktes, und beide reagieren mit menschlicher Vernunft auf die erkennbaren Alternativen.

Betriebsräte und Geschäftsleitungen, Gewerkschaften und Parteien, sie alle folgen hier letztlich demselben Grundsatz: Man weiß, was man *will*, aber man bekommt auch zu spüren, was die anderen, was die Kokurrenten *können*. Und wenn man erfährt, daß andere eben tun, was ihnen nutzt, weil die Kräfte des Wettbewerbs in ihre Richtung weisen, dann folgt man am Ende auch selbst diesem Weg, ehe man allein zurückbleibt. Was sollte man sonst auch tun?

Der Markt ist eben eine Kraft, die kein einzelner beherrschen kann: kein Unternehmer und keine Belegschaft; keine Partei und keine Gewerkschaft. Der Markt ist ein Produkt aller beteiligten Menschen, also der Gesellschaft. Und nur diese könnte ihn lenken. Indem technischer Fortschritt und sein Markt jedoch immer mehr die geographischen und politischen Grenzen der Gesellschaft überspringen und Nationen miteinander ebenso verknüpfen wir gegeneinander ausspielen, entzieht sich der Markt auch immer mehr den ordnenden Kräften der Gesellschaft, entzieht sich der Weltmarkt zunehmend der Politik.

Jeder Staat engt die Menschen ein, und weil jeder Staat den Menschen zudem meist auch unwirsch, bürokratisch und behäbig entgegentritt, finden viele wohl die Auflösung überbrachter und offenbar überflüssig gewordener nationaler Ordnungssysteme das Beste an unserem weltwirtschaftlichen Zeitalter. Sagen wir ruhig: die Liberalisierung bestehender Regeln. Die Kräfte der Weltwirtschaft bewirken für die, die weiter am Markt teilhaben dürfen, oft erhebliche Chancen als Konsumenten und eine erhebliche Erweiterung ihres individuellen Freiraums. So empfanden viele Menschen die gegenwärtigen Entwicklungen verständlicherweise zunächst als Wohltat.

Aber die Menschen brauchen beides: Freiheit *und* Ordnung. Eine Ordnung, die ihnen auch Sicherheit gibt und ein menschenwürdiges Leben. Der Mensch ist zwar ein rivalisierendes Lebewesen, aber um zu überleben, will er seine Stärke in einer *geordneten* Gesellschaft erweisen. Wohlstand und Sicherheit sind gleichzeitige Ziele. Die Menschen verwerfen Regulierungen des Marktes, die bisher ihren Wohlstand begleitet hatten, wenn der Schutz des Staates zu dicht und seine Aufsicht über die Bürger zu bedrückend geworden ist; wenn dem Einzelnen zu wenig Spielraum und den Kräften des Marktes zu wenig Entfaltungsmöglichkeiten gegeben werden. Dann suchen sich die Bürger eine neue

Politik. Angesichts der tausend Einzelheiten und Regeln kontrollierenden Ordnungssysteme dauert das zwar lange und bedarf dann einer nahezu revolutionären Sprengkraft – wie im Jahre 1789 in Frankreich, 1917 in Rußland oder auch in den späten achtziger Jahren in der Sowjetunion und in Osteuropa. Hier waren schließlich die international wirkenden Kräfte der Kommunikation auch stärker als die der nationalen Unterdrückung. Mit den Kräften des »Weltmarktes« im weitesten Sinne sprengten die Bürger des Ostblocks letztlich auch ihre Ketten.

Der Mensch will aber eben nicht nur individuelle Freiheit, sondern auch Schutz und Sicherheit. Die Kräfte des Marktes jedoch sind von Natur chaotisch, und Weltmärkte finden im schnellen Wandel von Wissenschaft und Technik bestenfalls nach einem langen Suchprozeß wieder selbst eine neue Ordnung. Der Mensch aber braucht eine Ordnung jeweils *jetzt*; er kann nicht warten, bis die unsichtbaren Hände vielleicht eines Tages wieder geordnet haben, was sie heute zerbrechen. Politik ist für die Menschen Gegenwart und nicht Verheißung. Und wenn die Mittel der Politik versagen, weil der Markt gewachsene Ordnungen zerstört und neue nicht geschaffen werden; wenn erstrittene Sicherheiten beseitigt und die Bürger schutzlos werden – dann empfinden die Bürger auch den freien Markt als eine Tyrannei. Sie können sich dann zwar keinen anderen Markt wählen. Das wissen sie inzwischen auch. Aber sie wählen sich dann eine neue Politik, um den Markt zu bändigen, um den unsichtbaren Tyrannen zu zähmen.

Die Geschichte lehrt uns zwar, daß keine Kirche und keine kommunistische Diktatur, keine Zunft und kein Kartell, kein Unternehmen und keine Gewerkschaft die evolutionären Kräfte des Markts je auslöschen konnten; niemand konnte seine Kraft ersticken. Aber die Geschichte lehrt auch, daß der Mensch, wenn die ungezügelten Kräfte des Marktes ihn überwältigen, wenn er sich nur noch als Spielball der wirtschaftlichen Interessen fühlt, bereit sein wird, aufzustehen und für eine menschlichere Ordnung zu kämpfen, auch wenn er einen neuen Weg noch nicht kennt. Er wird einen Weg suchen, um der Freiheit der Wirtschaft wieder erträgliche Grenzen zu ziehen und der Würde des Einzelnen und der Gerechtigkeit in der Gesellschaft wieder eine größere Chance zu geben.

Es war immer die wichtigste Aufgabe demokratischer Politik, nicht abzuwarten, bis dieser dumpfe Widerstand aufbricht, sondern die betroffene und wach gewordene menschliche Vernunft zu einer politischen Fähigkeit werden zu lassen. Heute allein auf die Selbstregulierung des Marktes zu vertrauen und die Marktkräfte im übrigen mit ihren Wirkungen auf die sozialen Strukturen der Gesellschaft sich selbst zu überlassen, das kann kein verantwortungsvoller Bürger akzeptieren. Ungezügelt würde der Weltmarkt zu einem Monster. Es ist deswegen heute die zentrale Aufgabe demokratischer Politik, den Willen zur menschlichen Selbstbehauptung in demokratische und soziale Reformenergie umzuwandeln.

Erste Anzeichen des Aufstandes haben wir ja schon erlebt. Die Kumpels sperrten Straßen und blockierten Werktore. Arbeitsplätze hin – Rechtsstaat her: Die ganze Stadt war auf ihrer Seite. Über die besetzten Brücken spannten sie Spruchbänder, die von den Regierungen des Bundes und des Landes ultimativ die Erhaltung ihrer Arbeitsplätze forderten. Nein, das waren nicht die Bergleute oder die Kollegen von Thyssen und Krupp im März 1997 – das waren schon zehn Jahre früher 1987 die Stahlarbeiter, und es ging um die Hütte Rheinhausen. Betriebsräte und Gewerkschaftsfunktionäre hatten damals ihre Patentrezepte schnell formuliert: Wenn die Politiker nur ein bißchen Sachverstand und etwas mehr Mumm aufbrächten – das Stahlwerk wäre zu retten. Die Politiker kamen und wurden pflichtgemäß ausgebuht; übrigens ein ebenso merkwürdiger wie gebräuchlicher Umgang mit Menschen, von denen man doch angeblich Ehrlichkeit und Hilfe erwartet. In den Landtagswahlen im Frühjahr 1990 wurde dann von den Parteizentralen die Erhaltung der Rheinhausen-Arbeitsplätze selbstverständlich als Erfolg der politischen

Arbeit reklamiert; heute, 1997, ist auch dieses Stahlwerk geschlossen.

In Rheinhausen 1987 glaubte vermutlich nicht einmal jeder zehnte Demonstrant wirklich, die Politiker könnten das Schicksal der Hütte wenden; von den führenden Köpfen im Betrieb und in den Gewerkschaftszentralen wahrscheinlich niemand. Unter vier Augen wird man auch ehrlicher gesprochen haben. In unserer Vier-Augen-Gesellschaft ist Deutschland immer viel sachkundiger als vor der Öffentlichkeit.

Politiker der Linken und manche Gewerkschafter verständigen sich, wenn es um Produktionsstätten und Arbeitsplätze geht, gelegentlich leicht zu Lasten der Unternehmer und des Managements. Es ist ja auch einfach zu behaupten: Wäre das Management kompetenter und das Kapital weniger eigennützig, dann müßten auch keine Stellen gestrichen werden. Oder: Statt der im Wettbewerb veralteten Arbeitsplätze könnte man eben neue schaffen – gäbe es nur weitsichtigere Chefs. Daß gleichzeitig Regierungen und Kommunen, und zwar gleichgültig von welcher Farbe regiert, und früher oder später auch die Gewerkschaftszentralen (aber dann meist zu spät) aus Kostengründen Stellen in ihren Unternehmen und Verwaltungen streichen müssen, das wird im Getümmel dann leicht verdrängt. Wie der Streit, den die Stahlarbeiter-Gewerkschaft mit dem Management der Firma Hoesch in den achtziger Jahren führte, als diese den wohl unausweichlichen Abbau von Arbeitsplätzen mutig und rechtzeitig einleitete. Heute loben alle das damalige Handeln der Unternehmensleitung. Doch ein gutes Gedächtnis stünde hier nur im Wege; vergeßlich kann man unbefangener streiten.

Erfahrene Betriebsräte und Gewerkschafter machen diese Verschiebung der Verantwortung auf die Unternehmensleitung allerdings schon lange nicht mehr so ohne weiteres mit. Sie kennen die Betriebe; sie sehen die Wunden, die der Wettbewerb schlägt; sie wissen, daß nur überlebt, wer fähig bleibt, auf den Märkten zu bestehen; sie wissen, daß hohe Personalkosten dabei hinderlich sein können. Aber es ist eben doch ein Unterschied, ob man etwas weiß, oder ob man sich angesichts einer emotionalen und unwissenden Masse von verängstigten Bürgern oder Mitarbeitern auch zu diesem Wissen bekennt. Zivilcourage ist nicht nur in Deutschland ein knappes Gut; und Opportunismus der Medien nicht nur bei uns eine verbreitete Krankheit.

So kommt es dann, daß heute, angesichts wachsender Arbeitslosigkeit, in einer aufgeheizten Situation bei jeder Entlassung oder anderen Firmendispositionen die Grenzen demokratischer Umgangsformen schnell überschritten werden. Dies war ohne Zweifel 1997 in Bonn der Fall, als Bergarbeiter versuchten, eine Parteizentrale zu stürmen. Wer wer da und schützte die Meinungsrechte der FDP (die noch dazu in der Sache begründet waren)? Es ist Gefahr im Verzuge, wenn gegenüber demokratischen Entscheidungen demokratische Regeln verletzt werden – was immer auch die Ursachen oder die Gründe sein mögen.

Stephen Roach, Chefökonom und Direktor der »Global Economics« bei der Investment Bank Morgan Stanley, schrieb im Juli 1997 in der »Financial Times« unter dem Titel »Angst in Global Village«, daß im Augenblick zwar die bedrängten amerikanischen Arbeiter mit dem Konjunkturzyklus befriedet werden könnten, daß aber auch die USA angesichts der harten sozialen Veränderungen noch immer reif für einen sozialen »Rückschlag« seien; insbesondere werde die Seite »Arbeit« angesichts der Börsengewinne versuchen, die stagnierenden Löhne zu bewegen. In Europa, so beobachtet er, geht es gegenwärtig mehr um Sicherheit der Arbeitsplätze, um einen beginnenden allgemeinen Widerstand gegen Einschnitte in Personalbestände und soziale Leistungen. Aber auch hier bereite sich eben eine neue Front gegen die Folgen des wirtschaftlichen Strukturwandels vor.

Es ist leicht vorauszusagen, daß ohne erkennbare Verbesserung der Lage, ohne Eindämmerung insbesondere der noch immer wachsenden Arbeitslosigkeit, in Europa der Geist des Aufstandes die Oberhand über den Willen zur stetigen Reform gewinnen kann. Reformen brauchen Einsicht, Vernunft und politischen Willen; der Aufstand lebt von Ärger und Unwillen. Die politische Aufgabe einer Reformstrategie, die auch unter den veränderten Marktbedingungen Bestand haben kann, erschöpft sich nicht im Ökonomischen. Sie reicht weiter als nur bis zu den Unternehmen und den öffentlichen Finanzen: Es geht um eine Stabilisierung der europäischen Demokratie. Dies aber ist nur mit einer neuen Politik möglich.

Im Joch des Profits?

Wer heute die Literatur und politische Debatten über die Probleme der Arbeitslosigkeit und der wachsenden Kraft der Weltmärkte verfolgt, er stößt – so scheint mir – auf ebenso viel Resignation wie allgemeine Redensarten, aber auf wenig konkrete Vorschläge. Wir haben ja auch beides erfahren: die Segnungen des freien Marktes und seinen Sieg über die bürgerfeindlichen planwirtschaftlichen Systeme. Aber auch die Zerstörungen in der Natur oder die wachsende Gefährdung unserer sozialen Strukturen. Beide, Überfluß und Gefahr, speisen sich aus denselben Quellen: dem evolutionären Prinzip der Konkurrenz, dem menschlichen Bedürfnis nach Freiheit und den von diesen beiden geschaffenen Märkten.

Die Kräfte des freien Wettbewerbs, die vielen unsichtbaren Hände, von denen Adam Smith in seinem klassischen Bild sprach, haben den Wohlstand der Industriestaaten geschaffen, ihnen verdanken wir auch die Fortschritte rechtsstaatlicher Ordnung und der Demokratisierung. Der Beweis ist erbracht: Wohlstand und soziale Gerechtigkeit setzen Meinungsfreiheit, Freizügigkeit und privates Eigentum, setzen eine unabhängige Justiz und ein frei gewähltes Parlament nicht nur voraus, sie helfen auch, all dies herzustellen und zu sichern. Nur im Wettbewerb der Menschen und Unternehmen entstehen Wohlstand und Demokratie; Demokratie und Marktwirtschaft sind ein unzertrennliches Paar. Wo die Kräfte der Marktwirtschaft wirklich walten, dort kann auf Dauer auch die Demokratie nicht ausgesperrt bleiben. Rückzug und Zusammenbruch der faschistischen Regierungen in Spanien, Portugal, Griechenland und Chile lassen sich hierbei ebenso verständlich machen wie die Gleichzeitigkeit von »Glasnost« und »Perestroika« in der Sowjetunion, in Polen, in Ungarn und schließlich in der früheren DDR. Auch Asien und seine »anderen Werte« werden sich diesen Kräften nicht versperren können. Japan ist bereits ein Beispiel dieser Erfahrung.

Der Beweis also, daß freier Wettbewerb Wohlstand und Demokratie erzeugen kann, ist erbracht. Sind wir nun dabei zu beweisen, daß offener Wettbewerb die Natur, den Wohlstand und die erarbeitete sozialen Lebensqualitäten auch wieder zerstören können? Das Zeitalter der Vernunft scheint immer unvernünftiger; es wächst die Sorge um die Arbeitsplätze und die soziale Zukunft. Doch der Wohlstand wird genossen, während wir die Bedrohung erkennen. Gibt es einen Ausweg? Und wenn ja: Warum ziehen wir weiter ohne einen entscheidenden Kurswechsel?

Am Stammtisch und in den Medien (der Unterschied ist nicht so groß, wie beide stolz für sich in Anspruch nehmen) werden für die Widersprüche zwischen Sein und Sollen gerne opportunistische Politiker verantwortlich gemacht. Ihnen wirft man vor, daß sie nicht wagen, den Leuten klar zu sagen, was sein müsse. Mehr Mut, mehr Rückgrat, auch mehr Bereitschaft zur politischen Niederlage in Wahlen werden gefordert. Doch nicht nur die empirischen Sozialwissenschaften versichern uns einer alten menschlichen Weisheit: Wenn in derselben Lage fast alle dasselbe tun, sollte man nach den Gründen dieses Handelns forschen, bevor man den einzelnen beschuldigt. Wenn Politiker – und Wähler! – aller Nationen nur zögernd und unzulänglich auf die neuen Bedrohungen antworten, dann liegt das wahrscheinlich weniger in der Charakterschwäche der beteiligten Personen als in der Sache selbst. Und wenn in allen Ländern der Welt zum Teil tiefe Einschnitte in das bisher so vertraute soziale Netz erfolgen, dann erscheint es auch wenig sinnvoll, jeden einzelnen der hierfür verantwortlichen Politiker der sozialen Kälte zu beschuldigen.

Wir leben in einer nationalen Ordnung, aber der Handlungsrahmen der Politik wird zunehmend von grenzüberschreitenden, internationalen Kräften mitbestimmt. Viele fragen: Wie kann es da überhaupt noch Politik geben? Wer sind denn die Bürger in diesem »global village«, in diesem »Weltdorf«, wie Marshall McLuhan unsere Welt schon 1966 charakterisierte? Wer entscheidet im Gemeinderat? Wer ist der Bürgermeister? Wer ist verantwortlich für die Ordnung, für die Gesetze? Vor einigen Jahren besuchte mich der Botschafter einer wichtigen Wirtschaftsnation in den Amtsräumen des Hamburger Rathauses. Wir hatten eine Weile über die Lage Hamburgs gesprochen und über die engen Grenzen, die der Politik angesichts der weltweiten Verflechtungen gezogen sind. Wir sprachen über die wachsende Bedeutung der Unternehmen und ihrer Entscheidungen für die Politik. Mein Gast bemerkte: »Ich weiß, wir haben eine Regierung; aber ich weiß auch: hätten wir keine, die Lage bei uns wäre kaum anders.«

Hatte mein Besucher den Nagel auf den Kopf getroffen? Wirtschaftliches Wachstum und die sich immer schneller verzweigende Arbeitsteilung haben einen entscheidenden Einfluß auf den Gang der Weltgeschichte genommen. Wirtschaftliche Aspekte dominieren deswegen überall, auch die politischen Entwicklungen. Walter Rathenaus zu seiner Zeit vielleicht sehr deutsches Diktum: Die Wirtschaft ist unser Schicksal – es gilt heute für alle Nationen der Welt.

Ich habe den Druck des internationalen Standortwettbewerbs als Dilemma der Politik in meinen Amtsjahren niemals so deutlich erfahren wie im Zusammenhang mit der Einführung des privaten Fernsehens in der alten Bundesrepublik. Hierüber will ich deswegen etwas ausführlicher berichten.

Noch heute glauben einige Weltverbesserer, im Jahre 1987 hätten machtlüsterne und geldgierige Großverlage durch ihren wirtschaftlichen und politischen Druck ein paar grätenlose Politiker in Deutschland zur Unterzeichnung eines Medienstaatsvertrages gezwungen, der endlich dem privaten Rundfunk und Fernsehen

Tür und Tor geöffnet habe; denn der Streit um das private Fernsehen in der Bundesrepublik Deutschland hatte eine lange politische Geschichte, seit Konrad Adenauer in den fünfziger Jahren mit dem Versuch scheiterte, einen zweiten Fernsehkanal in der Bundesrepublik auf privater Grundlage zu schaffen. In Urteilen des Bundesverfassungsgerichtes und vielfachen politischen Stellungnahmen war damals eine weitgehend akzeptierte Arbeitsteilung der deutschen Medienwirtschaft formuliert worden: Die gedruckte Presse war privat, der Rundfunk öffentlich-rechtlich organisiert. Wer daran rüttelt, dem wurde noch Anfang der achtziger Jahre ganz selbstverständlich unterstellt, daß er privatkapitalistische Interessen vertreten, auf der Seite der Werbewirtschaft stehen müsse oder ARD und ZDF (zum Beispiel aus politischen Gründen) »strafen« wolle. Daß die Satellitentechnik eine vollständig neue Lage der Kommunikationstechnik und damit auch eine neue internationale Marktsituation geschaffen hatte, das wurde von den Kritikern großzügig übergangen.

Auf dem Parteitag der SPD in Essen 1984 gelang es daher auch nur mühsam, eine Mehrheit für einen Staatsvertrag zu gewinnen, der diese Fakten akzeptierte, aber zugleich bemüht war, dem neuen Markt auch gesellschaftspolitisch verträgliche Regeln zu geben. Jeder, der die Zusammenhänge wirklich verstehen wollte, mußte damals wissen, daß die meisten geplanten Auflagen für die privaten Anbieter auf längere Sicht nur schwer Bestand haben würden; der Zug in eine privatisierte Fernsehlandschaft war international längst abgefahren, mit oder ohne Staatsvertrag. Und das Signal zur Abfahrt hatte, wie immer in der Geschichte, nicht etwa die Politik, sondern eben eine neue Transporttechnik gegeben. Diesmal war es der Fernsehsatellit, dem es nichts ausmachte, die nur 150 km Entfernung zwischen Luxemburg und Köln über einen Satelliten in 36 km Höhe über dem Äquator faktisch zeitgleich und zu wettbewerbsfähigen Kosten zu überbrücken.

Zum Zeitpunkt der Unterzeichnung des Medienstaatsvertrages 1987 hatte die CDU/CSU, damals aktiver Befürworter eines privaten Rundfunknetzes, eine Mehrheit in Bundestag und Bundesrat. Aber der Staatsvertrag bedurfte der Zustimmung *aller* Länderparlamente, also auch solcher mit SPD-Mehrheiten. Daß diese trotz lauter Kritik schließlich dennoch zustimmten, war nicht etwa dem Druck der Zeitungsverleger zu verdanken, sondern allein der Tatsache, daß am Ende alle die reale Lage begriffen hatten; auch diejenigen, die öffentlich weiter heftig widersprachen. Was immer die Politik tun würde: Der grenzüberschreitende Markt würde schließlich seinen Willen bekommen. Das Werden (es war eben eigentlich gar kein Durchsetzen) des privaten Fernsehen ist ein Modellfall für die Machtverhältnisse zwischen Politik und Markt im Zeitalter der Globalisierung (hier trifft das Wort wirklich die Sache), und zwar nicht nur in der Bundesrepublik Deutschland, sondern in der ganzen Welt.

Da war zunächst die Möglichkeit eines unbegrenzbaren und freien Transportes des Produkts. Bisher hatten Bilder und Worte, die von Richtstrahler zu Richtstrahler »terrestrisch«, also erdnah, übermittelt wurden, die zustimmende Unterstützung der jeweiligen territorialen politischen Macht benötigt. Der Satellit aber nahm seinen Standort im freien Weltraum (unterworfen nur den sehr grobmaschigen Regeln einiger internationaler Vereinbarungen) und konnte von jedem, der über die entsprechenden Antennen verfügte, empfangen werden. In den SPD-internen politischen Debatten mit den Gegnern privaten Fernsehens machte die Wut über diese offenkundige Ohnmacht der Politik manchen nahezu blind: Einige wollten solche Weltraumsendungen zugunsten der bestehenden (und bewährten) Rundfunkstruktur schlicht radiotechnisch »stören«; andere bestritten in unerschütterlicher Naivität die Möglichkeit einer technisch-wirtschaftlichen Entwicklung, durch die normale Haushalte (und kostengünstiger: Häuseblocks) befähigt wüden, Parabol-Antennen zu installieren. Daß eine Störung des Empfangs nicht in Frage kam, war natürlich allen klar. Eine liberale Gesellschaft kann an ihren Grenzen verbotene Waren aufhalten; aber Information ist keine Konterbande. Wir hatten schließlich nicht jahrzehntelang den kommunistisch-sozialistischen Staaten einen »free flow of information« gepredigt, um nun unsererseits Informationsblockaden zu errichten.

Es war für mich dann nach 1989 besonders interessant, von meinem Dresdener Kollegen, Oberbürgermeister Wolfgang Berghofer, zu erfahren, daß nicht einmal die totalitäre Regierung der DDR in den späten achtziger Jahren die Dresdner daran hindern konnte, ihre Senke (das sogenannte »Tal der Ahnungslosen«, weil dort die terrestrischen Fernseh-Richtstrahler aus dem Westen nicht hineinreichten) durch Parabol-Antennen zu erschließen. Als nämlich Anfang 1989 SAT 1, RTL und 3sat über Satellit auch den Raum Dresden einbezogen, hatten bis Mitte des Jahres 1989 die Dresdner Bürger privat, und sogar gegen das Votum der zuständigen DDR-Reichspost, etwa 60 % (!) aller Haushalte privat verkabelt. Vor den Kommunalwahlen im Frühjahr 1989 lief der Spruch um: »Schüssel aufs Dach oder die Wahl fällt flach«. Die Politik verstand die Lage und intervenierte nicht. Niemand wußte übrigens, wie und wo die notwendigen Kupferkabel und Antennen damals für Dresden beschafft wurden: Sie waren einfach da. Der Markt hatte seine Kraft erneut bewiesen. Die bisher im Empfang des West-Fernsehens benachteiligten Dresdner konnten nun wenigstens einen Teil der westlichen Sender, nämlich die privaten, empfangen. In der totalitären DDR ist damals passiert, was ich auf dem Essener Parteitag einer zögernden SPD-Mehrheit für die alte Bundesrepublik prophezeit hatte: Wenn der Parteitag gegen die Zulassung von Privatveranstaltern votieren würde, werde das private Fernsehen eben aus Luxemburg zu uns kommen.

Auch wenn heute noch einige widerstrebende ostasiatische Staaten für den Ausbau ihrer Wirtschaftsmacht auf eine kulturell tradierte Disziplin bauen und westlich orientiertes, »zersetzendes« Fernsehen blockieren wollen: Sie werden ebenfalls scheitern. Am Ende wird es über Satelliten möglich werden, wenn das geschäftlich für zweckmäßig gehalten wird. Die Politik kann da machen, was sie will – die Realität ist eben anders. Ein Stadtstaat wie Singapur mag zwar durch totale Verkabelung und das »ästhetische« Verbot von Satellitenschüsseln auf den Häusern die Kontrolle über das Fernsehangebot noch für eine gewisse Zeit behalten – was aber geschieht, wenn eines Tages die Empfangsschüssel im Fernsehapparat selbst eingebaut ist? Am Ende siegt doch der Markt und sein wichtigster Helfer, die Technik.

Die »Privatisierung« des Rundfunks in Deutschland war aber nur einerseits ein Musterbeispiel für die Grenzen der Politik gegenüber den Gesetzen eines grenzüberschreitenden Marktes; die Grenzenlosigkeit der satelliten-gestützten Kommunikationswirtschaft machte den Nationalstaat nur scheinbar hilflos. Denn andererseits bewies die deutsche Lösung dann auch, daß eine politische Gestaltung möglich war. Der Fortbestand des öffentlich-rechtlichen Fernsehens in einer zum Teil noch immer beachtlichen Qualität (besonders wenn man in Deutschland die Summe auch der Dritten Programme und Spartensender betrachtet), ist nämlich *auch* ein Zeichen dafür, daß es intelligente und wirkungsvolle Antworten auf die Globalisierung geben kann. Der Markt ist zwar stark, aber er muß nicht *überall* dominieren.

Ob es nun um die Entwicklung und Bewahrung traditionsreicher Börsenplätze geht, die bis auf wenige internationale Zentren durch die Kommunikationstechnik in wenigen Jahren zu Provinzveranstaltungen degradiert werden; oder ob eine kulturorientierte nationale oder auch europäische Filmindustrie ihre Waffen strecken muß, wenn eines (nicht so fernen) Tages »hochauflösendes« Fernsehen mit einer breiten Angebotspalette die Parabol-Antenne des lokalen Filmtheaters so erreicht, als sei der inzwischen arbeitslose Vorführer noch in seiner Kabine: Nichts könnte der Staat dagegen tun. Wenn Telefonisten-Tätigkeiten über Satelliten als Heimarbeit in kostengünstigere Staaten der Karibik verlagert werden; wenn stolze Reedereien ihre jahrhundertealten Hamburger Flaggen mit der zyprischen oder panamaischen tauschen, um im Wettbewerb der Personalkosten mithalten zu können; wenn trotz hoher Arbeitslosigkeit in ihrer Region schon heute Leipziger Maschinenbauer ihre CAD-Aktivitäten *online* an gleichwertige, aber um vier Fünftel billigere Inder auslagern: Was kann der Staat tun, außer sich flexibel anzupassen (zum Beispiel mit einem Zweitregister der Seeschiffahrt), wenn er solchen Entwicklungen nicht tatenlos zusehen will?

»The market as Prison«, der Markt als Gefängnis, beschrieb sehr anschaulich Charles Linblohm 1982 die Lage von Regierungen im Modernen Wirtschaftswettbewerb. Er sprach über den Staat – aber ist denn die Wirtschaft in einer grundsätzlich anderen Lage? Ich komme noch einmal auf die Debatte über das private Fernsehen in der alten Bundesrepublik zurück. Viele meiner damaligen parteipolitischen Kollegen meinten, die Großverleger setzten uns unfair unter Druck, weil sie sich am privaten Fernsehen eine goldene Nase verdienen wollten. Aber ich habe von vielen Verlegern und ihren Verbandsvertretern immer wieder erfahren, wie sehr diese selbst von Furcht vor den anstehenden internationalen Strukturveränderungen im Medienmarkt getrieben wurden; wie sehr sie eine Verlagerung ihres bisherigen Werbemarktes auf ausländische Fernsehanbieter fürchteten. Denn daß es als Folge des Satellitenrundfunks eine Verschiebung der Werbeausgaben aus dem Zeitungs- und Zeitschriftenmarkt in den Markt der elektronischen Medien geben werde, daran bestand kein Zweifel. Immer wieder sagten mir deswegen Vertreter der großen Verlage in privaten Gesprächen: »Wenn Sie uns garantieren könnten, daß es überhaupt keinen Satellitenrundfunk ausländischer Anbieter auf dem Gebiet der Bundesrepublik geben wird, dann wäre das für uns Zeitungs- und Zeitschriftenverleger die beste Lösung. Wir wollen ja keine *neuen* Märkte, sondern nur unsere bisherigen behalten. Aber wenn schon Strukturwandel, dann auch mit uns!« Natürlich konnte ich gegen die neue, weltumspannende Satellitentechnik keine politische Garantie geben. Im Gegenteil, ich selbst befüchtete über den Satelliten einen Abzug der Werbemärkte in das Ausland, wenn deutsche Zeitungs- und Zeitschriftenverleger am Satellitenrundfunk nicht beteiligt würden. Das wäre übrigens auch ein Schaden für Hamburg gewesen.

Es war dies nicht das einzige Mal, daß ich erfahren habe, wie sehr eben auch Unternehmer den wachsenden Druck des Wettbewerbs fürchten. Es gibt ja leider nur wenige Berufspolitiker mit praktischen Erfahrungen in der Wirtschaft – und noch weniger mit persönlichen Erfahrungen als haftende Unternehmer. Ich selbst jedoch war lange Zeit selbständiger Unternehmer, bevor ich 1968 in die Politik ging. Ich habe damals meine Geschäftsanteile verkauft, aber ich habe eben die nächtelangen Diskussionen mit meinen Partner in den Monaten der »Erhard-Rezession« 1966 nie vergessen: rückläufige Aufträge, Fixkosten der schon damals über 100 festangestellten Mitarbeiter und Mitarbeiterinnen – konnte man das Unternehmen halten? Elf Jahre habe ich immer wieder am Bonner Kabinettstisch teilnehmen können, zwei Jahre davon war ich beamteter Staatssekretär im Wirtschaftsministerium. Gelegentlich gab es zwar Kollegen oder Kolleginnen, die als Angestellte auf der Direktoren- oder Vorstandsebene von Unternehmen tätig gewesen waren: Doch an einen anderen langjährig selbständigen Unternehmer kann ich mich am sozialliberalen Kabinettstisch nicht erinnern.

Chinesen zitieren eine schöne Weisheit: »Was weiß der Reitersmann von den Sorgen des Fußsoldaten«! Die meisten Politiker haben eben keine Ahnung von den wahren Lebensbedingungen eines selbständigen Unternehmers. Sicherlich gibt es viele egoistische und rücksichtslose Unternehmer (wie übrigens auch andere Menschen mit diesen Charakterzügen). Aber wir müssen lernen, die Personen von der Sache zu trennen. Ich will hier gewiß nicht Trübsal blasen für das Schicksal der Unternehmer und Selbständigen: Sie verdienen im Durchschnitt besser als die abhängig Beschäftigten und haben oft mehr Freude an ihrer Arbeit. Doch die kleinen selbständigen Unternehmer haben oft auch ein unsichereres Leben und ein unsichereres Alter.

Eines kenne ich aber aus eigener Erfahrung wohl doch besser als die meisten Politiker: Kaum jemand ist an Sicherheit und Berechenbarkeit dieser Welt so interessiert wie der Unternehmer; die Risiken seiner Geschäfte sind ohnehin groß genug. Und gegenüber dem Markt hat der Unternehmer nicht mehr Freiheiten als die Politik. Beide sind insofern auch immer »Gefangene« des Marktes. Das gilt sogar für die viel gescholtenen Multis. Denn gleichzeitig mit deren privatwirtschaftlicher Großmacht ist eben auch die Supermacht Weltmarkt entstanden. Und die Zwänge, die dieser auf die großen Unternehmen ausübt, sind für die Multis nicht geringer als für die kleinen Unternehmen, oft sogar noch gefährlicher. Politik und Unternehmen müssen Partner, nicht Gegner sein, wenn es um regionale Gestaltungsmöglichkeiten unter Weltmarktbedingungen geht. Nicht nur Arbeit und Kapital im Unternehmen, auch Politik und Wirtschaft müssen zusammenrücken, wo es um das weltwirtschaftliche Überleben geht.

Der Markt, dieses widerspruchsvolle Gebilde aus Kommunikation und Konkurrenz, aus Begegnung, Vereinbarung und Streit, ist eben nicht ein bewußt geschaffenes Werk einzelner Unternehmen oder ihrer Zunft, sondern eine eigenständige Kraft. Die Gesellschaft kann diesen Markt nur zügeln, wenn sie die Gesetze der Konkurrenz versteht und geschickt, machtvoll und wirksam mit ihnen umgeht. Das galt, solange die Märkte überwiegend national waren, und das gilt heute für die internationalisierten Märkte gleichermaßen. Das gilt auch für Unternehmen; auch sie müssen die Kräfte des Marktes als die stärkeren respektieren. Nur ein kluger und einsichtsvoller Umgang mit den Kräften des Marktes birgt deswegen auch die Möglichkeit der Selbstbehauptung, für die Unternehmen und für die Gesellschaft im ganzen. Diesen Prozeß der Selbstbehauptung nennen wir Politik, wenn ihn politische Institutionen kontrollieren.

Der klassische Merkantilismus Jean-Baptiste Colberts im 17. Jahrhundert bedeutete im Kern eine Herrschaft des Staates über die Wirtschaft. Globalisierung bedeutet aber nicht zwangsläufig die Herrschaft der Wirtschaft über den Staat und über die Politik. Politik ist nicht nur Handlanger wirtschaftlicher Notwendigkeiten. Doch sie erweist ihre gestalterischen Möglichkeiten und Fähigkeiten unter den veränderten Bedingungen allzu selten. Auch auf die Veränderungen der Wirtschaft und die Ratlosigkeit der Politik reagiert die Öffentlichkeit folglich nicht durch mehr Nachdenklichkeit über die Entwicklungen des Welthandels und die deshalb notwendigen strukturellen Veränderungen der eigenen Gesellschaft, sondern mit immer mehr Verachtung für die Politiker. Vor wenigen Jahrzehnten noch Vertrauenspersonen und Traumberuf, wird die gewählte Vertretung des öffentlichen Interesses heute meist nur noch unter ferner liefen eingestuft; der Volksvertreter – eine Person ohne Glaubwürdigkeit und Vertrauen. Das gilt nicht nur in der Bundesrepublik. Die Öffentlichkeit erkennt die weitgehende Entwaffnung der bisherigen Instrumente nationaler Politik durch die immer internationaler organisierte Wirtschaft. Aber die Politik spielt ihr altes Spiel weiter und greift weiter zu untauglich gewordenen Instrumenten. Die Unfähigkeit der Politik, auf die veränderten Rahmenbedingungen ihrer eigenen Arbeit mit überzeugenden Reformen auch an den Instrumenten der Politik selbst zu antworten, schadet nicht nur dem Ansehen der Politik und dem Ruf der Politiker: Hier steht die demokratische Gesellschaft im ganzen auf dem Spiel.

Weltwirtschaftliche Abhängigkeiten gibt es ja nicht erst in unseren Jahren. »Wenn Amerika den Schnupfen hat, kriegt Europa eine Lungenentzündung«, hieß es in Erinnerung an die Weltwirtschaftskrise der dreißiger Jahre, die den USA den großen Reformer Franklin Delano Roosevelt und Deutschland die Naziregierung Hitler brachte. Die Erinnerung an das Versagen der großen Parteien, auch der sozialdemokratischen, in der Weltwirtschaft der dreißiger Jahre sollten wir nachdrücklich wachhalten. Unser Erinnern muß vollständiger werden: Es genügt nicht, der Opfer zu gedenken, wir müssen auch aus der Erfahrung des politischen Versagens der demokratischen Institutionen lernen.

Politische Illusionen und vergebliche Strategien

Von den großen Veränderungen unserer Zeit sind zwar alle Nationen betroffen, aber ihre unterschiedliche Kultur und Traditionen sowie ihre spezifischen gesellschaftlichen Strukturen führen sie zu verschiedenartigen Reaktionen. Kein Land kann die Antworten und Wege anderer Länder einfach kopieren. Allerdings kann sich auch kein Land leisten, Bemühungen, Erfolge und Mißerfolge anderer Nationen einfach unbeachtet zu lassen. Der rapide technische Fortschritt der Kommunikationsindustrien und die Globalisierung in seinem Gefolge sind für alle Staaten eine neue Erfahrung. Und wer am intelligentesten lernt, wird auch am ehesten in der Lage sein, die Entwicklung erfolgreich zu steuern.

Von anderen Unternehmen zu lernen war für die *Wirtschaft* im Wettbewerb schon immer eine Frage des Überlebens. Obwohl sich nun ganze Nationen in einem immer intensiveren Wettbewerb miteinander befinden, ist die *Politik* zum Lernen aus der Erfahrung anderer Länder bisher kaum bereit. Auch der Widerspruch zwischen einer immer weiter mathematisierten Naturwissenschaft und ihrem Produkt, unserer technischen Umgebung auf der einen Seite, und einer ideologisch verhärteten, politischen Debatte auf der anderen Seite muß schwerwiegende gesellschaftliche Konflikte hervorrufen. Wo wissenschaftliche Erkenntnisse und die Erfahrungen anderer Staaten nicht berücksichtigt und beweisbare Tatsachen einfach vom Tisch gewischt werden, dort kann es kaum verwundern, wenn nicht einmal die *möglichen* Fortschritte erzielt werden. Die Politik ist lerngestört und behäbig geworden; sie verharrt in Versprechungen, und zukünftige Enttäuschungen sind immer schon heute programmiert.

Bevor ich versuche, mit einigen grundsätzlichen Überlegungen mögliche Anworten zu skizzieren, erscheint es mir unerläßlich, mich mit einer Reihe gängiger politischer Illusionen auseinanderzusetzen. Denn noch immer nisten in vielen Köpfen, insbesondere des Nachwuchses der eher links orientierten Parteien, Vorstellungen und Vorschläge, die nüchtern und bei Licht betrachtet sich als untaugliche, populistische Ideologien entpuppen. Aber sie blockieren oft eine ergebnisorientierte Debatte und verhindern mögliche Ansätze für realistischere Lösungsansätze.

Die Illusion von der Rückkehr zur gewohnten Vollbeschäftigung

Arbeitslosigkeit ist kein spezifisch deutsches Problem. Kontinentaleuropa liegt in der Arbeitslosigkeit allgemein höher als die angelsächsischen Länder; Deutschland derzeit im Mittelfeld der Europäischen Union; Westdeutschland deutlich darunter. Allerdings gibt es auch Länder, deren Arbeitslosenstatitik eine deutlich günstigere Arbeitslosenquote errechnet. Hierzu gehören schon immer Japan und die Schweiz, inzwischen aber auch, unter anderem, die USA, Großbritannien, Neuseeland und die Niederlande.

Bei der Beurteilung der Arbeitsmarkterfolge anderer Nationen muß man die jeweiligen Besonderheiten beachten. So hat zum Beispiel in den USA und in Großbritannien eine Verbindung zunächst niedriger Dollar- bzw. Pfundkurse, verbunden mit einer weiten Öffnung der unteren Lohnbereiche erhebliche Beschäftigungserfolge ermöglicht. In den Niederlanden wurden einerseits die Anteile der Teilzeitbeschäftigten wesentlich erhöht, zum anderen hatte die Anfang der achtziger Jahre politisch vereinbarte Lohnzurückhaltung insofern de facto den Effekt einer Abwertung, als der Kurs des Gulden trotz der erreichten Kostenstabilität im Europäischen Währungssystem nicht aufgewertet wurde: Deutschland hätte diesen Weg, mit der DM als Leitwährung, ohne Aufwertungsfolgen wohl nicht gehen können.

Dennoch sind die Arbeitsmarkterfolge anderer Nationen auch für die deutsche Politik wichtige Beispiele möglicher alternativer Strategien. Allerdings lassen sie sich eben nur sehr teilweise übertragen: Die weite Öffnung der unteren Lohnbereiche hatte ohne systematische Kompensation, zum Beispiel durch Lohnkostenzuschüsse oder negative Steuersysteme (tax credit systems), in den angelsächsischen Ländern schwerwiegende soziale Folgen, die für kontinentaleuropäische Länder so nicht akzeptabel sein können. Die Bemerkung eines US-amerikanischen Arbeitsmarktexperten auf einer Konferenz in Bonn im Sommer 1997, man müßte in den USA nur den Anteil inhaftierter junger Männer auf das Niveau Europas senken, um auch in den USA zweistellige Arbeitslosenzahlen zu haben, zeigt, wo die Probleme auch liegen können.

Im Grunde muß man nach einer sorgfältigen Analyse der Beschäftigungsprobleme *aller* reifen Industriestaaten feststellen, daß das Problem bisher *nirgendwo* befriedigend gelöst werden konnte. Das wird auch verständlich, wenn man sich die wahren Ursachen der Arbeitsmarktentwicklung verdeutlicht.

Im Mittelpunkt der politischen Debatte in Europa über das alles beherrschende Thema »Arbeitslosigkeit« steht die Argumentation: »wachsender internationaler Wettbewerb«. Als wichtigste Ursache der Arbeitslosigkeit wird auch in Deutschland immer häufiger die Globalisierung genannt. Und darunter wird der internationale Wettbewerb von Unternehmen und Nationen, die unter günstigeren Bedingungen, insbesondere niedrigeren Kosten, arbeiten können, verstanden. Die These lautet: Dieser Wettbewerb habe viele deutsche Arbeitnehmer von ihren Arbeitsplätzen verdrängt.

Und in der Tat sind die deutschen Lohnkosten selbst unter den führenden Industrieländern »Spitze«. Dies gilt vorrangig in der absoluten Höhe, aber kaum weniger in der Dynamik, auch wenn hier wiederum Wechselkurseffekte das Bild verzerren. Und auch einige Jahre der Lohnmäßigung könnten das Gesamtbild nicht nachhaltig verbessern.

Arbeitskosten in der verarbeitenden Industrie 1996[14]

Land:	Arbeitskosten pro Arbeitsstunde in DM	Veränderung 1980/96 i.v.H
Deutschland (West)	47,28	109
Schweiz	43,66	115
Niederlande	35,70	61
Japan	32,57	210
Frankreich	30,82	80
Italien	27,92	88
USA	26,60	48
Großbritannien	22,68	65

Nun ist es zwar richtig, daß die Ausweitung des internationalen Wettbewerbs erhebliche strukturelle Folgen für die »nationalen« Volkswirtschaften nach sich zieht, wie wir gesehen haben. Und die legale ebenso wie die illegale Zuwanderung zum Hochlohnland Deutschland mit seinem verlockende Sozialsystem ist – und wird verstärkt – ein Problem für den deutschen Arbeitsmarkt.

Dennoch ist die hohe Arbeitslosigkeit in Deutschland bis heute nur zu einem kleineren Teil *direkt* auf die wachsende internationale Konkurrenz zurückzuführen. Schon auf den ersten Blick ist es nämlich schwierig, mit der Globalisierungsthese zur Arbeitslosigkeit zwei Tatsachen zu versöhnen: (1) Deutschland hatte 1996 einen Handelsbilanzüberschuß von knapp 100 Mrd. DM erwirtschaftet; das aber heißt, daß wir mindestens auf den wettbewerbsharten Exportmärkten trotz hoher Lohnkosten nicht leistungsschwach sein können. (2) Außerdem haben wir positive Handelsbilanzen gerade auch gegenüber den meisten leistungs-

14 Institut der deutschen Wirtschaft, Köln 1997.

starken Niedriglohnländern, zum Beispiel in Osteuropa oder in Südostasien; die Länder dort kaufen noch immer mehr von uns als wir von ihnen.

Handelsbilanz-Salden mit Mittel-Ost-Europa 1996 (in Mio. DM)[15]

Land:	Im (–)/Ex (+)-Überschuß
Polen	+4 485
Tschechien	+2 477
Slowakei	+ 253
Ungarn	+ 427
Rumänien	+ 644
Bulgarien	+ 242
Ukraine	+1 216
Weißrußland	+ 545
Rußland	–3 945

Handelsbilanz-Salden mit Südost-Asien 1996 (in Mio. DM)[16]

Land:	Im (–)/Ex (+)-Überschuß
Singapur	+1 491
Südkorea	+3 408
Taiwan	–1 438
Hongkong	+2 898

Auch der für 1997 zu erwartende Überschuß unserer Handelsbilanz von erstmals seit der Wiedervereinigung deutlich über 100 Mrd. DM läßt auf eine noch immer erhebliche Wettbewerbsfähigkeit der deutschen Industrie schließen. Wäre die These richtig, daß die hohen Lohn- und Lohnnebenkosten der entscheidende Hemmschuh im *internationalen* Wettbewerb und damit die Hauptursache der Arbeitslosigkeit sind, müßte ja gerade die Industrie im internationalen Vergleich zurückfallen. Mit Recht stellt der Internationale Währungsfonds (IWF) in seiner Studie »Globa-

15 Vorläufige Zahlen: Statistisches Bundesamt, Wiesbaden 1997.
16 Vorläufige Zahlen: Statistisches Bundesamt, Wiesbaden 1997.

lization – Opportunities and Challenges« vom Mai 1997 fest, nichts spreche dafür »... daß Firmen in größerem Umfange inländische Arbeitnehmer durch ausländische ersetzt haben«.

Ein weiterer Schwerpunkt der deutschen Arbeitsmarktdebatte sind die Lohnnebenkosten. Insbesondere die SPD, aber auch die Industrie im ganzen erwarten eine heilende Wende auf den Arbeitsmärkten von einer deutlichen Senkung der Lohnnebenkosten, die in Deutschland in der Tat mit 81,7 % der direkten Lohnkosten (verarbeitende Industrie) eine Spitzenposition einnehmen. Allerdings ist der Abstand Deutschlands zu anderen kontinentaleuropäischen Wettbewerbern auch nicht so erheblich, wie oft vermutet wird; insbesondere die Niederlande liegen trotz ihrer sehr viel besseren *statistischen* Arbeitsmarkt-Daten in den Lohnnebenkosten eng bei den deutschen Konkurrenten.

Anteil der Lohnnebenkosten in der Industrie im internationalen Vergleich 1995[17]

Land	Relation Lohnzusatzkosten/ Direktentgelt
Italien	100,9
Frankreich	92,8
Deutschland (West)	81,7
Niederlande	79,5
Japan	69,9
Schweiz	52,3
USA	41,8
Großbritannien	40,1

Das Thema Lohnnebenkosten ist gewiß wichtig. Aber selbst wenn es gelänge, diese so zu senken, daß Deutschland den Durchschnitt der OECD-Länder unterschreiten würde, könnten die Lohnstückkosten insgesamt nur um wenige Prozent zurückgehen.

17 Institut der Deutschen Wirtschaft, Köln 1996.

Andere Vorschläge sehen die Rettung vor wachsender Arbeitslosigkeit im Ausbau des Dienstleistungssektors. Doch internationale Vergleiche, die hier als Argument herangezogen werden, haben offenbar nur einen begrenzten Aussagewert. Studien des DIW kommen jedenfalls zu dem Ergebnis, daß bei richtiger Betrachtung gegenüber anderen *europäischen* Partnern keine große Lücke auszumachen ist. Wenn man allerdings in Kauf nähme, daß durch Teilzeitarbeit oder entsprechend niedrigere Löhne im Dienstleistungssektor die Einkommen der Arbeitnehmer erheblich reduziert würden, wie etwa in den USA oder auch in den Niederlanden (Teilzeit), dann sähe die Sache anders aus. Aber so konsequent wird meist auch von denen nicht argumentiert, die im Dienstleistungssektor eine Rettung sehen.

Wenn schließlich auf die USA verwiesen wird, dieses Land des »Job-Wunders« der neunziger Jahre, so ist hier festzustellen, daß die privaten Einkommen *und* die soziale Sicherung der Arbeitnehmer keinen Vergleich zu Kontinentaleuropa oder gar Deutschland speziell ermöglichen: Das Maß an Teilzeit- und Niedriglohnjobs, das die USA heute aufweisen, hat die soziale Landschaft dort vollständig verändert. Seit 1970 ist das Realeinkommen großer Teile der Arbeiterschaft faktisch nicht gestiegen. Für sie gibt es zunehmende Schwierigkeiten, als Durchschnittsverdiener mit *einem* Job einen ausreichenden Lebensunterhalt zu gewinnen. Der gleichzeitige Verlust fast jeder Sicherheit des Arbeitsplatzes und seiner sozialen Grundsicherung biete ein eindrucksvolles Beispiel für die Folgen des wirtschaftlichen Strukturwandels. Die Größe der USA und ihre kulturelle Entwicklung sind mit Kontinentaleuropa unvergleichbar. Schon angesichts unserer viel dichteren Besiedlung hätten soziale USA-Bedingungen, auf Europa übertragen, völlig andere und politisch wesentlich schwerwiegendere Folgen.

Die USA zeigen allerdings nicht nur ein relatives Absinken der Einkommen breiter Bevölkerungskreise. Als Kehrseite weisen sie auch eine positive Entwicklung auf: einen vom Druck der Märkte erzwungenen Strukturwandel, eine beschleunigte Restrukturierung der Unternehmen insgesamt, mit der Folge von mehr »High-tech«- und Informations-Beschäftigungen. Auch das ist also wichtig und sollte von uns beachtet werden. Aber wiederum: Wirtschaftsforschungsinstitute erkennen, wie wir gesehen haben, einen so bedeutenden *High-tech*-Rückstand Deutschlands nicht. Eine Ausnahme bilden allerdings die Informationsindustrien und einige Spezialgebiete, z. B. Biotechnologie; dieser letztere Bereich hat allerdings bisher auch in den USA noch keine breitere Beschäftigungsbasis geschaffen.

Es ist gewiß für Deutschland entscheidend, auch bei den Informationsindustrien und anderen Spitzentechnologien dabei zu sein; hier haben wir nachzuholen und aufzuholen. Insbesondere bei den Informationsindustrien aber muß zugleich auch immer der Rationalisierungseffekt für andere Industriebereiche gesehen werden. Liegt in der Informationsindustrie wirklich die Zukunft für eine Rückkehr zur *gewohnten Vollbeschäftigung*?

Alles in allem war es nicht überraschend, daß im Juli 1996 auch eine umfassende Studie des Münchener Ifo-Instituts weder in der Höhe der Löhne noch im Umfang sozialer Lohnnebenkosten oder in der Steuerbelastung die Hauptursachen der deutschen Arbeitslosigkeit feststellen konnte. Das Ifo-Institut verwies auf einen allgemeinen Mangel an Flexibilität und auf die vielfältige Überregulierung der deutschen Wirtschaft und ihres Arbeitsmarktes als die größten Hindernisse auf dem Weg zu mehr Beschäftigung in Deutschland.

Bis zum heutigen Tage ist die deutsche Arbeitslosigkeit jedenfalls nicht in erster Linie durch Konkurrenz aus Billiglohnländern oder Arbeitsverlagerung in die Billiglohn-Ländern verursacht worden. Unsere heutigen Beschäftigungsprobleme können auch nicht in erster Linie globalen Wettbewerbsvorteilen einzelner anderer Industrienationen zugeschrieben werden. Die wesentlichen Ursachen liegen vielmehr in einer Mischung schneller Fortschritte der Rationalisierungschancen im verarbeitenden Gewerbe und

Problemen, Arbeit in den *einfachen* Dienstleistungsbereichen für die Arbeitgeber bei uns bezahlbar, für die Arbeitnehmer akzeptabel und für die Gesellschaft sozial verträglich zu machen.

Kommunikationstechnologien im weitesten Sinne sind heute in der Lage, zunehmend auch die einfachen der »dispositiven«, also bisher nur von der menschlichen Urteils- und Entscheidungsfähigkeit abhängigen Arbeitsplätze kostensparend zu ersetzen. Deswegen ist der Arbeitsplatzabbau im verarbeitenden Sektor ein Phänomen aller Industriestaaten, auch wenn die USA, nach schweren Einbrüchen in den achtziger Jahren, hier kurzfristig wieder Zuwächse aufweisen. Diese Tendenz zum Arbeitsplatzabbau in der Industrie wird deshalb bald auch in großen, industrienahen Dienstleistungsbereichen wirksam werden.

Im Sommer 1997 zum Beispiel gelangte eine interne Studie der deutschen Sparkassen an die Öffentlichkeit, in der Überlegungen zu anstehenden Rationalisierungsmaßnahmen angestellt wurden. Informationstechnologische Entwicklungen und Wettbewerbsdruck, so wurde festgestellt, könnten bis zu 50 000 Arbeitsplätze (wohlgemerkt: in der Wachstumsbranche Finanzdienstleistungen!) in Frage stellen. Als Ende Juli 1997 die Fusion der Bayerischen Vereinsbank mit der Bayerischen Hypotheken- und Wechselbank bekanntgegeben wurde, sprachen Kommentatoren von bis zu 8 000 Arbeitsplätzen, die dieser Schritt als »Synergieeffekt« überflüssig machen könnte.

In der verarbeitenden Industrie sind solche Zahlen seit langem keine Seltenheit. Karl Pitz vom Vorstand der IG Metall in Frankfurt verdanke ich eine Sammlung von Beispielen: Bei der Rieter AG (Textilmaschinen) stieg die Garnproduktion per Rotor-Stunde von 12 (1970) auf 213 (1992); bei der Varta AG stieg die Batterieproduktion pro Mitarbeiter von 6 500 (1993/94) auf 10 000 Stück (1997); bei Hughes Electronics Corp. sank die Zeit für den Bau eines Satelliten von 30 auf 18 Monate durch globalvernetzte Zusammenarbeit der Ingenieure; nach einer Information der Volkswagen AG von Februar 1997 rechnet man damit, daß in zehn Jahren für die *gleiche* Produktion nur noch die Hälfte der Mitarbeiter erforderlich sein wird. Diese Beispiele ließen sich beliebig fortsetzen. Alan Greenspan, Chairman der US-Zentralbank, sagte hierzu kürzlich, daß die USA gegenwärtig eine »Produktivitätsrevolution« erfahren, wie es sie »seit Beginn dieses Jahrhunderts nicht gegeben hat«.

In der politischen Debatte über die aktuellen Daten der deutschen Arbeitslosigkeit rangieren, wie gezeigt, die direkten Folgen der »Globalisierung« zu weit vorn: Billiglohnimporte und Arbeitsplatzabwanderung sind nicht die wichtigsten Gründe. Die indirekte Wirkung der Globalisierung durch die Informationsvernetzung ist dagegen schon sehr viel wichtiger: Die immer schnellere Information über technische Entwicklungen, Kostenvergleich und Rationalisierungsmöglichkeiten bewirkt eine massive Verschärfung des Wettbewerbs. Zukünftig werden darüber hinaus auch die erheblichen Exportpotentiale der heute erst aufsteigenden jungen Industrieländer ohne Zweifel der deutschen Industrie zu schaffen machen. Dies gilt im allgemeinen, gilt aber auch im besonderen gegenüber den östlichen europäischen Nachbarn, wenn sie in überschaubarer Zeit Mitglieder der Europäischen Union sein werden. Doch wie gesagt: das ist noch keine Erklärung für die *heutige* Lage.

Die vergleichsweise hohen Produktivitätsgewinne der deutschen Wirtschaft deuten vielmehr darauf hin, daß der Rationalisierungseffekt in Deutschland für die Probleme auf dem Arbeitsmarkt eine besonders große Bedeutung hatte. Die Vermutung liegt nahe, daß die bei uns einmalig kurzen Jahresarbeitszeiten (also die Entwicklung zur 35-Stunden-Woche und der 6-Arbeitswochen-Urlaub) als Kosten- und Rationalisierungsdruck durchaus auch negative Wirkungen für die Beschäftigung gehabt haben könnten.

Nun ist eines sicher: Der technische Fortschritt wird sich in den nächsten Jahren kaum verlangsamen. Im Gegenteil. Nicht nur in der industriellen Fertigungstechnik, sondern insbesondere in einigen bedeutenden Dienstleistungssektoren werden schon heute deutlich erkennbare technologische Durchbrüche in einem überschaubaren Zeitraum ganz erhebliche Personaleinsparungen möglich machen. Es sei hier nur auf die Digitalisierung der Informationstechnik und die unter anderem damit möglich werdende Computerspracherkennung mit Schreibautomatisierung verwiesen. Der gesamte Prozeß der *online*-Dienste und ihrer Folgen für die bisherigen Vertriebs- und Vermittlungstätigkeiten sei ebenfalls nur erwähnt, um den möglichen Umfang der zukünftig von Maschinen ersetzbaren Dienstleistungstätigkeiten, zum Beispiel im Handel, zu beschreiben. Hier werden die Kostenunterschiede zwischen der bisherigen lohngebundenen Personaltätigkeit und der zukünftigen Computerabeit so gravierend sein, daß keine noch so »zurückhaltende« Lohnpolitik die Fortführung der traditionellen Arbeitsweise möglich machen wird. Wer würde schon den Geldautomaten wieder gegen das alte Scheckverfahren am Bankschalter – geöffnet vielleicht auch an Wochenenden und Feiertagen – eintauschen wollen? Weltweit ausgetauschte Informationen und Erfahrungen beschleunigen die Umsetzung derartiger Rationalisierungspotentiale; natürlich ganz besonders dort, wo auf internationalen Märkten konkurriert wird.

Sicherlich haben wir in Deutschland Kostennachteile für die Industrie und auch für die Dienstleistungen im internationalen Wettbewerb; nicht nur bei den direkten Löhnen, sondern auch bei den Lohnnebenkosten. Aber auch eine konsequente Senkung der Arbeitskosten im Rahmen der in Europa – nicht nur in Deutschland – noch für annehmbar gehaltenen sozialen Mindestbedingungen wird das Beschäftigungsproblem nicht lösen. Auch in den Niederlanden gibt es ja offenbar ein zunehmendes Armutsproblem, das unter anderem aus unzureichend bezahlter Teilzeitarbeit resultiert.

Die Antwort auf unsere Beschäftigungsprobleme können wir daher keineswegs *nur* im internationalen Vergleich der Produktionskosten suchen. Es muß andere, gewichtige Probleme im

System der Arbeitsmärkte selbst geben, die zur hohen europäischen Arbeitslosigkeit führen. Zurückhaltende Lohnpolitik könnte sicherlich eine gewisse Verlangsamung der Arbeitslosenzahl bewirken; aber der Trend – und vermutlich auch seine Beschleunigung in einigen Dienstleistungssektoren – würde sich wohl auch bei dauerhaftem Einfrieren des heutigen Lohnniveaus fortsetzen.

Das heißt natürlich nicht, daß den Deutschen die Arbeit ausgeht: Es ist eben nicht die Arbeit, die fehlt, sondern es ist die *bezahlbare* Arbeit, von der wir zu wenig haben. Warum? Während dort, wo Rationalisierungen möglich sind, zwar weniger, aber noch immer über den Markt bezahlbare Arbeitsplätze bestehen bleiben, verteuern sich auch die nicht entsprechend rationalisierbaren Arbeitsplätze, wenn wir dort die Einkommen im Gleichschritt mit den hochproduktiven Arbeitsplätzen anheben. Der »typische« Grundschullehrer in Niedersachsen, zum Beispiel, steigerte sein Monatseinkommen von 2 416 DM im Jahre 1976 auf 4 651 DM im Jahre 1996, obwohl er 1976 im Durchschnitt etwa 30 Kinder pro Klasse in etwa 28 Wochenstunden unterrichtete, 1996 aber in derselben Zeit nur noch 21 Kinder pro Klasse. In puren Kosten gerechnet, verlor der Lehrer also an Produktivität, gewann aber dennoch erheblich an Einkommen. Demgegenüber produzierte der in Wolfsburg benachbarte »typische« VW-Arbeiter 1976 im Durchschnitt in 47,8 Stunden einen PKW, 1996 brauchte er aber nur noch nur 23,7 Stunden für ein sehr viel wertvolleres und besseres Auto; das Monatseinkommen des Arbeiters stieg in derselben Zeit von 1 946 DM monatlich im Jahre 1976 auf 4 450 DM zwanzig Jahre später; also faktisch kaum stärker als das des Lehrers.

Was dieses Beispiel so anschaulich illustriert, gilt für viele andere, kaum oder nur schwer rationalisierbare Tätigkeiten. Der deutsche (und im großen und ganzen: der europäische) Sozialstaat hat aus sozialen Gründen mit dem gesamten Einkommensniveau des produzierenden Bereichs die Mindesteinkommen auch solcher nicht oder kaum rationalisierbarer Tätigkeiten steigen lassen. Die USA haben statt dessen eine erheblich größere Spreizung der Einkommen zugelassen. Ohne den Sockel der Niedriglohn-Beschäftigung, der *working poor*, wäre das sogenannte Job-Wunder der USA nicht möglich gewesen. In einer Veröffentlichung des industrienahen Instituts der deutschen Wirtschaft von 1997 »Deutschland in der globalen Dienstleistungsgesellschaft« heißt es: »Gerade diese Art von Jobs – vor allem im Handel und im Gastgewerbe – hatten in den USA einen großen Anteil am Beschäftigungswunder«. Die »Entindustrialisierung«, so schreibt der bereits zitierte Bericht des IWF, spiegelt eben »... in erster Linie die ungleichen Raten des Produktivitätszuwachses von Industrie und Dienstleistungen wider«.

Wenn wir also die bedrohliche Entwicklung der Arbeitslosigkeit nur aus dem Blickwinkel der internationalen Wettbewerbsfähigkeit betrachten, gehen wir in die Irre. Die deutsche und im großen und ganzen auch die kontinental-europäische Arbeitslosigkeit ist in erster Linie eine Folge der Sozialpolitik, oder genauer: Der Verknüpfung von Sozialpolitik und Lohnpolitik. Erneut beziehe ich mich auf die vorzügliche Studie des IWF zu dieser Frage; sie stellt eine deutliche Warnung dar für all diejenigen, die glauben, die Arbeitslosigkeit wäre durch eine kräftige Ausweitung des Dienstleistungssektors zu beseitigen: »Der Dienstleistungssektor wird sich möglicherweise als unfähig erweisen, die frei werdenden Arbeitskräfte auf kurze Sicht vollständig zu absorbieren, angesichts der institutionellen Verfestigungen des Arbeitsmarktes oder begrenzender Regulierungen des Dienstleistungssektors ...« Gemeint damit ist im Kern: das sozialstaatliche Regelsystem vergleichbarer Einkommen.

In der kommunikationsgetriebenen Industriegesellschaft laufen rationalisierbare und nicht rationalisierbare Tätigkeiten in ihrer ökonomischen Produktivität, in ihrem Ertrag pro Arbeitsstunde, zwangsläufig immer schneller immer weiter auseinander. Der Lehrer, der in weniger Wochenstunden vor der Klasse steht, ist durch keinen Computer zu ersetzen, auch wenn das Lernen der

Kinder stärker über elektronische Bild- und Wortinformationen stattfinden wird. Der Taxifahrer in der Großstadt, die Krankenschwester und der Altenpfleger können ihre »Stundenleistung« nur begrenzt durch technische Hilfsmittel erhöhen. Dem Pastor hilft kein Lautsprecher und den Geiger am Ersten Pult ersetzt kein Roboter; der Gärtner im Park einer Großstadt konnte durch den Laubstaubsauger und den kleinen Traktor seine körperliche Anstrengung verringern, aber seinen Zeitaufwand nur in kleinem Umfang.

Mit anderen Worten: Es gibt viele wichtige und besonders viele relativ einfache und sozial wichtige Tätigkeiten, die ihre Produktivität nicht so steigern können wie etwa ein Automobilarbeiter, ein Chiphersteller oder ein Facharbeiter in einer Tuchfabrik. Es ist aber sozialstaatliche Aufgabe, auch diese ökonomisch weniger »produktiven« Tätigkeiten in ihrem Einkommensniveau mit den ökonomisch »produktiveren« Tätigkeiten Schritt halten zu lassen. In den USA und auch in Großbritannien hat eine andere Lohn- und Sozialpolitik diese »einfachen« Tätigkeiten schneller von den »produktiveren« Tätigkeiten abgehängt; dereguliert, wie man sagt. Die sozialen Folgen in diesen Ländern sind heute offenkundig. Müssen wir diesen Weg auch gehen?

Es besteht weitgehende Übereinstimmung, daß ohne Öffnung der Lohngruppen nach unten keine Lösung der Arbeitsmarktprobleme möglich ist. Wissenschaftliche Studien verweisen auf die Notwendigkeit, die Preise für diese Arbeiten den Marktpreisen anzugleichen – und diese »richtigen« Preise findet dieselbe Wissenschaft dann wo? Im heutigen Dienstleistungs-Schwarzmarkt, selbstverständlich!

Wir müssen anerkennen, daß die Vollbeschäftigung ohne eine Öffnung der Löhne nach unten, in überschaubarer Zeit nicht wiederherstellbar sein wird. Wir müssen uns eingestehen, daß weder eine keynesianische Defizitfinanzierung öffentlicher Beschäftigungsprogramme noch eine leichtere Geldpolitik eine dauerhafte Wirkung haben können. Aber eine sozial unverantwortliche Sen-

Karl Popper 1935 den Weg der Wissenschaften beschrieb, nichts verstanden hat.

Es gibt nämlich für eine säkularisierte Gesellschaft keine wissenschaftliche Erkenntnis, die als solche verbotsfähig wäre. Weil es nämlich auch keine Erkenntnis gibt, die in einer freien (also in unserer) Gesellschaft als solche »schlecht« sein kann. Sogar wenn wir mit Forschungsergebnissen die Fundamente unserer heutigen gesellschaftlichen Überzeugungen erschüttern sollten, kann und darf es keine Grenzen geben. Wer sich, zum Beispiel, mit der Frage befaßt, ob Männer und Frauen, ob Schwarze und Weiße über ein gleiches Intelligenzpotential verfügen, also ob sie von ihren genetischen Anlagen her gleiche oder unterschiedliche Fähigkeiten haben, der ist deswegen weder ein Macho noch ein Rassist. Er leistet vielmehr immer *auch* eine Arbeit im Interesse unserer gesellschaftlichen Ziele. Denn wie immer das Ergebnis lautet, kann es *auch* dazu genutzt werden, durch entsprechende Politik in unserer konkreten gesellschaftlichen Lage dem Ziel einer realen Gleichberechtigung näher zu kommen. Es kann deswegen politisch immer nur *eine* »begründbare« Begrenzung der Wissenschaften geben – die religiöse Begrenzung: Denn sie bedarf keiner Begründung! Deswegen war ja auch das Essen vom Baum der Erkenntnis der Sündenfall.

Was erkannt ist, muß nicht immer auch realisiert werden. Es kann hier auch politische Verbote geben, gesundheitspolitische zum Beispiel, wie bei einem Abtreibungsmedikament der Firma Hoechst. Oder moralische, wie bei der Umsetzung gentechnologischer Manipulationen am Menschen. Allerdings, wo starke wirtschaftliche Interessen an der Nutzung bestehen, also wo es potentielle Märkte gibt, wird es immer sehr schwer sein, Verbote erfolgreich durchzusetzen. Es sei denn, es gibt weltweit verbindliche Regeln, die eine Umsetzung auch praktisch verhindern. Aber sogar Religionen können ganz offenbar den säkularen Marktinteressen auf Dauer nicht widerstehen. Und es sind deswegen Markt und Wirtschaft, nicht Wissenschaft und Technik, die unsere Welt so entscheidend verändern. Wenn überhaupt, dann sind sie die Schuldigen. Nur, wir haben begriffen: Markt und Wirtschaft – das sind wir selbst.

Auch wenn Wissenschaft und Technik die Werkzeuge sind, mit denen der Mensch die Natur unterwirft – sie sind so wenig die Kraft, die die Welt verändert, wie der Hammer, den erst ein starker Arm heben muß. Wie gesagt, der Gedanke, die Quelle der Erkenntnis zu steuern, ist zwar menschlich, aber naiv. Parteitage, die (wie vor einigen Jahren der Parteitag der SPD in Schleswig-Holstein) die Genforschung und Gentechnologie unterbinden wollen, liegen gewiß auf einer emotional durchaus verständlichen Linie. Anfang der siebziger Jahre war Werner Heisenberg Mitglied des Forschungsbeirats in Bonn. Ich erinnere, daß er mir als Tischnachbar auf meine Frage, ob wir eines Tages eventuell in bestimmten Wissenschaftszweigen die Forschung verbieten würden, mit einem spontanen »Ja« antwortete. Der Wunsch ist verständlich, aber eben auch unerfüllbar; Werner Heisensbergs Antwort, so glaube ich, war eher eine Antwort des Gefühls als des Verstandes.

Einer der wichtigsten Gründe für meine Überzeugung ist die Tatsache, daß Wissenschaft international ist, die Wertvorstellungen in den einzelnen Gesellschaften und Staaten aber sehr verschieden sind. Und zwar auch in der sogenannten *scientific community*, also der Weltgesellschaft der Wissenschaftler. Auch dort besteht ein immer schärferer Wettbewerb. Deswegen ist es sehr unwahrscheinlich, daß eine Forschung, für die es Interessen und entsprechende rechtliche und ökonomische Strukturen gibt, mit den ethischen Begründungen nur eines Teils der Weltgesellschaft blockiert werden könnte. Wir sehen das heute überdeutlich am Beispiel der Gentechnologie. Völlig realistisch antwortete der »Züchter« des gen-geklonten Schafes »Dolly« 1997 in einem Interview auf die Frage, ob es eventuell ein Verbot dieser Forschungsarbeiten geben könnte, kurz und knapp: Dann machen wir es eben woanders.

Und doch ist unbestreitbar, daß wir gewisse Kontrollen, zum Beispiel in der Gentechnologie, brauchen. Denn die potentielle Gefahren sind erheblich. Aber angesichts der grenzüberschreitenden Märkte für die Produkte der Gentechnologie haben die Nationalstaaten hier die Gestaltungsmöglichkeiten de facto weitgehend verloren; sie können zwar noch immer schadensverhütende Kontrollen vornehmen, aber kein Verbot der Forschung als solcher. Es sind eben nicht Wissenschaft und Technik, sondern ihre wirtschaftliche Nutzung, von der Erfolge und die Gefahren ausgehen. Daß diese Nutzung, oder auch nur die potentielle Nutzung, den wissenschaftlich-technischen Prozeß wiederum selbst initiieren und wesentlich beeinflussen kann, ist selbstverständlich.

Wissenschaft und Technik lösen als solche weder soziale noch ökologische Folgen aus: Es muß ein Markt bestehen, der sie vorantreibt und schließlich umsetzt. Immer wieder sind es die Kräfte des Wettbewerbs, oder ökonomisch gesprochen: des Marktes, von denen auch die Anstöße für die Anwendung von Wissenschaft und Technik ausgehen. Wettbewerb steuert dann Richtung und Verbreitung der Forschung.

Ganz unabhängig also von den verfassungsrechtlichen Grundsätzen der »Freiheit von Wissenschaft und Forschung« wäre es vergeblich zu versuchen, die Quellen der Erkenntnis wegen eines *möglichen* Mißbrauchs zu verstopfen. Man kann Wissenschaft entmutigen, indem man zum Beispiel die potentielle Marktumsetzung erschwert oder nahezu unmöglich macht. Man kann sich auch bemühen, die sozialen Folgen technischer Veränderungen abzuschätzen. Wer aber meint, die Quelle der Erkenntnis selbst zuschütten zu können; wer glaubt, auf diesem Wege den wissenschaftlich-technologischen Prozeß steuern zu können, der müßte sich schon einer weltweiten fundamentalistischen Religion bedienen, sonst bleibt er ein historischer Ignorant und politisch ein Dilettant.

Die Illusion von einer internationalen Marktordnung oder der »Sozialen Gegenmacht Europa«

Wenn die Nationalstaaten einen Teil ihrer Gestaltungsmöglichkeiten einbüßen, was liegt da näher, als nach den vergleichsweise positiven Erfahrungen des nationalen Sozialstaates nun einen internationalen oder einen europäischen Sozialstaat ins Auge zu fassen?

Die Zahl internationaler Organisationen und Verträge hat nach 1945 rapide zugenommen; nicht im Gleichschritt mit Tempo und Folgen der Globalisierung, aber doch in beachtlicher Weise. Die Tatsache, daß auf diesem Neuland zunächst viele Irrwege begangen und auch Fehlschläge registriert wurden, schmälert nicht die Bedeutung der Entwicklung und fordert eher zu mehr Engagement in den Aufgaben internationaler Kooperation auf. Internationale Zusammenarbeit und Verträge sind eine unabweisbare Notwendigkeit in der verflochtenen Weltgesellschaft.

Aber liegt in dieser wichtigen Aufgabe auch die Anwort auf unsere deutschen Wettbewerbsprobleme heute? Auf die Standortfrage, auf das Problem der Arbeitslosigkeit und der wachsenden Staatsverschuldung? Es gibt zahlreiche Probleme, denen wirksam nur mit internationalen Regelsystemen begegnet werden kann. Die Bekämpfung krimineller Geldwäscherei und des internationalen Drogenhandels zum Beispiel ist – wenn überhaupt – nur auf diesem Wege möglich. Dasselbe gilt auch für globale Umweltbedrohungen: Die Erwärmung der Erdatmosphäre, das Ozonloch, Waldsterben und die Verschmutzung der Weltmeere werden wir politisch nur mit weltweitem Handeln und internationalen Vereinbarungen in Angriff nehmen können. Carl Friedrich von Weizsäckers Wort von der »Weltinnenpolitik« trifft hier den Kern.

Jede Sozialordnung ist notwendigerweise an eine öffentliche Ordnung, also letztlich an eine durchsetzungsfähige Macht, an einen »Staat« gebunden. Eine solche staatliche Macht muß zwar nicht die Macht eines klassischen Nationalstaates sein; aber nur ein verbindliches Rechtsinstrumentarium und die Macht, dieses auch durchzusetzen, könnte eine wirkliche internationale Sozialordnung begründen. Doch abgesehen davon, daß eine soziale Weltinnenpolitik vermutlich mit unseren heutigen politisch-demokratischen Institutionen nur wenig zu tun hätte, es besteht keine Aussicht, Einzelheiten, wie sie im Standortwettbewerb deutscher Unternehmen heute relevant sind, durch internationale Vereinbarungen weltweit zu regeln. Wir können ja solche Vereinbarungen heute noch nicht einmal unter den relativ gleichartigen Staaten Europas erreichen!

Nun wird in diesem Zusammenhang darauf hingewiesen, als der größte Handelsblock der Welt verfüge die Europäische Union über eine internationale Verhandlungsposition, die es ihr erlaube, im Zusammenhang mit zukünftigen Verhandlungsrunden der Welthandelsorganistaion (WTO) entsprechende Bedingungen zu stellen und auch durchzusetzen. Der Gedanke ist naiv und basiert offenbar auf wenig Sachkenntnis. Zunächst wird hier die Verhandlungsposition der Europäischen Union wesentlich überschätzt. Denn die einzelnen EU-Länder weisen zwar jeweils erhebliche Export-Anteile am inländischen Sozialprodukt von zum Teil sogar über 50 % auf (Deutschland hatte 1995 eine Exportquote von 23 %). Aber rund 63 % des gesamten EU-Außenhandels sind EU-Binnenhandel; das heißt, nur 37 % des EU-Außenhandels könnten auf den internationalen Märkten als Verhandlungsgewicht eingebracht werden. Hinzu kommt, daß die EU, anders als die USA (32 % *Import*überschuß 1995), nicht nur eine relativ ausgeglichene, sondern auch eine aktive Extra-Handelsbilanz aufweist (knapp 5 % *Export*überschuß 1995); sie hat damit auch Exportinteressen, die jeweils mit auf der Waagschale gesehen werden müssen. Es erscheint also mehr als unwahrscheinlich, daß die deutschen Exportunternehmen und ihre Arbeitnehmer wirklich ein Interesse an einer Politik haben könnten, die andere Nationen eventuell dazu bewegen könnte, ihrerseits Märkte für europäische Produkte zu blockieren.

Unterstellen wir aber einmal, die Europäische Union hätte Wille und Kraft für einen solchen Kurs – und am Ende auch Erfolg; Europa würde sogar die heute gültigen deutschen Sozialstaatsregeln übernehmen. Was wäre wohl das Ergebnis? Europa repräsentiert nur 6,5 % der Weltbevölkerung; wegen der erwachenden Entwicklungsländer mit notwendigerweise abnehmender Tendenz. Kann man wirklich hoffen, daß etwa die USA oder die jungen Industrienationen in Asien und Lateinamerika sich diesen europäischen Sozialstaatsregeln innerhalb eines überschaubaren Zeitraumes anschließen würden? Wenn aber nicht – und dafür spricht alles –, wie würde sich dann die Wettbewerbslage Europas auf den übrigen Weltmärkten darstellen? Für die betroffenen europäischen Unternehmen könnten die nur in Europa gültigen Standards, wenn sie zusätzlich Kosten verursachen, leicht zu gefährlichen Behinderungen und Nachteilen auf den Märkten außerhalb Europas werden. Wie lange würden andere europäische Mitgliedstaaten aber einem solchen Verfall ihrer Wettbewerbsfähigkeiten auf dritten Märkten tatenlos zusehen?

Selbst wenn jedoch die EU (geschlossen!) bereit wäre, in zukünftige internationale Verhandlungen über den Welthandel für uns wettbewerbsrelevante, soziale Bedingungen einzubringen (dies alles ist natürlich jenseits aller vernünftigen Erwartungen), müßten die Unternehmen auch auf den Märkten außerhalb Europas vermutlich langfristig mit fatalen Folgen rechnen: Denn hier würden all die wettbewerbsfähigen internationalen Konkurrenten aus anderen Industrieländern, die an derartige Sozialregeln nicht gebunden wären, ihre Wettbewerbsvorteile ausspielen und mit diesen schließlich sogar auf dem europäischen Binnenmarkt selbst zu einer zusätzlich gefährlichen Konkurrenz werden.

Sind im übrigen angesichts der schnellen Veränderungen auf den Weltmärkten einheitliche europäische Regeln überhaupt wünschenswert? Wäre nicht zu befürchten, daß sie immer nur mühsam und oft zu spät angepaßt werden könnten? Ist Flexibilität aber nicht eine entscheidende Voraussetzung im zukünftigen Standortwettbewerb der Europäer mit der übrigen Welt? Wie »sozial« wären denn am Ende restriktive einheitliche Sozialstandards Europas wirklich?

Protektionismus, soweit es sich nicht um die Abwehr massiver Dumping-Methoden handelt, ist eben keine erfolgreiche Strategie für die Weltmärkte von morgen. Und der Begriff des Sozial-Dumping oder auch des Umwelt-Dumping, wie er in populistischen Polemiken oft gebraucht wird, kann Bedeutung überhaupt nur zwischen strukturell vergleichbaren Volkswirtschaften haben – obwohl es auch hier immer noch viele Argumente geben wird, warum Vorgänge, die aus der Sicht des einen Wettbewerbers unvertretbare Vorteile darstellen mögen, aus der Sicht des kritisierten Landes dennoch als vertretbar und fair im Wettbewerb angesehen werden könnten.

Es wird hier also nicht bestritten, daß internationale Koordinierungsanstrengungen auf vielen Feldern notwendig sind; auch nicht, daß wir uns auf diesem wichtigen Feld nicht entmutigen lassen dürfen, denn der Weg ist sehr beschwerlich; Erfolge hat es bereits und wird es in Zukunft noch mehr geben. Es wäre jedoch ein großer Irrtum, eine Illusion, würde man auf solche Anstrengungen und ihre Erfolge die Zukunft deutscher Wettbewerbsfähigkeit gründen wollen. Es ist gut, ein überzeugter Internationalist zu sein. Aber Realist muß man dennoch bleiben.

So bleiben für eine Strategie internationaler Vereinbarungen sozialer Wettbewerbsregeln am Schluß nur sehr großmaschige Systeme mit dem Charakter eher menschenrechtlicher Grundregeln, wie sie US-Präsident Clinton kürzlich formuliert hat: Einhaltung der 60-Stunden-Woche; keine Arbeit für hochschwangere Frauen; keine Arbeit für Kinder unter 16 Jahren; Mindesturlaub 2 Wochen im Jahr. Selbst diese »anti-sweatshop«-Grundsätze des Präsidenten hinderten allerdings die USA nicht, der Volksrepublik China im Handel mit den USA auch für 1997 erneut eine Meistbegünstigungsklausel anzubieten.

Welche Folgen hätte jedoch die Einhaltung dieser weltweit noch lange nicht akzeptierten Mindestregeln für deutsche Wettbewerber auf den Weltmärkten? Welchen Unterschied macht es, ob die Arbeiter in Indonesien, China, Indien oder der Ukraine »nur« 60 Stunden in der Woche arbeiten, wenn wir bei 35 Stunden liegen? *Unsere* Wettbewerber sind in erster Linie Industriestaaten; sie aber auf unsere Arbeitszeiten, Urlaubswochen und Ausbildungsjahre zu verpflichten, darf wohl kein kundiger Politiker hoffen.

Diejenigen, die als Anwort auf die Globalisierung diesen Weg vorschlagen, wissen wohl, daß er nirgendwohin führt. Die Forderung nach internationalen oder europäischen Vereinbarungen ist in vielen Bereichen sinnvoll und möglich. Aber als eine praktische Anwort auf die gegenwärtigen Probleme deutscher Wettbewerbsfähigkeit im Prozeß der Globalisierung sind internationale (oder europäische) »Koordinierungen der Wirtschaftspolitik« – so Oskar Lafontaine – weitgehend eine Leerformel, und das Ziel ist eine Illusion. In der Wirklichkeit der Politik kann dies nur als Irreführung der Bürger verstanden werden. Denn auch eine gute Absicht täuscht die Wähler nur über die unveränderte Härte der Konsequenzen, die sich aus der Globalisierung ergeben.

Was Oskar Lafontaine bei sogenannten »Standortpolitikern« also als »neoliberales Gequatsche« oder »Gefasel« abtut, unterscheidet sich noch immer von seinen eigenen, vagen Erwartungen internationaler Regelsysteme wie das Zeiss-Fernrohr von der Glaskugel eines Hellsehers.

Die Illusion zentraler Lenkung

Die Idee internationaler Vereinbarungen über soziale Mindeststandards im Wettbewerb ist eng verbunden mit dem Denkmuster, das einst den Ideen einer Verstaatlichung und zentralen Lenkung der nationalen Wirtschaften im orthodoxen Sozialismus zugrunde lag.

Auch angesichts der katastrophalen Fehlschläge der zentralistischen Planwirtschaften, die wir heute kennen, dürfen wir nicht vergessen, aus welchen Erfahrungen die Zuflucht zum Staat ehemals geboren wurde: Ausbeutung, Massenarbeitslosigkeit, extreme konjunkturelle Schwankungen der wirtschaftlichen Aktivitäten und unvorhergesehene strukturelle Einbrüche (meist im Gefolge tiefgreifender technischer Innovationen oder neuer Weltmarktkonkurrenten) waren die Ursache für die planwirtschaftlichen Forderungen des Volkes an die Politik.

Die logische Voraussetzung jeder Planwirtschaft ist die weitgehende Identität des politischen und des wirtschaftlichen Handlungsraumes: Nationale Autarkie, wie sie der Nationalsozialismus anstrebte, oder »Sozialismus in einem Land«, wie das Ziel der Sowjetunion einst formuliert wurde, waren die notwendige Kehrseite der jeweiligen staatlichen Wirtschaftspläne. Wenn eine zentrale Lenkung auch nur eine logische Chance haben soll, muß eine zentral gelenkte Politik wenigstens die wesentlichen Rahmenbedingungen bestimmen.

Mit Recht kann hier eingewandt werden, daß eine zentrale Planwirtschaft auch dann nicht funktionieren könnte, wenn sie in einem vollständig abgeschotteten Wirtschaftsraum realisiert werden soll: Das Geflecht einer modernen Wirtschaft ist viel zu komplex, um von einer Zentrale gelenkt zu werden; die Zahl der ständig zu treffenden Entscheidungen ist so vielfältig, daß nur ein immer weiter dezentralisierter Markt (also die unsichtbare Hand) in der Lage sei, diesen zentral völlig unüberschaubaren Prozeß zu steuern. Wir brauchen darüber nicht mehr zu streiten.

Im Zeitalter der Informationswirtschaft ist eine isolierte wirtschaftliche Entwicklung in einem geschlossenen ökonomischen und politischen Raum eine Illusion. Der Weltmarkt der Informationen ließ sich ja sogar an den Grenzen der Diktatur nicht aufhalten. Jene auch für die kommunistisch-sozialistischen Diktaturen unausweichlichen globalen Verflechtungen von Wissenschaft, Technik und Politik durchbrachen schließlich die Mauern der Täuschung. Und als die modernen Kommunikationstechniken den Kaiser ohne seine neuen Kleider zeigten, da mußte er abdanken und das zentral gelenkte Wirtschaftssystem zusammenbrechen. Es ist wichtig, dies festzuhalten: Das Sowjetsystem war nicht etwa nur schlecht gemacht, fehlerhaft innerhalb eines machbaren Konzepts. Das Sowjetsystem war von Anfang an unmachbar. Denn Dogma, Inquisition und Rückständigkeit sind legitime Kinder aller Staatswirtschaften.

Die Illusion von einer Gesellschaftssteuerung durch staatliches Eigentum

Während die Verstaatlichung der Schwerindustrie und staatliches Eigentum an nationalen und kommunalen Unternehmen über viele Jahre von den links-orientierten Parteien als ein wichtiges Instrument zur Realisierung der sozialen Demokratie begriffen wurde, erleben wir heute eine weltweite Bewegung der Privatisierung. Ist das vielleicht auch nur Ideologie? Kann Staatseigentum in der Informationsgesellschaft bestehen und den Arbeitsplätzen politischen Schutz bieten, wie es sich die französischen Wähler vom neuen Regierungschef Jospin offenbar erhoffen?

Als in der ersten Hälfte des 19. Jahrhunderts der industrielle Strukturwandel seine katastrophalen Wirkungen über Landwirtschaft, Handwerk und Gewerbe ausbreitete, entstand weltweit die Bewegung des Sozialismus. Der erklärte Feind der Sozialisten war der private Kapitalist, der den schutzlosen Landwirt und Arbeiter ausbeutete. Da der Kapitalist seine Verfügungsmacht aus dem Eigentum ableitete, glaubten Reformer und Revolutionäre, daß nur das Eigentum an den Produktionsmitteln der Schlüssel zu mehr Gerechtigkeit sein könne – »Eigentum ist Diebstahl« formulierte der Frühsozialist Pierre-Joseph Proudhon 1840. Und dieser Satz hatte auf Millionen Menschen eine Wirkung, die kaum geringer war als Karl Marx' im »Kommunistischen Manifest« nur wenig später (1848) erklingender Trompetenstoß »Proletarier aller Länder, vereinigt Euch!« Eigentumslos zu sein, das war das wichtigeste Merkmal des Proletariers.

Kollektives Eigentum für wichtige Industriezweige, gesellschaftliches Eigentum an Schlüsselindustrien, das blieb dann auch eine zentrale Forderung des freiheitlichen Sozialismus. Verstaatlichung wurde zum bestimmenden wirtschaftlichen Strukturfaktor in den kommunistischen Staaten und in vielen Ländern der Dritten Welt. Staat und Gesellschaft sollten als Eigentümer die Ausbeutung der armen Massen und die rücksichtslose Bereicherung kleiner Gruppen verhindern. Und noch immer gilt dieses Argument in der Gefühlswelt sozialistischer und gewerkschaftlicher Kreise.

Wir haben bereis dargestellt, warum diese intellektuelle Versuchung naheliegt. Denn angesichts der offenbaren Ungerechtigkeiten und der damit verbundenen innenpolitischen und außenpolitischen Folgen, die ein privatwirtschaftlich-kapitalistisches System hervorbringen kann, scheint es unerläßlich, das Übel bei seiner Wurzel zu packen. Und wenn das Übel Ausbeutung heißt und der Eigentumstitel die rechtliche Grundlage der tatsächlichen Macht des Unternehmers darstellt, dann kann, so glaubt man, wohl nur ein Entzug dieser Macht auch die Verhältnisse grundsätzlich verändern.

Trotz der schrecklichen Erfahrungen mit staatlichem Eigentum, trotz der Zerstörung von Umwelt und industriellen Grundlagen in Osteuropa und in der Sowjetunion spukt staatliches oder gesellschaftliches Eigentum an Produktionsmitteln noch immer in den Köpfen mancher Reformer mit guten Absichten. Lionel Jospin beispielsweise versprach im Wahlkampf 1997, gewisse Privatisierungen französischer Staatsbetriebe nicht durchzuführen. Warum wird, ganz unbeirrt von der weltweiten Tendenz zur Privatisierung, das Wundermittel staatlichen Eigentums an Industriebetrieben immer noch empfohlen?

Nur wer nicht den Markt, sondern einzelne Eigentümer und Unternehmer für die treibende Kraft der Wirtschaftsentwicklung hält, kann staatliches oder gesellschaftliches Eigentum für zweckmäßig halten. Wir haben aber gesehen, daß diese Auffassung falsch ist: Nicht das Eigentum bestimmt die Entwicklungsrichtung der Wirtschaft, sondern der Markt, also die Interessenverflechtung einer großen Zahl konkurrierender Eigentümer, die weder allein noch zusammen bewußt die Richtung des Marktes bestimmen. Die Rahmenbedingungen des Marktes sind für seine Entwicklung entscheidend, nicht öffentliches oder privates Eigentum der Marktteilnehmer.

Wo aber der Staat als Eigentümer handelt, dort müßte er im Markt dann doch handeln wie ein privater. Der Weltmarkt für Großraumflugzeuge zum Beispiel ist ein privater Markt. Ob als Hersteller im staatlichen oder im privaten Eigentum: Wer den Airbus erfolgreich reproduzieren und verkaufen will, muß sich den privatwirtschaftlichen Marktgesetzen unterwerfen, oder er kann sich aus dem Flugzeugeschäft zurückziehen.

Als Eigentümer hat der Staat aber zugleich schwerwiegende Nachteile. Allzu leicht ist er politischen Pressionen unterworfen. Damit verteuert staatliches Eigentum die Produktion, während der Markt am Ende nur privatwirtschaftliche Preise zuläßt. Die Folge ist: Wo nicht der Staat, sondern der Markt die Spielregeln setzt, dort bedeutet staatliches oder gesellschaftliches Eigentum an den Produktionsmitteln bestenfalls gar nichts, meist aber erhöhte Kosten. Privatisierung, das ist ein entscheidender Vorteil, entpolitisiert und versachlicht Entscheidungen.

Staatliche Unternehmen sind in der Praxis weniger geeignet als private, um auf Marktveränderungen schnell zu reagieren. Ob es nun um die Einführung neuer Arbeitsmethoden, das Umsetzen oder einen aus Kostengründen unvermeidlichen Abbau von Personal geht: Der Staat ist bei all diesen Entscheidungen unmittelbar oder mittelbar erheblichem politischem Druck ausgesetzt. Und dieser ist nicht marktkonform. Ertragsschwache staatliche Unternehmen werden also nicht von schlechteren Managern geführt, wie oft behauptet wird, sondern die Unternehmensführung unterliegt anderen, oder besser: zusätzlichen politischen Rahmenbedingungen. Da diese zusätzlichen Bedingungen aber nur das Unternehmen, nicht jedoch den Markt bestimmen, entsteht eine Diskrepanz zwischen Markt und Unternehmensverhalten. Man kann dann die Fehlentwicklungen weder der jeweiligen Unternehmensleitung noch der Politik anlasten: Schuld ist die Institution des öffentlichen Eigentums als solches. Ich bin sicher, man könnte es heute beweisen: Wären unsere Bahn und Post seit 1949, versehen mit entsprechenden Leistungsauflagen und Sozialzuschüssen, privatwirtschaftlich geführt worden, würden sie beide heute ganz anders dastehen. Denn Entstaatlichung hätte damals bewirkt, was die Verstaatlichung bewirken wollte, aber verfehlte: niedrigere Preise und eine effektivere ökologische Ausrichtung des Transportsystems in der Bundesrepublik.

Es sind drei unabweisbare Argumente, die in einer internationalisierten Wirtschaftsgesellschaft staatlichem Eigentum entgegenstehen: (1) Nicht das Eigentum steuert, sondern der Markt. Und wer auf die gesellschaftliche Entwicklung Einfluß nehmen will, muß deswegen bei den Rahmenbedingungen des Marktes ansetzen. (2) Staatliches Eigentum ist reaktionsschwach gegenüber schnell wechselnden Marktbedingungen, deswegen weniger effizient; es gefährdet daher eher die gewünschten Ergebnisse (Umwelt oder Arbeitsplätze), als daß es sie begünstigt. (3) Staatlichem Eigentum fehlt der ökonomische Gewinnanreiz der Nutzungsrechte; es dämpft die Dynamik des Wirtschaftsprozesses.

Die Illusion vom »Neuen Menschen« oder: Das Prinzip Verantwortung

Es mag verwundern, daß ich hier zwei Ansichten nebeneinanderstelle, die aus so unterschiedlichen Quellen gespeist werden: Das Ideal des »neuen Menschen«, wie es den humanistischen Zielen des Marxismus zugrundelag, und das von Hans Jonas formulierte »Prinzip Verantwortung«, das eher einem skeptischen Liberalismus entspringt. Aus der Sicht der Weltmarktentwicklungen scheinen mir aber beide Ansätze demselben Irrtum zu unterliegen, nämlich der Hoffnung einer gesellschaftlichen Kursänderung aufgrund eines individuell veränderten menschlichen Verhaltens, also durch ein neues moralisches Bewußtsein des Einzelnen.

Ich fürchte, es läßt sich beweisen, daß es niemals der (oder die) Einzelne sein wird, der (oder die) in einem offenen Wettbewerbssystem den gesellschaftlichen Kurs verändern kann. Dies können immer nur gesellschaftliche Institutionen und die von ihnen getragenen Regelsysteme. Der Mensch braucht, wenn er im Wettbewerb eine neue Vernunft, eine weitergesteckte Verantwortung nicht nur wünschen, sondern auch verwirklichen soll, eine *institutionelle* Begrenzung des Handelns, denn nur dann kann er darauf vertrauen, daß auch andere diese Begrenzung respektieren. Nur auf institutionelle, nicht auf individuelle Veränderungen können wir daher bauen. Die einzelnen Menschen werden sich nicht schnell genug ändern, um im politisch und rechtlich unbegrenzten »globalen« Raum ein gemeinsames Verhalten zu entwickeln, das die Kurskorrektur herbeiführt.

Der »Neue Mensch«, so erinnere ich einen Satz von Mao Tsetung, das sei wie »100 Jahre das Gesicht waschen«: Also eine lange Übung in Disziplin. Dieser neue Mensch stand seit der Oktoberrevolution 1917 im Mittelpunkt kommunistisch-sozialistischer Erziehungsziele in der Sowjetunion und später in Osteuropa: Der Sowjetmensch sollte der Pfeiler werden, auf den das neue Wirtschafts- und Gesellschaftssystem gründen konnte. In seinem Buch »Der Sowjetmensch« (1958) beschrieb Klaus Mehnert die Ziele dieser Erziehung: »... Lenin und erst recht Stalin (setzte) alle Mittel des Terrors, der Wirtschafts- und Lohnpolitik, der Propaganda und Erziehung ein, um die Wildwasser der ungebärdigen russischen Natur in das feste Bett ihrer Planungen zu zwingen, die unerwünschten Triebe zurückzudrängen und jene Eigenschaften zu entwickeln, deren sie zum Aufbau einer modernen staatswirtschaftlichen Großmacht bedurften: Fleiß, Disziplin,

Ordnung, Stetigkeit, Zielbewußtsein und Selbstbeherrschung. Rationalismus und Volontarismus sollten Leitbild des neuen Menschen bestimmen, die unkontrollierbare Triebhaftigkeit des Alten überwinden und ablösen.«

Wenn man allerdings der sowjetischen Selbstkritik 30 Jahre nach Erscheinen dieses Buches Glauben schenkt, dann gab es statt dessen Anpassung, Alkoholismus und Schlendrian. 70 Jahre Erziehung zum neuen Menschen haben jedenfalls nicht gereicht, um die anthropologischen Grundlagen der Russen im Sinne der schönen Theorie zu verändern. Während aber der Kapitalismus mit dem Menschen rechnet, wie er eben ist, und die Erfahrung mit dem menschlichen Wesen zum Bestandteil seines Gesellschaftssytems macht, wollte der kommunistische Sozialismus dem Neuen Menschen genug »Rationalismus und Volontarismus« einpflanzen, um das »konstruktivistisch« (Friedrich August von Hayek) auf Planung und nicht »evolutionär« auf den Interessen der Marktmechanismen basierende System zu tragen.

Hier liegt, wie Hans Jonas richtig formuliert, der anthropologische Irrtum der Utopie. Der Sowjetmensch ist am Menschen gescheitert und der Marxismus an seiner leichtfertigen Verachtung von Anthropologie und Psychologie; Sigmund Freud war bezeichnenderweise über lange Jahre in den kommunistisch-sozialistischen Ländern auf dem Index. Die marxisische Praxis mit ihrer naiven, eindimensionalen Sicht des gesellschaftlichen Menschen, diese unwissenschaftlichen Fehleinschätzungen eines Wesens, das doch auch von Trieben und animalischen Bedürfnissen bestimmt wird, konnte gar nicht erfolgreich sein. Mehnert sah das schon 1958 voraus:

»Nach allem, was ich in Jahrzehnten gesehen, erlebt, erfahren habe, bin ich (im Gegenteil) der festen Überzeugung, daß auf die eingangs gestellte Frage, ob der Sowjetmensch mehr sowjetisch oder mehr Mensch ist, die Antwort eindeutig lautet: mehr Mensch. Und die Merkmale dieses Sowjetmenschen, die sich uns als konstant, also für die nächsten 10 bis 15 Jahre bestimmend, gezeigt haben, sein wachsendes Verlangen nach persönlicher Sicherheit, nach einem vom staatlichen Eingriff freien Bereich des Privaten, zumal im Kreis der Familie, nach selbständiger geistiger Betätigung und Entfaltung, gerade diese Merkmale sprechen dafür, daß er auch in 10 oder 15 Jahren kein Bolschewik sein wird.«

Der Kapitalismus ist überlegen, weil er mit dem Menschen rechnet, wie er ist. Und dieser Mensch hat sich, nach allem was wir heute wissen, in historischer Zeit auch nicht wesentlich verändert. Das kapitalistisch-marktwirtschaftliche System versucht, mit Anreizen und Kontrollen die Stärken und die Schwächen des menschlichen Individuums für die Gesellschaft im ganzen nutzbar zu machen. Und deswegen kommt es – so unterschiedliche kapitalistische Gesellschaften wie die USA und Schweden machten es in den siebziger Jahren überdeutlich – eben immer nur auf die Ausgestaltung der Anreize und Kontrollen, also auf die Rahmenbedingungen an, innerhalb derer das Wesen Mensch agiert. Diese Rahmenbedingungen kann sich aber niemals der einzelne Mensch selbst setzen, diese muß ihm die Gesellschaft vorgeben.

In den letzten Jahren sind jedoch die Ergebnisse der bisher üblichen kapitalistischen Rahmenbedingungen immer problematischer geworden. Der Markt, zunehmend ungezügelter als Weltmarkt auftretend, bedroht gewachsene gesellschaftliche Ordnungen ebenso wie die Natur, also die Lebensgrundlagen des Menschen. Unter diesem Eindruck hat eine neue Ethik-Debatte begonnen; in Wissenschaft und Technik, aber auch in Wirtschaftsverbänden und bei den Unternehmen werden neue ethische Dimensionen beruflichen Verhaltens diskutiert. Die eindrucksvolle Zustimmung, die Hans Jonas 1987 anläßlich der Verleihung des Friedenspreises des Deutschen Buchhandels in der Frankfurter Paulskirche von den anwesenden Eliten der Bundesrepublik erhielt, machte deutlich, wie groß das Bedürfnis ist, das hier besteht.

Ich möchte dies nicht bagatellisieren; ich möchte auch nicht den Eindruck erwecken, als hielte ich das Suchen nach einer neuen ethischen Dimension in allen arbeitsteiligen Professionen unserer Gesellschaft für völlig nutzlos: Als politisches Klima, zum Beispiel, erleichtert ein wachsendes ethisches Bewußtsein die dringend erforderlichen institutionellen Schritte der Umweltgesetzgebung. Auch eine größere Empfindsamkeit gegenüber benachteiligten Gruppen in der Gesellschaft und gegenüber Minderheiten macht erst diejenigen sozialen Verteilungsentscheidungen politisch möglich, die einer demokratischen Gemeinschaft würdig sind. Dennoch befürchte ich, daß die neue Ethik-Debatte vielfach bereits als ausreichendes Ziel, ja schon als das Ergebnis betrachtet werden könnte, das sie vielleicht irgendwann einmal bewirken mag. Und es scheint mir, als glaubten die Wortführer einer neuen Ethik, eines anderen individuellen ethischen Verhaltens, ein solcher Wandel sei der Königsweg zurück zu einer sozial gleichgewichtigeren Gesellschaft; als könnten diese Appelle den harten Weg zu den notwendigen institutionellen Korrekturen ersetzen. Dies aber ist ein leicht durchschaubarer Irrtum.

Die Überlegung ist natürlich im Grundatz verständlich: Kollektive Maßnahmen, in Form von Verstaatlichungen, Vergesellschaftungen und zentraler Planung haben sich als Fehlschläge erwiesen. Überbrachte Traditionen und Bindungen sind in der Hitze des weltweiten, immer schärfer werdenden Wettbewerbs zu einem erheblichen Teil bereits dahingeschmolzen. Der Marktmechanismus mit seiner ständig verfeinerten Arbeitsteilung braucht die persönliche Initiative und die individuelle Mobilität; er fördert deswegen den Individualismus und damit auch den Egoismus. Dieser Individualismus wiederum kann politisch nur in einer liberalen Gesellschaft existieren, und die liberale Gesellschaft muß sich der Bevormundung enthalten: Deswegen kann dann nur der (oder die) Einzelne durch persönliches Verhalten die Voraussetzungen für mehr Vernunft in der Gesellschaft schaffen. Der neuen Ethik geht es also um den liberalen

»neuen Menschen«, und das »Prinzip Verantwortung« bedeutet nichts anderes als die Verlagerung kollektiver Pflichten auf das Individuum.

Ich befasse mich hier mit den Thesen von Hans Jonas nur stellvertretend für die zahlreichen Versuche, der Krise der Zeit durch eine neue Ethik des persönlichen Handelns zu begegnen. Sein »Prinzip Verantwortung« hat diese Bemühungen auf einen allgemeingültigen Nenner gebracht. Hans Jonas führt seine Untersuchung mit der Feststellung ein, »daß die qualitativ neuartige Natur mancher unserer Handlungen eine ganz neue Dimension ethischer Bedeutsamkeit aufgetan hat, die in den Gesichtspunkten und Kanons traditioneller Ethik nicht vorgesehen war«. Hier kann es keinen Dissens geben. Die Frage, zum Beispiel, nach der moralischen Berechtigung einer Wissenschaft, die künftig mit menschlichen Wesen auf dem Wege der genetischen Manipulation experimentierten, wird zu Recht gestellt. Mit welchem Ergebnis sie gestellt wird, ist allerdings eine andere Sache. Ich habe meine Zweifel erläutert und die Notwendigkeit institutioneller, verbindlicher Regelungen begründet.

Auf einem langen Weg durch die Geschichte der Ethik des politischen Handelns, vorbei an den Utopien, deren Rückseiten immer wieder ihren nur kulissenhaften Charakter erkennen ließen, erreicht Jonas schließlich das »Prinzip Verantwortung«, das er abschließend so definiert: »Verantwortung ist die als Pflicht anerkannte Sorge um ein anderes Sein, die bei Bedrohung seiner Verletzlichkeit zur Besorgnis wird«. Und das beinhaltet dann die zentrale Frage: »Was wird ihm zustoßen, wenn ich mich seiner nicht annehme?«

Hans Jonas hat den bahnbrechenden Denkansatz von Norbert Elias, zum erstenmal formuliert im »Prozeß der Zivilisation« (1935), übergangen und deswegen auf die Fragen unserer Zeit zwar eine schöne, aber, wie ich meine, doch keine nützliche Antwort gefunden. Wie alle anderen, die der Krise der Zeit mit einer Veränderung individuellen Handelns begegnen wollen (wobei ich, wie gesagt, die Anstrengungen selbst nicht für überflüssig, sondern für ebenso nötig wie unzureichend halte), läßt Hans Jonas die Einbringung des Einzelnen in die immer komplexeren Kommunikations- und Wettbewerbsverflechtungen unbeachtet. Auch seine Appelle werden daher in der wirklichen Welt weitgehend unberücksichtigt bleiben.

Als in den siebziger Jahren die ökologische Bewegung an Bedeutung gewann und Konferenzen und Parteitage der Grünen und Alternativen in den Medien kommentiert wurden, streiften Fernsehkameras häufig über die Parkplätze und vermerkten hämisch, daß die »Besserwisser« offenbar »ebenso ein Auto haben wollten wie den Strom aus der Steckdose«. Das Argument war natürlich töricht, wenn auch für manchen erst auf den zweiten Blick: Wie soll sich denn in einer Gesellschaft, deren *Rahmenbedingungen* auf den Auto-Individualverkehr zugeschnitten sind, ein Einzelner verhalten, wenn er auf dem flachen Lande an politischen Kommunikations- und Entscheidungsprozessen teilnehmen will? Ohne Telefon? Ohne Auto?

Das Verhalten des Einzelnen wird durch die Verflechtungen bestimmt, in denen er lebt – und nicht umgekehrt. Sicherlich, wenn viele einzelne ihre Auffassung von der Sinnhaftigkeit bestimmter Handlungsweisen, zum Beispiel dem Kauf von Milch in Flaschen anstatt in Tüten, ändern, dann werden die Anbieter, um diesen Veränderungen zu entsprechen, zunehmend auch Milch in Flaschen anbieten. Aber wer will es denn einer berufstätigen Mutter nach dem »Prinzip Verantwortung« vorhalten, wenn sie auf dem Heimweg dort kauft, wo es praktisch ist, und das kauft, was problemloser transportiert werden kann?

Ich komme hier noch einmal auf den »Prozeß der Wissenschaft« zurück, weil gerade hier so oft an die Ethik appelliert wird und doch gerade hier auch deutlich wird, daß nur verbindliche Rahmenbedingungen weiterführen können. Der »Welt-Markt« für Wissenschaft ist nicht in erster Linie ein Geldmarkt, auch nicht ein Markt der Preise und Auszeichnungen, obwohl Geld und

Anerkennung für die Motivation der Wissenschaftler sicherlich eine Rolle spielen. Konkurrenz in der Wissenschaft geht bei den besten Forschern in erster Linie um die besten Arbeitsbedingungen des Forschens, also um ein kreatives Kollegium, anregende Arbeitsbedingungen, um Laborausstattung, Forschungsmittel, Hilfskräfte und ausgewählte Lehrverpflichtungen. Denn dies sind (auf jeden Fall in den Naturwissenschaften) die Voraussetzungen für das beglückende Erlebnis eines wichtigen wissenschaftlichen Durchbruchs. Ein wirklich ehrgeiziger Wissenschaftler wird deswegen auch diese im Wege der Konkurrenz »zugeteilten« Forschungsressourcen immer höher einschätzen als zum Beispiel persönliche Gehaltsbezüge.

Wer aber den Zugang zu außergewöhnlichen Forschungsbedingungen haben will, der muß immer wieder um neue Erkenntnisse ringen; sie sind es, die auch seinen Lebensinhalt ausmachen. Die Fragen der möglichen Anwendung von Forschungsergebnissen mag den einen oder anderen Wissenschaftler auf dem Wege der Forschung vielleicht zögern lassen – ein anderer wird aber immer zur Stelle sein und versuchen, das Rätsel dennoch zu lösen. Und weil jeder Wissenschaftler weiß, daß dies die Rahmenbedingungen der Konkurrenz in der weltweiten Wissenschaftsgesellschaft sind, werden immer neue Erkenntnisse gewonnen, und zwar ohne Rücksicht auf ihren eventuellen Mißbrauch. Und das wird auch so bleiben, solange es eine freie Wissenschaft, solange es Menschen gibt.

Es ist also weder Fatalismus noch Resignation, wenn ich feststelle: Die marxistische Hoffnung auf den »Neuen Menschen« konnte die Irrtümer des zentralen staatlichen Planungssystems so wenig korrigieren wie eine neue individuelle Handlungsethik, das »Prinzip Verantwortung«, den zerstörerischen Charakter eines unkontrollierten Marktmechanismus überwinden kann. Beide moralischen Ansätze sind gleichwohl nicht wertlos, weil sie als Ideale vielleicht doch die Chancen der Realisierung einer moralischeren Gesellschaft (ich sage das ausdrücklich auch für die ursprünglich humanistischen Ziele des Marxismus) im Ansatz verbessern könnten.

Aber der »Neue Mensch« und der Appell an das »Prinzip Verantwortung« sind als politisches Konzept unzureichend und insofern politisch nahezu wertlos. Denn die praktische Politik, Sitte und Moral, also die ethischen Bindungen einer Gesellschaft, ergeben sich in erster Linie aus dem Geflecht der Kommunikation und aus den Rahmenbedingungen zwischenmenschlicher Beziehungen und Rivalitäten. Es sind institutionell geleitete Aktionen und Reaktionen und nicht in erster Linie persönliche Einsicht und individuelle Entscheidung, die den Ausschlag geben. Erst wenn veränderte gesellschaftliche Regeln *auch* für das persönliche Handeln einen neue Rahmen gesetzt haben, erst dann kann das »Prinzip Verantwortung« gelebt und nicht nur literarisch beschrieben werden. Und um dieses Ziel geht es auch in einer Politik für die Zukunft.

Die neuen Aufgaben des Staates

Diese Einsicht läßt uns zum Staat als dem heutigen und in aller voraussehbaren Zukunft einzigen Setzer verbindlicher Rahmenbedingungen zurückkehren; zu seinen Gesetzen, als Bedingungen für das Verhalten der Gesellschaft. Die Verschiebung der Gewichte internationaler Beziehungen aus politisch-öffentlicher Hand in die privaten Hände der Wirtschaft und des Marktes hat Konsequenzen für das ganze gesellschaftliche System. Auf sie muß folglich nicht nur die Wirtschaft, sondern auch die Politik mit entsprechend tiefgreifenden Veränderungen reagieren. Es ist ein gefährlicher Irrtum zu meinen, nur die Wirtschaft werde vom verstärkten internationalen Wettbewerb mit ständiger Erneuerung ihrer Strukturen gefordert; nur für sie müßten die Rahmenbedingungen verändert werden. Im weltweiten Wettbewerb wird das ganze Gesellschaftssystem geprüft; es ist deswegen auch das ganze Gesellschaftssystem, das der Reformen bedarf. Die Wirtschaft weiß: Wer den neuen Wettbewerbsbedingungen nicht folgt, wird von ihnen zurückgelassen werden; wer gegen neue Konkurrenten nicht neue Waffen der Selbstbehauptung einsetzt, wird untergehen. Die Notwendigkeit, daß auch Staat und Gesellschaft sich den neuen Bedingungen anpassen, um dem gesellschaftspolitischen »Konkurs« zu entgehen, wird aber nicht in gleicher Weise erkannt.

Wir haben gesehen, daß die wachsende internationale Verflechtung eine Reihe widerspruchsvoller Entwicklungen auslöst. Das weltweite Vordringen neuer Transport- und Informationssysteme fördert einerseits die Ausbreitung demokratischer Prinzipien in der Welt und stärkt die Menschenrechte; andererseits führen die internationalen Verflechtungen in immer größeren Räumen auch dazu, daß sie die Bedeutung der demokratischen, nationalstaatlichen Strukturen auszuhöhlen. Das weltweite, arbeitsteilige Marktsystem wird mit seiner wachsenden Differenzierung und durch den sich verschärfenden Wettbewerb einerseits immer effizienter, also immer produktiver; größerer Wohlstand kann entstehen. Andererseits werden viele der nationalen, marktbegrenzenden Regelsysteme und damit wichtige Elemente der sozialen und ökologischen Produktivität des bisherige Ordnungssystems stumpf, weil die Unternehmen ihnen ausweichen können. Die zunehmende internationale Arbeitsteilung stellt bisherige Instrumente der nationalen Politik in Frage, aber Wirtschaft und Gesellschaft können auf Rahmenbedingungen, die den veränderten Verhältnissen angemessen sind, auch nicht verzichten. Auf eine Lösung durch internationale Vereinbarungen zu hoffen, die auch nur die wesentlichen Elemente unseres heutigen Sozialstaates als Ordnungssystem im größeren geographischen Raum verbindlich machen würden, haben wir als eine Illusion erkannt. Die Menchen hiermit zu vertrösten, wäre unverantwortlich.

Im neuen Verhältnis von Staat und Wirtschaft gibt es gegensätzliche Tendenzen. Einerseits zwingt der grenzüberschreitende Wettbewerb zunehmend zu einem Abbau nationalstaatlicher Regelsysteme; denn diese erweisen sich oft wirklich, manchmal auch nur angeblich als wettbewerbsverzerrende Belastung der lokalen Produzenten. Man fordert dann meist, die bisherigen Regeln sollten einfach dem »freien« Markt Platz machen. Andererseits führt der verschärfte Wettbewerb aber auch zu einem immer lauteren Ruf nach staatlichem Handeln, nach Unterstützung durch direkte Hilfen oder geeignete Rahmenbedingungen im Umgang mit der weltweit verschärften Konkurrenz. Hohe Arbeitslosigkeit und knappes Einkommen werden ohnehin politisch den Regierungen angelastet; die Menschen erwarten die Antwort nicht von der Wirtschaft, sondern von der Politik, vom Staat. Das, übrigens, ist in den USA oder in Großbritannien nicht anders als in Deutschland.

Diese Tendenzen, nämlich weniger Staat im Marktgeschehen und mehr Staat bei der Unterstützung der Unternehmen und der Bewältigung der Marktfolgen, sind nur scheinbar ein Widerspruch. Beide sind durchaus logische Folgen der tiefgreifenden Veränderungen, die wir durchleben. Denn die fortschreitende Arbeitsteilung vollzieht sich ja nicht nur im internationalen Zusammenhang. Auch auf den bisher nationalen Märkten schreitet die Spezialisierung der Funktionen, schreiten die arbeitsteiligen Anforderungen an die Gesellschaft immer weiter fort. Und zu diesen Anforderungen zählen – und zwar mit wachsendem Gewicht als Wettbewerbsfaktoren – die Leistungen der sogenannten öffentlichen Hände; von den Straßen bis zu den Schulen, von den Forschungseinrichtungen bis zu den Strukturinvestitionen für die Kommunikationssysteme (Schiene, Straße, Flughafen, Kabelsystem usw.); von der sozialen Gerechtigkeit bis zur Gesundheitsversorgung. Die privaten Unternehmen sind zunehmend auf diese öffentlichen Leistungen ihres »Standortes« als Beiträge zur Produktion angewiesen, häufig fast ebenso wie auf die eigenen betrieblichen Funktionen. Und diese Abhängigkeit nimmt zu, denn die Leistungsfähigkeit dieser umfassenden Infrastruktur, in welche die Unternehmen eingebettet sind, gewinnt als »weicher« Standortfaktor auch an Bedeutung für das Betriebsergebnis. Die Verschärfung der überregionalen Konkurrenz läßt daher Wirtschaft und Staat tatsächlich immer enger zusammenrücken, während zugleich der Ruf nach »weniger Staat« lauter wird.

Es erscheint nur paradox, ist es aber eben nicht: Im Zeitalter der wachsenden Macht eines zunehmend privatwirtschaftlich bestimmten Weltmarktes, einem Zeitalter also, in dem der Markt als Sieger gefeiert wird über jene die Wirtschaft angeblich nur strangulierenden öffentlichen Hände – in dieser Zeit wächst zugleich die Bedeutung eines wirkungsvollen Staates im Interesse der Unternehmen und der Beschäftigten dieser privaten Wirtschaft. Der internationale Wettbewerb ist eben ein totaler; Bilanzen und Erträge dominieren nicht nur die Konkurrenz der Unternehmen, sondern führen indirekt auch zu einem Wettbewerb der Staaten und Parteien. Die Ökonomisierung des Denkens erfaßt über das betriebliche Geschehen hinaus die regionalen Aufgabenbereiche von Staat und Kommune und schließlich das generelle Wertsystem der Gesellschaft. Frieden ist, international betrachtet, Kommerz.

Man mag darüber streiten, ob Staaten und Nationen in diesem Wettbewerb wie Unternehmen einzuschätzen sind. Sicherlich ist die Kritik begründet, Staaten könnten ja schließlich nicht pleite gehen, geschlossen oder verkauft werden. Aber die verallgemeinernde Schlußfolgerung, wie sie zum Beispiel Oskar Lafontaine vertritt, es bestehe deshalb auch kein internationaler Wettbewerb der Nationen, kein Systemwettbewerb ihrer Gesellschaften, ist ganz gewiß falsch; sie wird auch von niemandem in der Wissenschaft geteilt. Denn auch Professor Krugmann vom MIT (USA), auf den Lafontaines Meinung wohl zurückgeht, ist der Auffassung, daß die unterschiedlichen Konstruktionen der Wirtschafts- und Gesellschaftssysteme der Nationen im internationalen Wettbewerb durchaus unterschiedliche Ergebnisse erbringen.

Sogar diejenigen Dimensionen des menschlichen Lebens und Zusammenlebens, die nicht unmittelbar betriebswirtschaftliche Bedeutung zu haben scheinen, werden für das unternehmerische Betriebsergebnis wichtiger. Gerechtigkeit und Solidarität sichern das soziale und politisch stabile Fundament; ein demütiger Umgang mit der Schöpfung erhält lebensnotwendige Umweltbedingungen. Und all das, was wir allgemein als »Kultur« bezeichnen, nicht nur die Künste und die Wissenschaften, auch Spiel und Sport, auch die Religionen, sind Dimensionen der menschlichen Existenz, die zwar außerhalb des Ökonomischen liegen und die – wie die historische Erfahrung beweist – ihre Kräfte durchaus unabhängig vom ökonomischen Fortschritt entfalten können.

Aber sie haben auch Rückwirkungen auf die Wettbewerbsfähigkeit. Weil Staat und Gesellschaft immer mehr auf die Seite der Wirtschaft gedrängt werden, wird auch die Kultur der Nationen immer mehr in die Betrachtungen der ökonomischen Wettbewerbsfähigkeit einbezogen. Durch die Verwissenschaftlichung der Wirtschaft und der Gesellschaft werden diese scheinbar außerwirtschaftlichen Bereiche wieder Teil wirtschaftlicher Gesamtüberlegungen. Kulturelle Aspekte des menschlichen Lebens im weitesten Sinne bedürfen deswegen sowohl eines Schutzes gegen die vollständige Unterwerfung durch einen übermächtigen Marktmechanismus – als auch besonderer Förderung, wiederum im Interesse der Produktivität der Gesellschaft im weitesten Sinne dieses Wortes.

Der Staat, der die Rahmenbedingungen des Marktes bestimmt; der die Standortfaktoren der Infrakstruktur erstellt; und der auf dem europäischen Kontinent, und ganz besonders in Deutschland, der wichtigste »Mäzen« der Wissenschaften und Künste ist – dieser Staat nimmt an Bedeutung für die Wirtschaft also zu und nicht ab. Zwar nicht, indem er direkt lenkend eingreift – diese Fähigkeit verliert der Staat zunehmend im Prozeß der Internationalisierung. Wohl aber, indem er – nicht unähnlich einer »Konzern-Zentrale« – durch immer wieder angepaßte organisatoriale Maßnahmen im Höchstmaß an wirtschaftlicher *und* sozialer Produktivität ermöglicht. Eigenverantwortung so sozialproduktiv zu organisieren, das wird eine der wesentlichen staatlichen Aufgaben der Zukunft sein. Als im 17. und 18. Jahrhundert die Freihändler den Sturm auf die feudalistischen Institutionen des Merkantilismus einleiteten, ging es ihnen in erster Linie um die Befreiung des Handels und des Gewerbes von einer beengenden Bevormundung durch wirtschaftsfremde Herrschaftsverhältnisse. Der Staat hatte als Aufsichtsbehörde, hatte durch seine von höfischen Interessen bestimmten und oft ebenso innovations- wie wachstumsfeindlichen Vorgaben und Regeln die ökonomischen Entwicklungschancen der Bourgeoisie blockiert. Interesse der

Rationalität und Klasseninteressen verhalfen so dem Liberalismus zum Durchbruch; und damit auch der Demokratie. Seither haben sich die Gewichte verschoben: Die wirtschaftlichen Aktivitäten dienen zwar der Gesellschaft im Gefolge der wissenschaftlich-technischen Umwälzungen, aber es ist auch umgekehrt: Staat und Gesellschaft werden wegen des wachsenden internationalen Wettbewerbs auch ihrerseits immer mehr zur regionalen Rahmenbedingung, zum Standortfaktor der Wirtschaft; und zwar faktisch mit allen ihren Verzweigungen.

Einen wirtschaftlichen Wettbewerb der Staaten und Regionen hat es im übrigen immer gegeben; und ein internationaler Wirtschaftswettlauf ist immer noch besser als ein Rüstungswettlauf. Was sich erheblich verändert, ist allerdings das Maß, ist der Umfang der kommunikativen Verflechtung und damit die Dynamik. Es ist die Gewalt dieser Kräfte, die immer mehr auch außerhalb unseres demokratischen Staates verankert sind und die doch unser gesellschaftliches Leben zunehmend beeinflussen.

Der Staat als Organisator von Verantwortung, Konsens und Solidarität in der Gesellschaft

Der Staat muß diese wachsenden Kräfte der Weltmärkte respektieren, gerade wenn seine Gesetze und Regeln wirksam sein sollen. Wo der Staat seine Möglichkeiten überschätzt oder Instrumente einsetzt, deren Wirkung sich Unternehmen und Individuen entziehen können oder entgehen möchten, dort überläßt er dann die Entwicklung letztlich dem ungezügelten Parallelogramm der Marktkräfte. Das muß im Einzelfall kein Fehler sein – aber man sollte diese Konsequenz erkennen.

Die Informationsgesellschaft und ihr Kind, der *on-line* verflochtene Weltmarkt, haben – wir wir sehen konnten – eine ihnen innewohnende Tendenz zur Vereinzelung der Unternehmer und Arbeitnehmer; eine hochdifferenzierte Konkurrenz aus anderen Solidarräumen zwingt diese zu differenzierterer Reaktion. Voraussetzung wirkungsvollen staatlichen Handelns ist deswegen die Einsicht, daß die wissenschaftlich-technisch ermöglichte Entwicklung von Wirtschaft und Gesellschaft auch ihrerseits zu immer weiter fortschreitenden Entscheidungsverantwortungen der einzelnen Individuen und Betriebe führen muß. Was Henry Ford noch am Fließband autoritär organisieren konnte, funktioniert heute nur noch in der flexiblen Gruppenarbeit selbständiger Arbeitnehmer; was über Jahrzehnte zentral mit einer einfachen Kostenbuchhaltung verfolgt werden konnte, bedarf heute der dezentralen Organisation von Profitcentern usw.; was eben früher oft am wirkungsvollsten mit Autorität geleitet werden konnte, bedarf heute des Diskurses und des Teams.

Das aber heißt auch: Was früher im Sozialstaat übergreifend verbindlich geregelt werden konnte, kann zukünftig nur in ein sehr viel flexibleres Netz von Regelsystemen gefaßt werden. Mit anderen Worten: Die fortschreitende Spezialisierung, die ihr folgende Arbeitsteilung, Dezentralisation und Internationalisierung fordern immer mehr Bereitschaft zur Mitverantwortung der Individuen, und das gilt ebenso für den Staatsbürger. Aber diese verlangen diese Mitverantwortung auch. Der Markt ist eben immer *auch* ein Prozeß der Emanzipation – und Emanzipation bedeutet stets nicht nur den Zuwachs von Rechten, sondern eben auch von Pflichten und Verantwortung.

Die Organisationsformen der Wirtschaft haben längst begonnen, dieser veränderten Wirklichkeit zu entsprechen. Die Organisation aber der Gesellschaft und des Staates folgt – jedenfalls in Deutschland – dieser Notwendigkeit noch immer nur sehr zögerlich und viel zu langsam. Vielleicht liegt ein verständlicher Grund für dieses deutsche Zögern auch in dem großen bisherigen Erfolg des Deutschen Modells: Vom alten Livius, vor 2000 Jahren, stammt die Weisheit: »Eventus stulturum magister est«, deutsch: Der Erfolg ist der Lehrmeister der Toren. Wir wollen das Gewohnte bewahren, auch um die Erfolge der Vergangenheit zu wiederholen. Alle gegenwärtigen Erfolge haben ihre Wurzeln eben in der Vergangenheit: Wer aber allein der Vergangenheit traut, übersieht, daß die heutigen Veränderungen wiederum die Voraussetzungen *zukünftiger* Erfolge bilden werden. Das Starre zerbricht im Drängen der Zeit; nur was sich bewegt, kann in der Bewegung überleben.

Ausgangspunkt aller Überlegungen für die Reformen der Gesellschaft muß daher die Erkenntnis sein, daß in einer Welt mit immer weniger *politisch* wirksamen Wirtschaftsgrenzen die immer weiter voranschreitende Arbeitsteilung eine andere Rolle des Staates fordern muß. Denn wo immer häufiger neue Maßstäbe für das Überleben von außerhalb in den gewohnten nationalen Raum getragen werden, dort müssen die betroffenen Personen oder Betriebe auf diese Herausforderung auch individueller verantwortlich antworten können als bisher.

Jeder Staat ist deswegen dafür verantwortlich, daß er Wirtschaftsunternehmen *und* Arbeitnehmer, Wissenschaftler und Unternehmer in *seinem* Hoheitsraum in den Stand setzt, den für sie geltenden Wettbewerbsbedingungen entsprechen zu können. Da die Unternehmen innerhalb des bestehenden nationalen Rechtssystems diese individuelle Position oft nicht beziehen können – denn der nationale Rahmen wird vorrangig durch die nationale Politik begrenzt und zielte bisher auf eine weitgehende Standardisierung und Vereinheitlichung –, muß der Staat das bestehende nationale Regelsystem entsprechend lockern. Nicht um »sozialen Kahlschlag« zu ermöglichen, wie das polemische Argument lautet, sondern gerade um einen Sozialstaat zu erhalten! Die bisherige engmaschige Vereinheitlichung der Wettbewerbsbedingungen, zum Beispiel in der Form des Flächentarifvertrages, war sinnvoll, solange national so am ehesten »faire« und vergleichbare Wettbewerbsbedingungen geschaffen werden konnten; allerdings schon bisher führten Größenunterschiede, Branchendifferenzierung und regionale Lagen der Unternehmen *innerhalb* der nationalen Wettbewerbs- und Rechtsordnung zu Beschwerden einzelner Unternehmen wegen unzumutbarer Einengungen im Einzelfall. Und dies wird zukünftig immer mehr so sein.

Im Gefolge des zunehmend grenzüberschreitenden Wettbewerbs werden daher betriebsnähere Rahmenbedingungen für das Wettbewerbsverhalten der großen Mehrheit von Unternehmen unerläßlich. Denn viele Betriebe werden, wie wir gesehen haben, im Gefolge der Globalisierung »vereinzelt«; aus ihrer bisher nationalen Verflechtung werden sie stärker in eine internationale Wettbewerbsverflechtung gestellt. Die natürliche Reaktion jedes Eigentümers, der seine Entscheidungen und auch deren Folgen zu verantworten hat, muß es sein, sich auf diese neuen Bedingungen ein- bzw. umzustellen, um zu überleben. Die wachsenden Spannungen in den Tarifbeziehungen sind darauf zurückzuführen, daß die Unternehmen nur schrittweise in dieses neue Beziehungsgeflecht weltweiten Wettbewerbs gestellt werden und der gesamtgesellschaftliche Veränderungsprozeß daher zunächst nur langsam voranschreitet. Folglich reagiert das nationale Regulierungssystem zunächst sehr zögernd, noch immer in der Hoffnung, der einzelne Betrieb könne die neue Realität abschütteln. Aber er kann es nicht, und der Ärger wächst.

Dies sind die Gründe, warum viele Unternehmen in Deutschland heute versuchen, der Verbindlichkeit von Flächentarifverträgen zu entgehen. Sie scheiden aus den Arbeitgeberverbänden aus oder treffen Betriebsvereinbarungen am Rande oder außerhalb der Legalität. Und das oft sogar *mit* stillschweigender Zustimmung ihrer Betriebsräte. Wenn wir aber berücksichtigen, daß aufgrund der beschleunigten Kommunikationsverflechtungen heute nicht nur einzelne Unternehmen und Arbeitnehmer in immer neue und verschärfte Wettbewerbssituationen geraten, sondern wenn wir bedenken, daß diese Entwicklung die Gesellschaft im ganzen ergreift, dann wird auch deutlich, warum es nicht genügt, mehr Beweglichkeit in den Tarifbeziehungen zu bewirken: Die ganze Gesellschaft muß eine verbesserte Reaktionsfähigkeit gegenüber veränderten Wettbewerbsbedingungen gewinnen, wenn sie als »Standort« im Wettbewerb bestehen will.

Die Reaktionsfähigkeit oder auch die Lernfähigkeit einer Gesellschaft gegenüber den sich verändernden Rahmenbedingungen ist in erster Linie ein organisatorisches und kein menschlich-individuelles Problem. Es ist deswegen auch in erster Linie die Verantwortung von Staat und Politik, durch entsprechende institutionelle Veränderungen die Voraussetzungen für diese Reaktionsfähigkeit der Gesellschaft in allen ihren Bereichen zu sichern. Es genügt nicht, wenn Politik und Personen des öffentlichen Lebens mahnende Worte an die Menschen richten und von ihnen veränderte Einstellungen, Haltungen und Entscheidungen erwarten, die der Mensch mit seinen Eigenschaften unter den gegebenen institutionellen Bedingungen zunächst so nicht einnehmen und treffen will. Wer, zum Beispiel, von einem normal gebildeten Menschen erwartet, er werde ohne Anreiz oder Zwang zusätzlich zu einer zwar knappen, aber ausreichenden Sozialunterstützung für nur wenige D-Mark im Monat eine harte und unbequeme Arbeit übernehmen, der hat nicht verstanden, wie normale Menschen unter normalen Bedingungen auf eine solche institutionelle Regelung reagieren. Es ist in diesem Fall völlig sinnlos, die Arbeitslosen zu kritisieren, sie zu ermahnen oder über die »Anspruchsgesellschaft« zu klagen: Anspruchshaltung ist ein Organisationsprodukt, das heißt, sie ist das Ergebnis von Einstellungen, die sich wiederum aus gesellschaftlichen Strukturen ergeben; sie ist eine Antwort auf eine Chance und keine unveränderbare menschliche Position im luftleeren Raum.

Für diese Strukturen der Gesellschaft aber und die Konstruktion ihrer Institutionen ist letztlich die Politik verantwortlich. Vieles, das wissen wir alle, kann die Politik nur mühsam und auf langen Wegen beeinflussen. Aber beurteilt werden muß sie doch danach, ob sie es versucht und sich auf die richtigen Wege macht.

Die neue Rolle des Staates besteht damit aus zwei nur scheinbar widersprüchlichen Aufgaben:

Es geht einmal darum, die Gesellschaft für mehr Eigenverantwortung der Bürger, der Unternehmen und der Verwaltungen zu organisieren, weil nur so die notwendige differenzierte Reaktionsfähigkeit im Umgang mit neuen, häufig unberechenbaren Entwicklungen gewonnen werden kann. Nur so entsteht die notwendige Kreativität zum Überleben in der Wissenswirtschaft. Nur wenn in der internationalen Informationsgesellschaft Entscheidungsbefugnis und Verantwortung für die Folgen der Entscheidungen wieder soweit wie möglich zusammengeführt werden, kann auch mehr Vernunft in die Entscheidungen zurückkehren; können Steuerungsmöglichkeiten wiedergewonnen und damit bessere Ergebnisse erzielt werden. Das Verursacherprinzip hat eine sehr viel breitere Bedeutung als nur für den Umweltsektor. Eigenverantwortung ist *das* Steuerungsinstrument der Evolution.

In Zeiten zunehmender evolutionärer Kräfte der Veränderung kann mithin eine erfolgreiche Selbstbehauptung von Gesellschaft, Unternehmen und Individuum auch nur auf diese reaktionsfähige menschliche Möglichkeit gestützt werden.

Mehr Eigenverantwortung, von der Ausbildung bis zum Arbeitsplatz, von der Gesundheitsvorsorge bis zur Gestaltung der Rente: Überall muß das Element Eigenverantwortung gestärkt werden, wenn das Gesellschaftssystem in der sich immer weiter dezentralisierenden Informationsgesellschaft steuerbar bleiben soll; und das heißt auch: wenn die deutsche Gesellschaft in einer beschleunigten Dynamik menschheitlicher Evolution lernfähig sein – oder wieder lernfähiger werden soll. Selbstbeteiligung bei Versicherungen, ob im Kaskobereich bei der Kraftfahrzeugversicherung oder durch finanzielle Beteiligung bei Ausgaben für Ärzte und Medikamente, sie haben dasselbe Ziel. Wir müssen endlich begreifen: Bei allen Reformen, die wir gegenwärtig so heftig diskutieren, sollte niemals die *Einsparung* im Vordergrund stehen, sondern immer die Steuerung durch Mit-*Verantwortung*, durch den »Anker der Verantwortung« eines Eigentumsrechtes im weiteren Sinne.

»Eigenverantwortung« und »Selbstbeteiligung« in diesem Sinne sind deswegen auch keine Absage an die Solidarität, sondern sie werden im Gegenteil zu deren Voraussetzung. Hatte der Staat in der Vergangenheit in erster Linie die Aufgabe, möglichst gleiche Regeln für das Verhalten von Bürgern, Unternehmen und Verwaltungen zu erstellen, um im Rahmen einer geographisch-nationalen Ordnung nicht nur gleiche Rechte, sondern auch *gleiche* Wettbewerbsbedingungen zu schaffen, wird es in Zukunft darauf ankommen, daß er Voraussetzungen schafft, die es Bürgern, Unternehmen und Verwaltungen erlauben, angesichts zunehmend internationaler *ungleicher* Herausforderungen auf diese Verhältnisse möglichst günstige *individuelle* Aktions- und Reaktionsmöglichkeiten zu gewinnen. Der Staat, der historisch Rahmenbedingungen und Verhalten der Bürger gleichermaßen regeln konnte, hat in vielen Bereichen das Regelungsmonopol für diese detaillierten, *einheitlichen* Rahmenbedingungen verloren. Seine Zukunft liegt darin, gerechte Regelsysteme zu entwickeln, die den Menschen in *unterschiedlichen* Wettbewerbsverflechtungen und -lagen erlauben, unterschiedlich zu reagieren. Er muß seine Regelungsmöglichkeiten neu definieren und eine sozial möglichst gerechte Flexibilität der Regelsysteme anstreben.

Es geht aber – dies zum zweiten – auch darum, daß dieser Eigenverantwortung dennoch eine Klammer des Konsenses und der Solidarität im Rahmen des demokratisch legitimierten nationalen Sozialstaatssystems gegenübersteht. Der Sozialstaat im Zeitalter der Globalisierung darf weder ein bürokratischer Gleichmacher von Leistungsfähigen sein, noch darf er für die wirklich Benachteiligten nur ein kalter Vollstrecker des Marktes werden. Worauf es angesichts der immer breiter gespreizten Leistungsanforderungen an die Bürger und Bürgerinnen ankommt, ist Wege zu finden, die von der Ungleichheit der Menschen ausgehen, um dadurch zu mehr Leistungschancen zu kommen, *und* die zugleich auch zu einer Solidarität mit den wirklich Leistungsschwachen führen. Deswegen geht es eben auch im Sozialbereich um die Rückkehr zu mehr Eigenverantwortung; allerdings zu einer Eigenverantwortung, die von den Betroffenen in der Wirklichkeit dann auch getragen werden kann, das heißt ihnen selbst unter den schwierigen Bedingungen zumutbar ist. Zumutbarkeit setzt aber immer auch *geprüfte* Leistungsbereitschaft des Begünstigten, also dessen Eigenverantwortung voraus. Soziale Regelsysteme müssen so angelegt und jeweils angepaßt werden, daß Arbeit, die es gibt, auch angenommen wird; daß niemand in der Lage ist, als »Trittbrettfahrer« seiner zumutbaren Eigenverantwortung auszuweichen.

Ich will nun versuchen, diese Zielsetzung an einigen Strukturen des Deutschen Modells zu erläutern.

Ansätze zur Selbstbehauptung des Deutschen Modells

Die Fortführung des Sozialstaates selbst
wird vielleicht am ehesten möglich sein,
wenn wir die letztlich unausweichlichen Abhängigkeiten
aller von Menschen geschaffenen sozialen Institutionen
auf dem Hintergrund naturwissenschaftlicher Erkenntnisse
begreifen.

Roger D. Masters,
Evolutionsbiologie und der Sozialstaat (1981)

Lehrgesellschaft

+ verkaufen an Lizenzgeber usw

- Wissen

+ globale Konkurrenz

Vorbemerkung über deutsches Selbstbewußtsein und deutsche Verantwortung

Ich habe im ersten Abschnitt versucht, Strukturen und gegenwärtige Wettbewerbslage des deutschen Sozialstaats zu umreißen; der zweite und der dritte Abschnitt dienten einer Beschreibung der Veränderungen, denen wir uns stellen müssen; ein vierter Abschnitt befaßt sich mit den verbliebenen Möglichkeiten der Politik in den nationalen Sozialstaaten.
In dem nun folgenden letzten Abschnitt geht es mir darum, aus den dargelegten Überlegungen Schlußfolgerungen für den deutschen Sozialstaat und die deutsche Wirtschaftsgesellschaft zu ziehen. Es handelt sich um die Chancen der Selbstbehauptung des Deutschen Modells gegenüber den Kräften der Informationsgesellschaft und »Globalisierung«.

Wir erleben zwar erst die Anfänge einer umfassenden Weltwirtschaft, aber viele unserer politischen Instrumente scheinen bereits stumpf geworden. Die weltweiten Herausforderungen des ungezügelten Wettbewerbs verschärfen auch bei uns die soziale Frage immer deutlicher. Wirkungsvolle Antworten werden drängender. Steigende Arbeitslosigkeit in Europa oder »the working poor« in den USA – das sind keine befriedigenden Alternativen für eine soziale Demokratie in Deutschland. Darüber können auch die beachtlichen kreativen, wissenschaftlichen und technischen Fortschritte der USA und Großbritanniens nicht hinwegtäuschen. Wenn Ralf Dahrendorf 1995 in seinem Bericht an das britische Oberhaus »On Wealth Creation« warnte, in Großbritannien breite sich »the old corruption« des Frühkapitalismus wieder aus, dann sollte uns diese Stimme eines liberalen Marktwirtschaftlers wirklich aufhorchen lassen.

Wir Deutschen haben eine andere Vorstellung von der sozialen und demokratischen Gesellschaft, doch wir leben auch mit einer schwierigeren Geschichte. Die Verbrechen in den Jahren der Nazi-Diktatur haben viele unserer positiven Traditionen in ein negatives Licht gerückt. Der Begriff der Gemeinschaft wurde durch die Arroganz der Volksgemeinschaft denunziert; Pflichtbewußtsein und Rechtsstaatlichkeit wurden in vielen Fällen durch den Mißbrauch dieser Tugenden zu unmenschlichem Gehorsam und scheinen deswegen vielen Deutschen auch heute noch ihrer ethischen Werte entblößt; die Fähigkeit zu Konsens und gemeinsamem Handeln zeigte ihre Kehrseite in unkritischer Anpassungsbereitschaft. So wurde nach 1945 vieles, was Deutschland einst auch in den Augen unserer Nachbarn ausgezeichnet hatte, zunächst zu einer Belastung. Und doch, die Deutschen können so wenig aus ihrer Haut wie dies anderen Völkern möglich wäre. Denn diese »Haut« war auch ein Kern; und was seine bösen Kehrseiten gezeigt hatte, hatte dennoch seine anderen, guten Seiten nicht verloren.

Und wieder, nach 1945, bauten die freien Deutschen im Westen ein international beachtetes Modell eines modernen Sozialstaats; Vorbild für viele nicht nur in Europa. Wie sie es schon einmal im 19. Jahrhundert getan hatten. Und wie damals, als die deutsche Sozialgesetzgebung Nachahmer in aller Herren Länder fand, wurde nach 1945 die »Soziale Marktwirtschaft« ein Synonym für Deutschland. Allerdings, die Deutschen im Westen lernten zugleich von ihren Besiegern und Nachbarn, wie man einen Sozialstaat mit einer liberalen demokratischen Gesellschaft verbinden kann. Und da sie hier Nachholbedarf hatten, leisteten sie auch diese Aufgabe mit der ihnen innewohnenden deutschen Gründlichkeit. Heute jedenfalls drücken ausländische Beobachter der europäischen Szene ihr Erstaunen über diese neue deutsche Verbindung von Sozialstaat und Demokratie aus. Zwar wächst Skepsis, und Spott wird lauter, wenn auch die Deutschen einmal danebengreifen: Aber was die wirtschaftlichen und sozialen Ergebnisse angeht, so würden wohl die meisten der großen europäischen Nationen noch immer gerne mit uns tauschen.

Den Deutschen allerdings stecken verständlicherweise das Scheitern der Weimarer Republik und die Nazi-Jahre noch immer in den Knochen; und natürlich die damals vorangegangenen Wirtschaftskrisen, die große Inflation und die weitgehende Handlungsunfähigkeit der ersten deutschen Demokratie in den späteren zwanziger und den frühen dreißiger Jahren. So neigen wir dazu, ängstlich zu sein und ohne Selbstvertrauen. Kaum jemand erinnert die Leistungen, die das deutsche Volk trotz der unvergessenen Nazi-Verbrechen für Europa zuvor und danach erbracht hat. Wir verstehen auch noch immer nicht die große Aufgabe, die Europa uns heute stellt.

Denn in ganz Europa sucht man nach Wegen, auf denen die institutionellen Strukturen des Sozialstaates und seine Leistungen so angepaßt werden können, daß sie der europäischen Tradition entsprechen und doch zugleich im verschärften internationalen Wettbewerb Bestand haben könnten. Das Deutsche Modell der Sozialen Marktwirtschaft fand in diesem Rahmen bisher große Zustimmung. Aber die Soziale Marktwirtschaft ist keine statische Struktur. In einer neuen Situation muß auch sie neue Antworten des Gleichgewichts zwischen Wettbewerb und sozialer Verantwortung finden. Daher bedarf auch die Konstruktion der Sozialen Marktwirtschaft unter den sich jeweils verändernden Bedingungen eines Umbaus in systematischer Weiterentwicklung. Umbau ist aber etwas anderes als Abbruch. Das Haus steht. Unsere deutsche Wirtschaftsgesellschaft ist eine Gegebenheit. Sie kann nicht einfach eingetauscht werden, zum Beispiel gegen eine angelsächsische Wirtschaftskultur mit ihrer selbstverständlichen Definition des Unternehmens als einer allein kapitalistischen Veranstaltung der Aktionäre. Jahrzehntelang hatte man ja sogar dort die deutsche Unternehmenskultur der Betriebsräte oder auch der gewerk-

schaftlichen Mitbestimmung mit Interesse studiert, in ihrer Effizienz sogar bewundert und manches begonnen zu imitieren. Und nun soll als alles vom »Weltmarkt« hinfällig gemacht worden sein?

Wir führen die Standortdebatte Deutschland zu defensiv und zu pessimistisch. Weder ist der Standort Deutschland heute so schlecht, wie wir ihn selbst oft machen, noch müssen wir Abschied nehmen vom Deutschen Modell, weil es für die Zukunft eine Fehlkonstruktion sei. Im Gegenteil, richtig verstanden und richtig geführt bietet Deutschlands Gesellschaft noch immer ausgezeichnete Chancen, um im Weltmarkt als Wettbewerber und in der Welt des 21. Jahrhunderts auch als soziales Vorbild zu bestehen.

Dazu müssen wir allerdings die heutigen Mängel unserer Gesellschaft erkennen und korrigiern.

Verlust der Eigenverantwortung

Der deutsche Sozialstaat erweist sich zwar trotz der schweren Last der Wiedervereinigung wirtschaftlich im internationalen Vergleich noch immer als sehr leistungsstark; zugleich werden aber auch die Schwächen deutlicher. Ein im internationalen Vergleich weit zurückgefallenes Hochschulsystem; eine unbefriedigende wissenschaftliche und wirtschaftliche Kreativität in wichtigen Zukunftsfeldern; hohe Arbeits- und Sozialkosten und ein genereller Mangel an nach vorne drängendem, jungem Unternehmertum scheinen eine alternde und bequem gewordene Gesellschaft zu kennzeichnen. Besitzstände werden verteidigt, aber neuer Besitz wird dem internationalen Wettbewerb kaum abgerungen. Der politische Prozeß tritt in beunruhigender Weise auf der Stelle und scheint den Anschluß an die sich verändernden Weltbedingungen zu verlieren. Was einmal kreativer Föderalismus und kommunale Selbstverwaltung bewirken sollten, ist zu einer unproduktiven, schwerfälligen Konsensmaschinerie verkommen. Rechtsstaatlicher Gleichheitsperfektionismus und eine Blockadekonstruktion gegenseitiger Machtkontrolle von Bundesgewalt und Länderzuständigkeit haben sich offenbar zu einem Stagnationspakt verbündet.

Wir haben im ersten Abschnitt die wesentlichen Konstruktionselemente der deutschen Wirtschaftsgesellschaft etwa so charakterisiert: politisch föderalistisch, daher auch wirtschaftlich stark mittelständisch; wissenschaftlich und kulturell deutlich dezentralisiert; eher technisch, industrie- und produktionsorientiert mit entsprechend geringeren Stärken im Handel und in den Dienstleistungen; konsensorientiert, mit einer bemerkenswerten Fähigkeit zur konstruktiven Zusammenarbeit zwischen Kapital und Arbeit; im sozialen Bereich auf staatlich mitfinanzierte Versicherungssysteme gegründet, die aber mindestens theoretisch von Arbeitgebern, Arbeitnehmern und Vertretern des Staates in Selbstverwaltung geführt werden. Das Ganze wird getragen von einer noch immer bemerkenswerten Bereitschaft zu gemeinschaftlicher Leistung, was wiederum auch eine weniger individualistische und weniger risikobereite Grundeinstellung erkennen läßt, als sie zum Beispiel die angelsächsischen Nationen charakterisierten.

Als Kern der Veränderungen wiederum haben wir beobachtet, daß in der Informationsgesellschaft durch Internationalisierung und beschleunigte Verschärfung des Wettbewerbs das evolutionäre Element gegenüber dem »konstruktivistischen« wieder stärker wird. Wo der gesellschaftliche Entwicklungsprozeß die Grenzen der politisch gestaltbaren Ordnung verläßt, dort entfaltet sich eine neue, noch unbekannte Ordnung, die jedenfalls auf absehbare Zeit den Bedürfnissen des Wettbewerbs sehr viel stärker entsprechen wird als den Wünschen der Menschen und ihren gewohnten demokratischen, aber insofern auch grenzgebundenen Institutionen. Wohin der Weg im einzelnen führen wird, wissen wir nicht, können wir bestenfalls ahnen. So, wie noch vor 300 Jahren der heutige nationale Sozialstaat eine unvorstellbare Ordnung war, wird in entsprechend ferner Zeit wohl auch dieser nationale Sozialstaat nur noch eine schwer vorstellbare Erinnerung sein.

Doch so wichtig es ist, die geschichtlichen Entwicklungen zu kennen, historisches Verstehen ist noch nicht ausreichend für gegenwärtige Politik. Wir müssen – wie letztlich auch alle uns vorangegangenen Generationen – politisch in einer Übergangsphase handeln, vermutlich sogar in einer besonders schwierigen. Und für diese Übergangsphase, in der die evolutionären Kräfte des Marktes wieder das Übergewicht gewonnen haben, brauchen wir praktische Antworten; und zwar jetzt.

Politik hat die Aufgabe, dem Menschen in seiner Zeit zu helfen, sich im friedlichen Umgang mit anderen Menschen für das Leben zu befähigen. Das Leben aber ist immer auch (wenn auch nicht nur!) eine Selbstbehauptung in Konkurrenz. Um sich aber in Konkurrenz zu behaupten, dazu muß der Bürger spüren, daß er Verantwortung für sich selber trägt, daß ihm diese Verantwortung am Ende kein Staat, keine Gesellschaft abnehmen kann. Wir alle lernen am meisten für unser Leben nicht aus unseren Erfolgen, sonden aus schmerzhaften Erfahrungen und Rückschlägen. Um solche Erfahrungen zu verarbeiten, muß man aber auch psychisch in der Lage sein, Fehlentscheidungen sich selbst zuzuschreiben, sie vor sich selbst zu verantworten. Der Mensch tut das ungern; er schiebt gern die »Schuld« auf andere. Um so wichtiger ist es, daß seine Lebensumstände ihn immer wieder auch an seine Selbstverantwortung erinnern.

Evolutionäre Veränderungen prämieren ganz ohne Zweifel diejenigen, die den neuen Zeiten risikobereit begegnen. Deutschlands Gesellschaft ist traditionell aber eher auf Perfektionierung als auf Innovation, eher auf Berechenbarkeit als auf risikoreiches Unternehmen orientiert. Die geographische, binnenland-orientierte Lage; die bitteren historischen Erfahrungen als Land der europäischen Mitte und vieler kontinentalen Machtkämpfe; die verspätete Demokratie und das den kaufmännischen Berufen skeptisch, ja hochnäsig gegenüberstehende Bildungsbürgertum – dies alles hat zu dieser heutigen Mentalität der Deutschen beigetragen.

Darüber hinaus ist unser Sozialstaat so organisiert, daß wir die Folgen von Entscheidungen, die wir selbst gefordert und in Anspruch genommen haben, selten wirklich als »Verursacher« erfahren. Wir entscheiden anonym in Gruppen, und wir empfangen anonym als in der Gruppe »Berechtigte«. Werden wir dann aber einmal auch als Verursacher – zum Beispiel auf dem Gesundheitssektor – herangezogen, dann empfinden wir dies als eine »Zumutung«. Der Lernprozeß aller Evolution, nämlich: Entscheidungen zu treffen, Entwicklungen zu verursachen und dann die Folgen zu tragen, wird gesellschaftlich behindert. In der Perfektion des Sozialstaates fehlt uns Deutschen zunehmend die Möglichkeit, aus persönlichen Fehlern zu lernen. So sind wir eine nur noch sehr langsam lernende Gesellschaft geworden. Und das heißt auch: eine innovationsträge Gesellschaft. Das ist gefährlich.

Das Deutsche Modell, der deutsche Sozialstaat, war traditionell aber durchaus auch auf Eigenverantwortung und Mitverantwortung gegründet. Pflichten wurden nicht nur als Sekundärtugenden verstanden, sondern auch als die Kehrseite von Rechten. Wer die Verantwortung der Gesellschaft für sich einforderte, der mußte auch selbst Mitverantwortung für die Gesellschaft tragen. Darüber hinaus hatte Deutschland historisch in seinem Föderalismus und in seinen gesellschaftlichen Institutionen einen bedeutenden Faktor der Dezentralisation, der zwar nicht immer individuelle Eigenverantwortung bedeutete, aber die Bürger auf allen Ebenen eng in eine gemeinsame, überschaubare und überprüfbare Verantwortung einband. Kommunale Selbstverwaltung, die Selbstverwaltungskörper des Handwerks, Handels und der Industrie, die verzweigte Vereinsstruktur, die verantwortungsvollen Betriebsräte und die Gremien der Berufsbildung seien hier als Beispiele genannt.

Die traditionellen ethischen Bindungen bürgerlicher Pflicht waren das Produkt überschaubarer Räume und Gesellschaften. Sie können deswegen so, im großen Raum der globalen Verflechtungen, wohl kaum wieder hergestellt werden, selbst wenn es die besonderen Erfahrungen der Nazi-Jahre bei uns nicht gegeben hätte. Deshalb wirken auch die vielen verbalen Appelle an Moral, Ethik und Pflichten so altmodisch und so rituell. Diese Erkenntnis sollte uns jedoch dazu veranlassen, um so mehr den Gesichtspunkten dezentraler Selbstverwaltung und individueller Eigenverantwortung in den gesellschaftlichen Gruppen und Institutionen wieder eine größere Bedeutung einzuräumen; alles wieder zu stärken, was das Bewußtsein und die Erfahrung von Verantwortung fördert. Dies muß Mittelpunkt der politischen Erneuerung des Deutschen Modells sein.

Der traditionelle Zusammenhang von Entscheidungsbefugnis und Folgenverantwortung ging ja nicht nur in Deutschland verloren. Der Verlust des Pflichtgefühls gegenüber der Gesellschaft wird überall beklagt; die Entwicklung ist also nicht nur das Ergebnis eines späten Nachhalls totalitären Mißbrauchs. Das Anwachsen der Ansprüche und der gleichzeitige Verlust bindender Pflichten in allen Industriestaaten ist vielmehr das unvermeidliche Ergebnis der räumlich immer weiter gesteckten Verflechtungen und einer sich weltweit organisierende Arbeitsteilung. Deswegen ähneln sich auch die Klagen hierüber in allen Ländern. Alle modernen Sozialstaaten suchen folglich auch nach einer »artifiziellen« Rekonstruktion von Eigenverantwortung in ihrer Gesellschaft. Nur so können nämlich die Bürger in der international verflochtenen Informationsgesellschaft überleben. Im Umweltschutz haben es alle begriffen. Hier heißt die Antwort: Verursacherprinzip. Und dieser Grundsatz wird interessanterweise oft gerade von denen vehement vertreten, die in anderen Gesellschaftsbereichen, wie zum Beispiel dem Gesundheitswesen, auch nur Andeutungen einer Rekonstruktion der Eigenverantwortung auf das heftigste bekämpfen. Um die Rückgewinnung des Prinzips Eigenverantwortung geht es aber heute in der *ganzen* Gesellschaft.

Die Wiedergewinnung einer Lernfähigkeit unserer Gesellschaft durch die Rekonstruktion von erfaßbarer Eigenverantwortung ist keine Aufgabe für Appelle oder Ethikseminare: Es ist eine Aufgabe für Organisatoren, für Sozialingenieure, deren Ziel es sein muß, trotz der immer weiter verzweigten Arbeitsteilung (und obwohl Verursachung und Verursachungsfolgen räumlich und organisatorisch immer weiter auseinanderfallen), das Prinzip Eigenverantwortung als Grundlage des gesellschaftlichen Lernens zu stärken. Hier wird für die Politik ein genauer Blick auf Entwicklungen in der wettbewerbsgewohnten Wirtschaft hilfreich.

Betriebswirtschaft und Management haben nach langen Perioden hierarchischer Ordnung begriffen, daß es für die produktive Entwicklung einer offeneren und komplexeren Wissens-Gesellschaft auch in ihren Großorganisationen unerläßlich ist, Entscheidungsbefugnisse wieder enger mit der Verantwortung für die Folgen von Entscheidungen zu verknüpfen. Große Organisationen wurden dafür in kleinere Einheiten gegliedert; in Profitcenters oder in noch kleinere rechtlich selbständige Unternehmenseinheiten. Unternehmensteile wurden verkauft, weil sie in ihrer Aufgabenstellung besser an anderer Stelle oder auch verselbständigt, unternehmerischer geführt werden konnten. Tätigkeiten wurden funktional gebündelt, um sie überschaubar und damit in ihrer Leistung überprüfbarer zu machen.

Diese Rückkehr zu mehr erfahrbarer und überprüfbarer Eigenverantwortung war der Schlüssel zur Erneuerung der amerikanischen Wirtschaft – und nicht die Einschnitte in das soziale Netz (soweit dort überhaupt eines bestand). Die Grundidee war, mehr unternehmerische Verantwortung und Motivation bei den Mitarbeitern zu entwickeln. Daß dann mit Hilfe neuer Informations- und Kommunikationstechniken auch erhebliche Kostensenkungen möglich wurden, das war eher das Ergebnis als der Anfang des Paradigmenwechsels im Management. Von der Hierarchie zur Eigenverantwortung, das war die Strategie der Rekonstruktion.

Als Peters und Waterman 1982 ihr dann weltweit so erfolgreiches Buch »In Search of Excellence« in den USA veröffentlichten, befand sich die amerikanische Wirtschaft in einer Krise. Das traditionelle Organisationsprinzip steiler Hierarchien und enger Kontrollen hatte sich in der aufbrechenden Informationsgesellschaft festgefahren. Wir vergessen ja schnell, doch damals, vor kaum 15 Jahren, fühlten sich die USA wirtschaftlich als Versager, gedemütigt insbesondere von japanischer Überlegenheit. Es gab eine heiße Debatte über unzureichende Wettbewerbsfähigkeit und Marktverluste, insbesondere gegenüber den Japanern; aber auch gegenüber der alten Bundesrepublik Deutschland. Und im Mittelpunkt dieser Debatte standen nicht Kosten, Steuern oder Arbeitszeiten, sondern die Einstellung des Managements gegenüber Mitarbeitern und Märkten: Zu hierarchisch und zu marktfern, lautete das Urteil. Die amerikanische Industrie, so Peters und Waterman, arbeite in einem »Modell zu eng definierter Rationalität«, das die Bedürfnisse und Fähigkeiten der Menschen weder befriedigen noch ausschöpfen könne. Mit anderen Worten: Es gab zu wenig Eigenverantwortung. »Unser Kontrollsystem«, so wurde ein General-Motors-Manager damals zitiert, »ist offenbar unter der Annahme konzipiert worden, daß 90 % der Leute faule Nichtstuer sind, die nur darauf warten zu lügen, zu stehlen oder uns auf andere Weise zu schaden. Dadurch demoralisieren wir 95 % unserer Mitarbeiter ...« Peters und Waterman beschrieben dann in »Search of Excellence« die Grundstruktur besonders erfolgreicher Unternehmen und kamen unter anderem zu dem Ergebnis, daß die Aufgliederung der Großbetriebe in kleinen Gesellschaften zu unabhängigerem Denken und zu mehr Wettbewerbsfähigkeit führe; zu einer Produktivität *durch* die Menschen, weil so in *allen* Mitarbeitern das Bewußtsein entstehe, ihre persönliche Anstrengung sei entscheidend und daß man selbst teilhaben werde an den wirtschaftliche Ergebnissen des Unternehmenserfolges.

Verfolgt man die Entwicklung der Managementtheorien über die vergangenen Jahrzehnte, so wird bei allen Schwankungen und kurzlebigen Moden eine Grundlinie sehr deutlich: Parallel zu den Fortschritten der Informationstechniken und Kommunikationsverflechtungen fand auch ein Wandel der Managementtechniken statt, in dem es immer darum ging, den wachsenden Entscheidungskomplexitäten mit der technisch möglich gewordenen Dezentralisation zu begegnen. Eine Verlagerung von Verantwortung auf die dezentrale Ebene sollte den veränderten Wettbewerbsbedingungen Rechnung tragen. Die Verlagerung von Entscheidungen aus einer hierarchisch agierenden Zentrale an dezentrale und in ihrem Aufgabenbereich jeweils besser informierte Stellen bedeutete im Kern aber immer auch eine Wiederherstellung von Verantwortung in kleineren Einheiten. Entscheidungen und die Verantwortung für ihre Folgen wurden dort, im besser überschaubaren Bereich, wieder zusammengeführt.

Diese Erfahrung ist international. In Deutschland hat Reinhard Mohn über Jahrzehnte am Erfolgsbeispiel Bertelsmann für eine Unternehmenskultur geworben, die Arbeitnehmer in eine klar definierte Verantwortung stellt und ihnen damit »Glückserfahrung« und wirtschaftliche Erträge aus erfolgreich getragener Mitverantwortung ermöglicht. Wo Sachverstand mit Entscheidungsbefugnis gepaart wird, aber auch die Folgen der Entscheidungen verantwortlich mitgetragen werden, dort entsteht Lernbereitschaft und Innovationsfähigkeit. Und zusammen wiederum schafft dies Motivation.

Inzwischen geht in zahlreichen Betrieben dezentralisierte Eigenverantwortung noch weiter als bis zur Ebene unternehmerisch verselbständigter Betriebsteile; heute ist die Gruppenarbeit vom Experimentierfeld zur durchdachten Managementstrategie geworden. Nicht nur in der Automobilindustrie, sondern immer häufiger auch in anderen komplexen Produktionsprozessen werden Produktionsverfahren und andere Unternehmensaufgaben auf dezentral organisierte Kleinstgruppen verlagert. In dem 1994 erschienenen Buch »Inside Teams« von Wellin, Byham und Dixon wird in faszinierender Weise beschrieben, wie amerikanische Großunternehmen (u.a. Texas Instruments, Kodak und Eastman Chemical) ihre Leistungen auf diesem Wege nahezu revolutionär verbessern konnten.

Dezentralisation in der Wirtschaft heißt allerdings *nicht*, die ganzheitliche Unternehmensführung aufzugeben. Es handelt sich vielmehr um ein komplexes Organisationsprinzip, das der in der Politik immer häufiger beschworenen »Subsidiarität« vergleichbar ist. Es geht um die Zuordnung von Zuständigkeiten auf die jeweils optimale Verantwortungsebene. Gruppenarbeit in den Unternehmen ist ein Beitrag zum Erfolg des Unternehmens, aber sie ist eben nicht das Unternehmen selbst. Dieses braucht verbindende Ziele, die von der Zentrale gesetzt und koordiniert werden müssen. Die dezentrale Ebene braucht klar umrissene Aufgaben in diesem Rahmen, um ihrerseits einen optimalen Beitrag zur Erfüllung der Unternehmensziele zu leisten. Die Motivation des Unternehmens*teiles* ginge verloren, wenn der jeweilige Teil sich nicht als produktiver Bestandteil eines produktiven *Ganzen* verstehen könnte. Aufgabe und Verantwortung, Gesamtziel und Teilbetrag müssen klar sein, wenn es für alle nachhaltige Erfolge geben soll.

Für uns bleibt an dieser Stelle wichtig festzuhalten, daß die Wirtschaft heute tut, worüber die Politik redet: Die Erneuerung durch Dezentralisation, das heißt durch definierbare Eigenverantwortung. Die amerikanische Betriebswirtschaft nennt den Weg unbefangen »reengineering«, also eine organisatorische Rekonstruktion des Unternehmens. Genau das brauchen wir auch in der Politik. Denn wenn wir von Informationsgesellschaft und Globalisierung sprechen, geht es um starke Kräfte der Veränderung in der *ganzen* Gesellschaft. Wir benötigen folglich Veränderungen auch in der Politik und in den politischen Strukturen der Gesellschaft. Eine Rekonstruktion der Sozialen Marktwirtschaft unter grundsätzlich veränderten Bedingungen kann sich nicht auf die Unternehmensseite beschränken. Dazu spielt die Politik als Teil des Wettbewerbssystems, wie wir gesehen haben, eine zu große Rolle. Der Sozialstaat, seine Zuordnung von Verantwortung und seine Entscheidungsprozesse sind ebenfalls betroffen.

Wenn aber in Deutschland heute über die notwendigen Reformen gesprochen wird, dann beginnt die Debatte fast immer mit einer Aufforderung zum Sparen. Und so verstehen die Menschen die notwendigen Reformen in erster Linie als »Einschnitte in das soziale Netz«. Es geht aber nicht um Einebnung oder gar Aufgabe des Sozialstaates, sondern um seine Rekonstruktion. Das allerdings ist viel mehr als nur eine Anpassung im Detail. Und das bedeutet auch, daß »Sparen« jeweils nur Folge, nicht unmittelbares Ziel sein sollte. Es geht darum, die Folgen der Veränderungen in der Welt und damit auch in unserer Gesellschaft, in den *Strukturen* von Gesellschaft *und* Sozialstaat so abzubilden, daß die Gesellschaft unter den veränderten Bedingungen wieder »lernfähig« wird und sich den Notwendigkeiten anpassen, aber auch den neuen Chancen öffnen kann.

Die zentrale Reformaufgabe für jede Industriegesellschaft liegt heute in der Wiedergewinnung einer größeren Übereinstimmung zwischen der Befugnis zu fordern beziehungswiese zu entscheiden einerseits – und dem Tragen und Verantworten der Folgen solcher Forderungen oder Entscheidungen andererseits. Wo aber im technischen Fortschritt und im Wirbel der Globalisierung an so vielen verschiedenen Stellen so unterschiedliche Antworten gegeben und so verschiedene Reformschritte getan werden müssen, dort kann nur noch über spürbare Eigenverantwortung kleiner Einheiten, also der Regionen (Länder), der Betriebe und der Menschen selbst, erfolgreich gesteuert werden. Man könnte dies auch durch die Umkehrung der alten Volksweisheit verdeutlichen: Nicht nur wer bezahlt, schafft an – sondern wer anschafft, der muß eben auch bezahlen. Nur so kann nämlich der demokratische Gedanke der Selbstbestimmung wieder mit dem Gemeinsinn und mit sozialer Verantwortung verbunden werden.

Die Rückkehr zu mehr Eigenverantwortung auf allen Ebenen führt dann auch zu einer Beschneidung der so unerträglich gewordenen Politisierung aller gesellschaftlichen Bereiche. Die parteipolitische Durchdringung aller Institutionen – vom Rundfunk über die Universitäten bis zu den Rentenkassen – hätte kaum mehr eine Chance, wo Eigenverantwortung die Entscheidungsfolgen sachlich *und* finanziell offen zu tragen hätte. Eine Entpolitisierung in diesem Sinne wäre ein großer Schritt auch in Richtung auf mehr Wettbewerbsfähigkeit der Gesellschaft.

Erneuerungsbedarf im Deutschen Modell

Aus historischen Wurzeln, großen politischen und sozialen Reformen zu Beginn und zum Ende des 19. Jahrhunderts, aus den bitteren Erfahrungen von zwei Weltkriegen und Diktatur war in Westdeutschland nach 1945 eine Gesellschaft entstanden, die nicht nur als »Wirtschaftswunder«, sondern eben auch als Deutsches Modell Weltruf gewann. Daß diese Gesellschaft nach Diktatur, Befreiung, Niederlage, Besetzung und Teilung ihre Sicherheit oft in einer restaurativen Rückwendung in weiter zurückliegende »Normalität« suchte, ist verständlich; daß sie zugleich in vielen Feldern der Politik auch zu großen Neuerungen fähig war – ich erwähnte nur Mitbestimmung und die Rolle eines Motors im europäischen Integrationsprozeß – ist allerdings ebenfalls richtig. Das Deutsche Modell war lange Zeit hindurch sehr innovativ.

Doch das System als Ganzes begann immer mehr an den Folgen eines detailbesessenen Rechtsperfektionismus zu leiden; es begann zu erstarren und Kosten zu produzieren (wie etwa das Kindergeld an reiche Leute), die ebenso überflüssig wie systemimmanent waren. Seit Jahrzehnten nun streiten wir über Reformen. Aber die deutsche Reformdebatte leidet nicht nur daran, daß viele Projekte im Streit der Parteien steckenbleiben; auch nicht nur an der für die Bürger unübersichtlichen Vielfalt von Reformvorhaben – am nachteiligsten ist wohl, daß notwendige gesellschaftliche Reformen der Öffentlichkeit fast immer in erster Linie als Sparprojekte präsentiert werden. Wie eine Strafe werden dem Bürger die Eingriffe in das soziale Netz präsentiert. Im Grunde geht es aber, wie wir gesehen haben, in unserer Gesellschaft gar nicht vorrangig um das Sparen, sondern um die Rückgewinnung der Steuerbarkeit eines System, das durch demographischen Strukturwandel, technologische Veränderungen in der Kommunikation und den damit verbundenen zunehmenden Rationalisierungsdruck sowie den wachsenden Einfluß internationaler Wettbewerbskräfte seine umfeldorientierte Steuerbarkeit in wichtigen Bereichen eingebüßt hat. Nur eine Erneuerung dieser Steuerbarkeit des Sozialstaats kann aber auch nachhaltige Spareffekte bewirken; umgekehrt wird *kein* Schuh daraus.

Was daher oft polemisch nur als »Sozialabbau« oder Beschneidung errungener sozialer Besitzstände, als »Kapitalismus pur« oder »Machtspiel von Multis« angeprangert wird, ist in Wirklichkeit der viel zu punktuelle Versuch von Wirtschaft und Politik, gezwungenermaßen auf veränderte Bedingungen zu antworten. So aber erfolgen die Antworten für den Bürger weitgehend zusammenhanglos; es muß ihm schwerfallen, Notwendigkeit, Gründe und Strategie der Reformeingriffe zu begreifen.

Erhaltung und Wiedergewinnung der Wettbewerbsfähigkeit Deutschlands ist ein weitverzweigtes und komplexes Thema. Es wäre unmöglich, hier alle wesentlichen Zusammenhänge noch einmal aufzunehmen. Ich konzentriere mich hier auf das Hauptthema meiner Betrachtungen: Erneuerung der Eigenverantwortung in dem auf Dezentralisation gegründeten Deutschen Modell; und auch das nur auf einigen zentralen Feldern. Am Beispiel einiger wichtiger Schwerpunkte der Refomdebatte will ich versuchen, einen strategischen Zusammenhang in der Rekonstruktion von Eigenverantwortung als Steuerungsinstrument der Gesellschaft herzustellen.

Halbierung der Arbeitslosigkeit?

Zu Beginn des Jahres 1995 war Bundeskanzler Helmut Kohl wohl ehrlich bemüht, in einer Art konzertierter Aktion dem Gedanken des IG-Metall-Vorsitzenden Klaus Zwickel zu folgen und durch eine gemeinsame Anstrengung aller verantwortlichen Gruppen notwendige Maßnahmen zur Bekämpfung der Arbeitslosigkeit durchzusetzen. Das angestrebte »Bündnis für Arbeit« scheiterte dann an der Ungeschicklichkeit der Regierung, die von den Gewerkschaften für tabu erklärte »Lohnfortzahlung im Krankheitsfall« durch eine Gesetzesinitiative einzuschränken. Allerdings nur scheinbar: Denn auch wenn dies der äußere Anlaß war, der innere Grund für das fatale Scheitern des Vorhabens »Bündnis für Arbeit« war seine offenkundig völlig unzureichende inhaltliche Vorbereitung.

In den Niederlanden, in Dänemark, ja sogar in den USA hatten sich verantwortliche Politiker gegnerischer Parteien zuvor bereit gefunden, die Fakten des weltweiten Strukturwandels (wissenschaftliche Analysen, wirtschaftspolitische Schlußfolgerungen und die internationalen Erfahrungen) relativ unvoreingenommen zur Kenntnis zu nehmen. So gab es zum Beispiel in den Niederlanden zwar keine grundsätzliche Übereinstimmung linker und rechter Parteien, als Anfang der achtziger Jahre die heute erfolgreiche Politik der Lohnzurückhaltung beschlossen wurde, doch die Eingriffe in die Sozialleistungen, die Neuordnung wirtschaftspolitischer Verantwortung der Gebietskörperschaften usw. wurden dennoch durch einen großen nationalen und überparteilichen Konsens ermöglicht. In Bonn jedoch ging Klaus Zwickel mit der offensichtlich unerfüllbaren Forderung an den Verhandlungstisch, die Arbeitgeberseite der Industrie möge sich zur Schaffung von 300 000 zusätzlichen Arbeitsplätzen *verpflichten*.

Schon dies zeigte, daß die Gruppe am Kanzlertisch nicht nur in ihren Interessen weit auseinander lagen; das wäre ja normal und überbrückbar. Das Problem in Bonn war vielmehr, daß die

Verhandlungsparteien in der Einschätzung sowohl der Lage als auch der aus ihr folgenden Notwendigkeiten und Chancen faktisch ohne jede Gemeinsamkeit waren. Insbesondere die Gewerkschaften, gebunden an noch immer von vielen Illusionen geprägte Funktionärsschichten, konnten keine wirklichen Verhandlungen führen, denn dafür hätten sie sich auf den Boden einer Wirklichkeit stellen müssen, die von der Regierung leider sehr viel akkurater beschrieben wurde als von SPD und Gewerkschaften. Natürlich waren auch nicht alle Vorschläge der Regierung richtig; auch ihre Erwartungen an die Wirkung einzelner Reformschritte waren nicht immer realistisch. Aber eben darüber, über die Wirkung verschiedener Maßnahmen, können »Ärzte« doch nur sinnvoll streiten, wenn sie wenigstens in der Diagnose und der Einschätzung von Fakten weitgehend einig sind!

Liest man die zahlreichen internationalen und deutschen Studien über die Problematik der deutschen Arbeitslosigkeit im Zusammenhang, so drängen sich diese Ergebnisse auf:

(1) Der Standort ist zu teuer, also muß beim Lohnniveau und bei den Lohnnebenkosten etwas geschehen.

(2) Lohnzurückhaltung und Einschnitte im Renten- und Gesundheitssystem werden jedoch nicht genügen, weil es entscheidend um die Struktur der Löhne geht. Die Wiederherstellung der Vollbeschäftigung über industrielles Wachstum, technische Innovation, gehobene Dienstleistungsjobs oder Arbeitszeitverkürzung ist Illusion. All diese Aspekte sind wichtige Beiträge, der Kern des Problems wird jedoch von ihnen nicht berührt. Dieser Kern steckt in der Tatsache, daß viele der verbleibenden, nicht oder nur schwer rationalisierbaren Tätigkeiten solche mit niedrigerem Produktivitätszuwachs sind. Ohne eine Öffnung der unteren Lohnbereiche, insbesondere im Dienstleistungssektor, wird es den erhofften Beschäftigungsdurchbruch nicht geben. Das kann man durch Teilzeitareit machen, die dann aber zum Lebensunterhalt nicht reicht. Das kann man aber auch dadurch machen, daß die Löhne nach unten sehr viel weiter gespreizt werden.

(3) Eine deutliche Öffnung der Lohnstruktur nach unten wirft aber erhebliche Probleme im Bereich der Lohnersatzleistungen (Arbeitslosengeld, Arbeitslosenhilfe) und bei der Sozialhilfe auf, weil zwischen diesen und den Arbeitslöhnen ein angemessener Abstand bestehen muß, wenn man über den »Markt« (d.h. ohne Zwang über die freie Entscheidung des Arbeitnehmers) erreichen will, daß Arbeit in den unteren Lohngruppen auch angenommen wird. Das aber heißt im Kern: Die Eigenverantwortung des Arbeitnehmers muß ein wirksamerer Schlüssel für mehr Beschäftigung werden. Denn die Alternative wäre nur ein gesetzlicher Zwang zur Arbeit, wie er in einigen ausländischen Systemen bereits im Ansatz gegeben ist. So – oder anders – wird es ohne mehr Eigenverantwortung der Arbeitslosen selbst nicht gehen.

(4) Werden aber Löhne für einfachere Arbeit und im Zusammenhang damit zwangsläufig auch die Lohnersatzleistungen und die Sozialhilfe gesenkt, ergeben sich schwerwiegende soziale Probleme, wie sie die USA und Großbritannien mit ihren »working poor« längst haben.

Wie kann man also das eine tun, nämlich eine Öffnung der unteren Lohnbereiche bewirken, und das andere – die soziale Zerklüftung der Gesellschaft – vermeiden?

Grob, aber doch nicht unzulässig vereinfacht, ist es eigentlich *nur* diese Frage, um die es für eine breitere Konsensfindung bei der Bekämpfung der Arbeitslosigkeit heute noch geht. Die Debatte über die Lockerung des Flächentarifvertrages ist weit fortgeschritten; die Beweglichkeit der Betriebe nimmt zu; die Systeme der Sozialversicherung stoßen so eindeutig an ihre Grenzen, daß Rekonstruktionen inzwischen weitgehend akzeptiert werden. Das offene Problem ist: Wie gehen wir mit den Folgen einer unausweichlichen Öffnung der unteren Lohnbereiche für die einfachen Dienstleistungen *sozial* um?

Die USA haben Sozialhilfe und Arbeitslosenunterstützung schlicht zeitlich begrenzt, die Verantwortung auf die Einzelstaaten verschoben und warten nun ab, was sich hier »evolutionär«

herausschält. Tony Blair in Großbritannien verschärft im Prinzip noch einmal die Zumutbarkeiten, um die »workless class« zu aktivieren; sein Sozialminister überlegt, durch feste Budgets die Eigenverantwortung den Gemeinden zuzuweisen. Ähnlich wie die Niederlande und Dänemark. Kann das erfolgreich sein?

Es gibt auch für Deutschland die Chance, die Zahl der Arbeitslosen relativ kurzfristig zu halbieren. Aber sie liegt weder im Wirtschaftswachstum (obwohl es natürlich von Bedeutung bleibt!) noch in einer (realistischen) Senkung der Lohnnebenkosten; beides ist notwendig und wäre ein wichtiger Beitrag. Auch die große Steuerreform ist unerläßlich. Entscheidend für eine massive Senkung der Arbeitslosigkeit aber wird es sein, daß wir die *einfachen* Tätigkeiten wieder bezahlbar und dies zugleich sozial vertretbar machen. Das USA-System der *tax credits* (Negativsteuer), Lohnkostenzuschüsse und ähnliche Ansätze wurden bereits erwähnt. Sie müssen geprüft, ehrlich diskutiert, entschieden und föderal probiert werden.

Noch einmal sei hier daran erinnert: Die Wissensgesellschaft stellt immer höhere Anforderungen; sie selektiert nach Leistung und Befähigung. Wir werden das nicht ändern. Wenn wir aber für die weniger Befähigten keine Arbeitsplätze zur Verfügung halten, weil wir die Preise (also Löhne) für ihr Angebot über den erzielbaren Marktpreisen ansetzen, dann handeln wir unsozial und politisch gefährlich. Sozial wäre es, die Löhne für diese Arbeiter den Marktpreisen wieder zu nähern und den notwendigen Einkommensausgleich für sie über Steuertransferzahlungen zu ermöglichen. Ein gemeinsamer Schritt zu einer einschneidenden Senkung der Arbeitslosigkeit in Deutschland ist nötig und bei richtigem Ansatz auch nicht ohne Chance. Jeder erfolgreiche Schritt setzt aber voraus, daß man die Kräfte des Wandels begriffen hat, sie respektiert, die Möglichkeiten und Grenzen der Politik in Rechnung stellt *und* das Potential des Deutschen Modells zur Konsensbildung produktiv einsetzt. Allerdings, das oft beschworene Jahr 2000 ist nicht mehr fern.

Mehr Eigenverantwortung für die Betriebe

Für die Erhaltung der Wettbewerbsfähigkeit des Standortes Deutschland ist die schnelle Anpassungsfähigkeit der Betriebe an die sich verändernden Wettbewerbsbedingungen eine, vielleicht sogar *die* zentrale Frage. Für den im Deutschen Modell bisher besonders wichtigen Baustein produktiver, konsenssuchender Beziehungen von Kapital und Arbeit im Betrieb spielte historisch der Betriebsrat die entscheidende Rolle. Einige wesentliche Eckwerte des Arbeitslebens, wie die zulässige Länge der Arbeitszeit oder die Respektierung von Feiertagen, wurden zwar schon früh Gegenstand nationaler Regelungen; für diese waren die Gewerkschaften zuständig. Aber viele wichtige Einzelheiten blieben zunächst im Zuständigkeitsbereich der Betriebsvertretungen.

Schrittweise jedoch wuchs der Einfluß der Gewerkschaften und der von ihnen verhandelten und abgeschlossenen Tarifverträge auch auf Bereiche des täglichen Betriebsgeschehens. Gleichheit der Wettbewerbsbedingungen in den vorrangig national abgegrenzten heimischen Märkten waren im Interesse beider Tarifparteien: Für die Unternehmer wirkten Vereinheitlichungen in den Tarifverträgen wie ein Kostenkartell; für die Gewerkschaften sicherten diese Verträge den sozialen Mindestbestand der Arbeitnehmerrechte. Immer detaillierter, immer perfektionistischer wurden die Tarifverträge. Es entstanden das Institut der Flächentarifverträge und eine auf ihre Bedeutung zugeschnittene Gesetzgebung. Beides machte es den Gewerkschaften möglich, auf nationaler Ebene die Einhaltung vereinbarter Tarife und Arbeitsbedingungen durchzusetzen (Allgemeinverbindlichkeit und Günstigkeitsprinzip) und eine stabile Beziehung der Tarifparteien auf nationaler *und* auf Betriebsebene herzustellen. Die Gleichheit nahm zu, die Beweglichkeit nahm ab.

»Ist heute von Tarifautonomie die Rede«, so heißt es in einem Strategiepapier der IG Metall zum Thema Flächentarifverträge aus dem Frühjahr 1997, »dann sind im Grunde genommen die formalisierten und rechtlich sanktionierten Beziehungen zwischen den Arbeitsmarktparteien, Gewerkschaften und Arbeitgeberverbänden gemeint.« Eine richtige Analyse der Lage: Der Betriebsrat hat seine frühere Bedeutung weitgehend verloren. Auf diesem Wege löste sich auch ein erheblicher Teil gewachsener Mitverantwortung der Betriebsräte für die Wettbewerbsfähigkeit der Betriebe auf. Die Betriebsräte blieben zwar für viele wichtige Einzelheiten der Kapital-Arbeit-Beziehungen im Tagesgeschehen zuständig und dafür auch den Kolleginnen und Kollegen im Betrieb verantwortlich. Aber das Schicksal des Unternehmens stand bei diesen Fragen selten auf dem Spiel.

Konjunktur, Strukturwandel, technologische Innovationen und andere, oft dramatische Veränderungen der Wettbewerbslage treffen zwar die Betriebe, aber die erforderlichen Anpassungsentscheidungen liegen, wegen der Verbindlichkeit der Tarifverträge, meist bei den Gewerkschaftszentralen. Die intellektuelle Auseinandersetzung mit den für das Schicksal des Einzelnen entscheidenden allgemeinen Entwicklungen findet folglich in den Stäben der Gewerkschaften statt, aber immer seltener im Dialog zwischen der Unternehmensleitung und den Betriebsräten. So verkümmerte der im Betriebsverfassungsgesetz vorgesehene betriebliche Wirtschaftsausschuß, der die wichtigste Informationsquelle und das bedeutendste Einflußinstrument der Betriebsräte darstellt. Beratungen wurden hier häufig zu einer Formalie, weil lange Zeit hindurch auf Betriebsebene gar keine Möglichkeit bestand, die Wettbewerbsfähigkeit des Unternehmens entscheidend zu verändern.

Diese starre Situation, in der auf der Arbeitnehmerseite die einen für die Wettbewerbsbedingungen des Betriebes verantwortlich geworden waren (Gewerkschaften), die anderen aber die Folgen tragen mußten (Belegschaften und Betriebsräte), geriet durch den »Globalisierungseffekt« zunehmend unter Druck. Heute ist unbestritten, daß entweder eine grundsätzliche Reform der Institution des Flächentarifvertrages und der dazugehörigen

Gesetzgebung erfolgen muß, oder daß dieses Institut als Ganzes verschwinden wird.

Reform des Flächentarifvertrages heißt Rückübertragung entscheidender Verantwortungen von den betriebsfernen Zentralen der Gewerkschaften und der Arbeitgeberverbände auf die Betriebsebene, auf Geschäftsleitung und Betriebsrat. Das wiederum heißt, im Zusammenhang unseres Verständnisses der allgemeinen gesellschaftlichen Entwicklung: Stärkung der Eigenverantwortung *dort*, wo Entscheidungsbefugnis sinnvoll mit der Verantwortung für die Entscheidungsfolgen zusammenfließen kann. Es ist verständlich und begründet, wenn hier beide Seiten, Arbeit und Kapital, zunächst sehr vorsichtig vorgehen. Denn es ist für die Kapitalseite ebenso wichtig wie für die Arbeitnehmervertreter, daß grundsätzliche Auseinandersetzungen über die Rahmenbedingungen der Arbeitsverhältnisse nicht ganz auf die letztlich schwächere Ebene, den Betrieb, verlagert werden.

Aber die Betriebsebene muß dennoch im Zuge wachsender Globalisierung wieder mehr Verantwortung übernehmen. Das für uns Bemerkenswerte in dieser Situation ist, daß im Deutschen Modell die grundsätzlichen Voraussetzungen für eine kompetente Eigenverantwortung auf Betriebsebene noch immer in vergleichsweise sehr günstiger Struktur gegeben sind. Denn die Bereitschaft, sich im Betrieb in einer der Wettbewerbslage angemessenen Weise zu verständigen, ist noch immer groß. Der bisherige deutsche Wettbewerbsvorteil guter Kapital-Arbeitsbedingungen besteht auf der Betriebsebene eindeutig fort; wichtige Betriebsvereinbarungen der letzten Zeit in einigen großen Unternehmen (z.B. Ford und VW) belegen dies. Auch das deutsche Unternehmertum hat insofern seine traditionell gemeinschaftsorientierte Haltung noch nicht eingebüßt. Das Deutsche Modell könnte hier also auch in Zukunft erneut sehr gut funktionieren, wenn wieder wirkliche Eigenverantwortung zur Steuerung der Entwicklungen hergestellt wird.

Dabei sollten die Gewerkschaften auch in Zukunft eine bedeutende Rolle dort spielen, wo es um grundsätzliche Regelungen geht, damit Arbeitnehmer und Betriebe nicht allzu unfair gegeneinander ausgespielt werden können. Aber die heute geltenden detaillierten und betriebsübergreifenden Regelsysteme des Flächentarifvertrages erweisen sich angesichts des zunehmenden grenzüberschreitenden Wettbewerbs und der technologischen Differenzierung der Unternehmen als unhaltbar. Die Debatte über eine grundlegende Reform der Flächentarifverträge ist daher für Deutschland mit Recht zu einem Thema von überragender wirtschaftspolitischer Bedeutung geworden.

Gegenwärtig wird hierüber auf mehreren Ebenen gesprochen. Es gibt eine theoretische Diskussion von Wirtschaftswissenschaftlern und Politikern; das Thema ist dann Streitpunkt auf den internen Konferenzen beider Tarifparteien; und schließlich findet praktisches Handeln zum Beispiel durch den kürzlich abgeschlossenen Tarifvertrag der Chemischen Industrie statt, der den Betrieben mehr Flexibilität gewährt. Aber auch der Austritt von immer mehr Unternehmen aus den die Verbindlichkeit der Flächentarifverträge begründenden Arbeitgeberverbänden kennzeichnet die Entwicklung; das gilt insbesondere für Ostdeutschland.

Die deutsche Tagespolitik scheut das Thema, weil es angeblich nur Gegenstand der Tarifautonomie sein könne. Das jedoch ist aus meiner Sicht ein Fehler. Der neue Staat sollte Koordinator gesellschaftlicher Eigenverantwortung sein, nicht nur Schiedsrichter oder Zuschauer auf der Tribüne. Der Staat muß deswegen gerade in der Zeit des Wandels bei der Restrukturierung der Sozialen Marktwirtschaft eine entscheidende Rolle spielen. Wenn eine so bedeutsame Frage wie die Wirkung der Flächentarifverträge bewegt werden soll und wenn aufgrund des bestehenden Regelsystems über das Betriebsverfassungsgesetz der Gesetzgeber sogar selbst betroffen sein wird (oder besser: die Tarifparteien vom Gesetzgeber), dann gehört ein solches Thema, wenn auch mit großer Behutsamkeit, auch auf den Kabinettstisch.

Die Politik ist dafür verantwortlich, daß die Tarifparteien im Interesse der Gesellschaft die notwendige politische Unterstützung erfahren, damit sie die Lösung ihrer (und unserer!)? Probleme zügig voranbringen können. Denn es wird dabei darauf ankommen, eine Lösung zu finden, bei der die Gewerkschaften ihre Bindekraft, soweit dies irgend möglich ist, bewahren, *obwohl* den Betrieben und Betriebsräten für alle Entscheidungen, die für die jeweils spezifische Wettbewerbslage des Unternehmens bedeutsam sein können, eine erheblich größere Eigenverantwortung zugemessen werden muß. Das *Institut* des Flächentarifvertrages ist etwas anderes als die *Ausgestaltung* eines Tarifvertrages in seinen Einzelheiten, die selbstverständlich Sache der Tarifpartner bleiben muß. In den Zeiten von Wirtschaftsminister Karl Schiller wäre die als Grundsatzthema Gegenstand einer klausurartigen »konzertierten Aktion« gewesen. Es ist ein großer Verlust für die Republik, daß diese konsensfördernde Institution nicht weiterentwickelt werden konnte. Eine Reformpolitik für die Erneuerung des Deutschen Modells braucht diese Einrichtung und muß sie zurückgewinnen.

Das Fortschreiten komplexer internationaler Wettbewerbsverflechtungen ist unaufhaltsam. Die in Deutschland traditionell sehr konstruktiven und pragmatischen Beziehungen zwischen Arbeitnehmern und Unternehmensleitungen, aber auch zwischen Gewerkschaften und Arbeitgeberverbänden, bleiben ein bedeutsamer Baustein des Deutschen Modells im internationalen Wettbewerb. Dieser Baustein droht jedoch aus dem Mauerwerk zu fallen, wenn es nicht gelingt, sowohl die notwendigen Strukturveränderungen in Richtung auf mehr Verantwortung für die Betriebe als auch den Erhalt einer überbetrieblichen Solidaritätsklammer der Gewerkschaften zu erreichen. Flächentarifvertrag und Mitbestimmung bedürfen einer strategischen Erneuerung.

Eine Politik für mehr Eigenverantwortung auf der Betriebsebene ist der Schlüssel für die zukünftige Wettbewerbsfähigkeit des Standortes Deutschland. Für die Gewerkschaften ist diese Veränderung am schwierigsten. Sie bedürfen daher der verständnisvollen politischen Hilfestellung für einen Kurswechsel, den sie nicht werden vemeiden können. Das Deutsche Modell bietet aber gerade hier Chancen, die es bis heute weder in der angelsächsischen Unternehmenskultur noch bei vielen unserer europäischen Nachbarn gibt. Bei uns besteht eben noch immer ein gemeinschaftsorientiertes Arbeit-Kapital-Verhältnis. Aber es ruht auf zwei Säulen: Gewerkschaften und Betriebsräte, zentral und dezentral. Die Aufgabe, dieses System wieder beweglich zu differenzieren, das heißt stärker zu dezentralisieren, ist eine eminent politische; die Reform wird deswegen erfolgreich am Ende auch nur mit aktiver Hilfe der Politik verwirklicht werden können.

Eigenverantwortung steuert die Kosten der Sozialversicherung

Kein Thema wird im Zusammenhang mit den weltwirtschaftlichen Veränderungen heftiger in der Öffentlichkeit debattiert als die Kostenentwicklung der Sozialversicherung. Als sogenannte Lohnnebenkosten spielen sie in der Diskussion eine Schlüsselrolle für die Betriebskosten am Standort Deutschland. Auch wenn ein erheblicher Teil der Lohnnebenkosten von den Tarifparteien vereinbart und nicht gesetzlich bestimmt ist, geht die Debatte im wesentlichen um gesetzliche Maßnahmen.

Obwohl Deutschland in der Höhe des Anteils der Lohnnebenkosten weniger von manchen europäischen Konkurrenten abweicht, als unsere Diskussion gelegentlich vermuten läßt, zeigen auch hier wiederum Kontinentaleuropa und die angelsächsischen Länder USA und Großbritannien auffallende Unterschiede. Ich verweise auf die Tabelle auf S. 212. Es ist gewiß kein Zufall, daß die großen Unterschiede zwischen den Lohnnebenkosten beider Wirtschaftslager, nämlich dem angelsächsischen und dem kontinentaleuropäischen, weitgehend auch den unterschiedlichen Abständen von Arm und Reich in beiden Systemen entsprechen. Hierüber können auch kurzfristige Wachstumserfolge in Großbritannien nicht hinwegtäuschen. Und auch die langfristigen sozialen Folgen einer Verarmung breiter Unterschichten scheinen für den Standort Großbritannien schon heute absehbar.

Aber auch wenn wir diese Aspekte berücksichtigen, kann kein Zweifel daran bestehen, daß die Höhe der Lohnnebenkosten in Deutschland (und einer Reihe von anderen europäischen Ländern) die internationale Attraktivität des Standorts beeinträchtigen. Auch die demographisch und systembedingte Wachstumsdynamik der Systeme macht strukturelle Korrekturen dringend erforderlich. Sachverständige teilen diese Auffassung einhellig.

Für Deutschland gilt allerdings eine Besonderheit. Denn hier sind an dem Anstieg seit 1990 die zusätzlich für die Bewohner Ostdeutschlands aufzubringenden Leistungen mit etwa 30 Mrd. DM pro Jahr (Stand 1995) beteiligt; das entspricht etwa zwei Beitragspunkten bei den Sozialversicherungen. Eine Verlagerung dieser sogenannten »versicherungsfremden Leistungen« auf den Bund, das heißt auf den Steuerzahler, wäre arbeitsmarktpolitisch sicherlich zweckmäßig und auch sozial gerechter: Wer jedoch soll die Differenz aufbringen? Während die Regierung, insbesondere die FDP, eine Verlagerung aus dem Versicherungssystem auf den Bundeshaushalt durch Einsparungen gegenfinanzieren will, schlägt die Opposition eine Mischung aus Erweiterung der Beitragszahler und Verbrauchssteuererhöhung (besonders für Mineralöl) vor.

Allerdings wäre das alles wohl auch nur eine Zwischenlösung. Hohe Arbeitslosigkeit, demographische Veränderungen (wir werden älter als unsere Eltern und haben weniger beitragszahlende Kinder), die dynamische Ausweitung des allen zugänglichen medizinischen Angebots und seine wachsende Kostenintensität spielen wesentlich bedeutsamere Rollen. Diese Faktoren erhöhen die Leistungsanforderungen und schmälern zugleich die Basis des Aufkommens. Die bisherige Rechnung des Generationenvertrages kann also in Zukunft nicht aufgehen.

Geht man der Reformdebatte des Sozialversicherungssystems

auf den Grund, so wird man eine Gemeinsamkeit der Argumente und zwei entgegengesetzte Ansätze zur Lösung finden. Die *Gemeinsamkeit* lautet: Die Höhe der Versicherungsbeiträge hat ihre sinnvolle Obergrenze überschritten; alle wollen die Beiträge begrenzen und zügig absenken. Bei den *Lösungsansätzen* verfolgt die eine Seite (gegenwärtig die Bundesregierung) den Weg der Kostensenkungen durch Leistungskürzungen und verbindet dies zugleich mit einer Erhöhung der Selbstbeteiligung, zum Beispiel im Gesundheitswesen. Die andere Seite, die Opposition, widerspricht den Leistungskürzungen und jeder erhöhten Selbstbeteiligung als »sozialem Kahlschlag« und möchte durch Abschöpfung bei bisher unzureichenden Beitragszahlern (z.B. Beamten, Freien Berufen) das Gesamtaufkommen erhöhen. Allerdings scheinen Rechenbeispiele anzudeuten, daß dieser Ansatz auch nur für eine relativ kurze Zeitspanne Erleichterung bringen würde.

Als die Bismarcksche Regelung der Sozialversicherung entstand, war man sich durchaus darüber im klaren, welche Bedeutung der Konstruktion eines Versicherungssystems zukommen werde. Diejenigen, die damals eine stärkere Selbstverwaltung der Versicherungskassen durch die zahlenden Parteien wollten, sahen darin auch ein Recht der Beitragszahler, gestaltenden Einfluß auf die Verwendung ihrer Beiträge zu nehmen. Die heutige Form der Führung der Versicherungsorganisationen und ihrer Finanzdispositionen ist jedoch für die Beitragszahler weder durchschaubar, noch können sie, ob als Beitragszahler oder als Leistungsempfänger, auf die Beitragshöhe und ihre spätere Verwendung einen interessengebundenen, direkten Einfluß nehmen. Von der ursprünglich gewollten Selbstverwaltung ist in der Praxis so gut wie nichts übriggeblieben. Die Verfahren liegen beim Gesetzgeber, bei den Parteien und sind damit in deren polit-taktisches und parteipolitisches Interessengeflecht eingebunden. Nicht finanzielle und ertragsorientierte Überlegungen bestimmen hier häufig die Entscheidungen, sondern Wahlperspektiven. Das ist aus der Sicht der Politik verständlich und auch unvermeidlich, solange das System so konstruiert ist, wie es ist: Der eine zahlt, der andere empfängt, und ein Dritter (die Politik) bestimmt, wie das Ganze verteilt werden soll.

Nun wird über Kürzungen diskutiert und über eine totale Umstrukturierung des Systems. Warum überläßt man nicht auch diese Entscheidung etwas weitergehend der Eigenverantwortung der Betroffenen? Auf mittlere Sicht wird es aus strukturellen Gründen (Altersstruktur usw.) sicherlich unausweichlich sein, schrittweise auf ein Kapitaldeckungsverfahren überzugehen. Aber es wäre angesichts der strukturprägenden Tradition unseres Sozialversicherungssystems sicherlich eine fragwürdige Entscheidung, würde man mit radikaler Kehrtwendung eine Mischung aus steuerfinanzierter Mindestversorgung für alle und einer freiwilligen Zusatzversicherung zur Erhaltung des persönlichen Lebensstandards einzuführen; auch wenn das betriebswirtschaftlich vernünftig erscheinen mag. Zugleich ist es aber angesichts des demographischen Altersaufbaus und des technologisch bedingten Strukturwandels ebenfalls zwangsläufig, daß zukünftig adäquate Leistungen nur über wesentlich höhere Eigenbeiträge der Leistungsempfänger erreichbar sein werden. Denn selbst wenn Leistungskürzungen beschlossen werden, wie sie die Rentenreform 1997 mit einer Rentenkürzung auf 64 % vorsieht, wird dies nicht ausreichen, um das System zahlungsfähig zu erhalten.

Der Schlüssel liegt eben, wie in vielen anderen Feldern, bei einer rationalen Beteiligung der Verursacher, also der Beitragszahler und (zukünftigen) Leistungsempfänger an diesen strategischen Entscheidungen. Die heutigen Leistungen und die zukünftigen Ansprüche müssen unter wirkungsvollerer Einbeziehung der Belasteten und der Berechtigten getroffen werden. Mit allgemeinen Parlamentswahlen ist das nicht zu erledigen.

Lord Dahrendorf hat in dem bereits erwähnten Bericht an das britische Oberhaus über »Wealth Creation« mit Recht auf die große Bedeutung wirklicher Selbstverwaltung in derartigen Versicherungssystemen hingewisen. Die in Deutschland praktizierten

Sozialwahlen für die Selbstverwaltung haben nur noch partei- und gewerkschaftspolitischen Charakter. Mit einer interessenorientierten Kontrolle der Sozialversicherungsträger haben sie wirklich nichts mehr zu tun. Hierzu würde zunächst gehören, daß die Diskussion der Fakten aus der parteipolitischen Debatte in den Professionalismus eines kompetenten Fondsmanagements verlagert würde. Hätten wir einen sachverständig zusammengesetzten Aufsichtsrat eines Sozialversicherungssystems, der ähnlich wie der Zentralbankrat der Bundesbank das Vertrauen der Bevölkerung genießen würde, dann wären die Probleme der Lohnnebenkosten vermutlich längst gelöst. *Ohne* diese Fundierung auf einem rationalen Eigeninteresse, d.h. ohne die Stärkung der Eigenverantwortung, wird aber eine solche vernunft- und interessenorientierte Beitrags- und Verwendungsstrategie nicht herstellbar sein.

Die Sozialversicherungssysteme heute sind ein Paradebeispiel für das, was geschieht, wenn sich Berechtigungsansprüche (Eigentumsrechte im weiteren Sinne, ich nannte sie »new property rights«) entwickeln, bei denen der Berechtigte keine Folgeverantwortung für die wirtschaftlichen Konsequenzen der Ausübung seiner Berechtigungen trägt, weil das System eine unbegrenzte Öffnung zur Übernahme der Folgeverantwortung durch Dritte (Staat, nicht gefragte junge Beitragszahler) zuläßt. Während wir alle wissen, daß Umweltschutz ohne Verursacherprinzip keine Perspektive haben kann, streiten wir nur über die Höhe von Beiträgen, aber nicht um die Organisation der Eigenverantwortung für eine bessere Steuerung der Sozialversicherung. Dabei wissen und sehen wir alle, wohin ein System ohne solche Steuerungselemente treibt.

Für das Deutsche Modell bietet sich auch hier eine bedeutsame Erneuerungschance: Es muß keinen radikalen Übergang von dem durch Arbeitnehmer und Arbeitgeber gemeinsam finanzierten Sozialversicherungssystem geben, wenn zum Beispiel über eine klug konstruierte Selbstverwaltung und ein die ökonomische Vernunft stärkendes System der Anreize und Sanktionen im

Gesundheitswesen für alle beteiligten Gruppen und Institutionen (Patienten, Ärzte, Pflegepersonal, Krankenhäuser, Pharmaunternehmen und Medizin-Technik-Lieferanten) ein Regelsystem interessierter Eigenverantwortung geschaffen wird. Es wird dann für alle klar werden, warum es in Zukunft wesentlich auch auf persönliche Zusatzleistungen schon deswegen ankommen muß, weil nur so ein wirkungsvolleres Steuerungssystem entstehen kann. Wie gesagt: Es geht eben nicht immer in erster Linie um das Sparen, sondern um eine Wiedergewinnung von mehr gesellschaftlicher Vernunft für die Steuerung neuer gesellschaftlicher Aufgaben.

Daß es dann vermutlich aus sozialen Gründen *auch* zu einem geregelten und transparenten System der Staatszuschüsse aus Steuereinnahmen kommen muß, mag unvermeidbar sein. Aber eben transparent und verantwortet. So könnte ein demokratisch legitimierter Ausgleich zwischen denen, die heute Beitragsleistungen erbringen, und jenen, die heute und morgen Leistungen empfangen, hergestellt werden.

Professionelle Selbstverwaltung des Sozialversicherungssystems muß und soll nicht den vollständigen Ausschluß der Parlamente aus dem Entscheidungsprozeß bedeuten. Doch ein anderes Gewicht der Zahler und eine Stärkung der Eigenverantwortung der Leistungsbeteiligten würden mehr Transparenz und eine höhere Rationalität in die Entscheidungen bringen. Denn was die Sozialpolitiker heute mit dem System der Sozialversicherung veranstalten, das würde kein Zentralbankrat mit der D-Mark tun dürfen. Und übrigens auch kein Manager eines amerikanischen Pensionsfonds. Entpolitisierung ist eben eine bedeutsame Folge von mehr Eigenverantwortung.

Das gefährdete Bildungssystem: Mangel an Ausbildungsplätzen?

Vier Bausteine des Deutschen Modells wurden von ausländischen Beobachtern immer wieder als grundlegend für den bisherigen Erfolg besonders hervorgehoben: Die langfristige Finanzierung der Unternehmen; die auffallend kooperativen Beziehungen von Arbeit und Kapital in den Betrieben; die soziale Stabilität des Sozialstaates Deutschland durch seine sozialen Leistungen; *und* schließlich die hervorragende Ausbildung der deutschen Arbeitnehmer in den Betrieben und Berufsschulen.

Wie die Wurzeln des Sozialstaates und des kooperativen Gemeinschaftsdenkens in den Betrieben, so gehen auch die Strukturen der beruflichen Bildung in Deutschland weit in die Geschichte zurück. Schon im mittelalterlichen Zunftwesen gab es in Deutschland relativ fest formierte Ausbildungsgänge im Handwerk; in der Mitte des 13. Jahrhunderts gab es Vertragsformen, die den späteren Lehrlings- und Gesellenverträgen entsprachen; bereits seit dem 12. Jahrhundert zeigte sich in einigen Städten eine Differenzierung der im »Meisterbetrieb« »lernend« Beschäftigten; die Worte »Lehrling« und »Geselle« für diese »Lernstufen«, die noch heute deutsche Umgangssprache sind, tauchen zum ersten Mal bereits gegen Ende des 14. Jahrhunderts auf. Dieses Lernen nach Plan durch Arbeit in der Praxis wurde im 18. Jahrhundert durch sogenannte Fortbildungsschulen, die Vorläufer der heutigen Berufsschulen, ergänzt; sie waren zunächst auf die Festigung der in den damaligen Volksschulen erworbenen allgemeinbildenden Fertigkeiten gerichtet. Erst in der zweiten Hälfte des 19. Jahrhunderts wurden sie schrittweise durch gewerbeorientierte Berufsschulen ersezt, wie wir sie noch heute im »Dualen System« kennen. Praktische Betriebsausbildung, begleitet von einer teilzeitlichen, theoretischen, fachspezifischen und allgemeinbildenden Unterrichtung in öffentlichen Schulen ist seitdem Deutsches Modell.

Die Qualität der Berufsbildung in Deutschland konnte insbesondere durch die Neuordnung im Berufsbildungsgesetz von 1969 und die in den Folgejahren wesentlich modernisierten, gestrafften und erneuerten Ausbildungsgänge auf ein Niveau gebracht werden, das im internationalen Vergleich bis heute als außerordentlich hoch gilt. Allerdings traten in den letzten Jahren Probleme auf, die das bewährte System zum Teil auch in Frage stellen.

Einmal wird es immer schwerer, eine ausreichende Zahl von Ausbildungsplätzen anzubieten. Schwerpunkt der Ausbildung waren bisher Handwerksbetriebe und die größeren Unternehmen des verarbeitenden Gewerbes. Letztere verlieren aber durch zunehmende Rationalisierungsmöglichkeiten insgesamt Arbeitsplätze und brauchen daher zukünftig vermutlich weniger Nachwuchs. Für viele kleine Handwerksbetriebe ist der Ausbildungsbetrieb jedoch inzwischen auch zu teuer geworden. Die – wiederum in Flächentarifverträgen – festgelegten Ausbildungsentgelte machen in Verbindung mit den zwei Berufsschultagen in der Woche die Ausbildung eines Lehrlings für viele Unternehmen im Wettbewerb so kostspielig, daß sie ihre Mitarbeiter lieber anlernen oder bei anderen Ausbildungsbetrieben abwerben.

Wenn wir am *Dualen* System festhalten wollen und im Betrieb den entscheidenden Lernort sehen, weil *dort* die vom Markt erzwungene Innovation die Praxis verändert und diese Praxis Grundlage der Ausbildung sein soll, dann müssen wir aber auch die *Kosten* dieser Praxis respektieren. Ein weiterer wichtiger Aspekt verstärkt dieses Argument: Der größte Wachstumsbereich für die Beschäftigung wird auch in Deutschland das Dienstleistungsgewerbe sein. Hier sind aber viele Kleinstbetriebe tätig; sie haben meist sehr hohe Personalkostenanteile, und diese Betriebe können die kostspieligen Ausbildungen ebenfalls nicht mehr verkraften.

Erneut sei daran erinnert, daß eine Politik, die so hohe Anforderungen an Qualität und Entlohnung auch für einfache Ausbildungsplätze stellt, diese letztlich vernichtet und damit den Jugendlichen, für die andere Ausbildungsplätze wegen der gestellten

Anforderungen unerreichbar sind, faktisch von allen Ausbildungschancen ausschließt. Hier – wie bei den Löhnen für einfache Dienstleistungen – steht sich die Soziale Marktwirtschaft selbst im Wege, wenn sie das Ausbildungsangebot nicht den Realitäten des Marktes anpaßt.

Eine andere Schwäche des Dualen Systems ist es, daß für zahlreiche neue Arbeitsbereiche, zum Beispiel auf dem Medien- und Informationssektor, erst kürzlich (allerdings dann in erstaunlich kurzer Zeit) neue Berufsbilder und Ausbildungsordnungen formuliert und verabschiedet werden konnten. Dies weist ebenfalls auf einen kritischen Punkt hin, den das Duale System für die voraussehbare Wirtschaftsentwicklung berücksichtigen muß: Die Wirtschaftsstrukturen verändern sich immer schneller. Damit aber auch die Anforderungen an Qualifikationen. Diesem Wandel zu folgen, ist für ein von Gewerkschaften, Arbeitgeberorganisationen und staatlichen Stellen im Konsens geführtes, systematisches Ausbildungssystem ohnehin schwierig. Berufstechniken und Ausbildungsansprüche ändern sich aber so schnell, daß ein perfektionistisches Gesamtsystem immer mehr Gefahr laufen wird, zu schwerfällig zu werden.

Wiederum ist die erforderliche Beweglichkeit nur mit einer Rücknahme allzu detaillierter Regelungen zu erreichen. Eine Stärkung der Eigenverantwortung der Betriebe, der nachfragenden Wirtschaft und der Berufsvertretung der Auszubildenden ist hierfür erforderlich. Dazu muß wohl den Betrieben im Einzelfall mehr Spielraum in der Ausfüllung des Ausbildungsrahmens gegeben werden. Nur durch eine Stärkung der betrieblichen Verantwortung also kann der notwendigen Zahl und der wachsenden Vielfalt neuer beruflicher Anforderungen heute noch entsprochen werden.

In diesem Zusammenhang wirkt der Vorschlag einer Ausbildungsabgabe für alle Betriebe wie ein Fossil: Sie stärkt nicht das Interesse der Unternehmen an einer qualifizierten Ausbildung, sondern wird mit ihrer zwangsläufig bürokratischen Ausgestaltung und Überprüfungspraxis eher bewirken, daß Unternehmen sich mit einem Pauschalentgelt der Ausbildung vollständig entziehen, um auf einfacherem Wege anzulernen oder abzuwerben.

Wenn wir mehr qualifizierte Ausbildung in den Betrieben wollen, müssen wir das Interesse der Betriebe an der Ausbildung stärken, und das geht nur, indem wir nicht nur Parlamente und Ministerien, sondern wieder sehr viel stärker eigenverantwortliche Betriebe und Ausbildungsvertretungen entscheiden lassen.

Das gefährdete Bildungssystem: Hochschulen am Gängelband des Staates

Gemessen am Zustand unserer Hochschulen ist die Berufsbildung des Dualen Systems noch immer in einem sehr guten Zustand. Im Jahre 1930, kurz bevor er sein Konzept für das noch heute einzigartige »Institute for Advanced Studies« in Princeton realisierte, veröffentlichte Abraham Flexner einen Vergleich der amerikanischen, britischen und deutschen Universitäten. Er war ein Jahr lang durch diese Länder gereist, hatte seine Ergebnisse dann dreißig Fachleuten in den USA und Europa vorgelegt und überarbeitet. Mit seinen Fachkollegen kam er zu dem Ergebnis, daß von allen Universitäten der Welt die deutschen Universitäten ihre Aufgabe als wissenschaftliches Hochschulsystem am besten erfüllten. Er stand mit dieser Auffassung damals nicht allein.

Heute, über sechzig Jahre später, ist die Wirklichkeit eine ganz andere: Die besseren Universitäten sind heute nach einhelligem Urteil in den USA und in Großbritannien anzutreffen; auch andere Länder sind inzwischen in der wissenschaftlichen Ausbildung besser oder doch genauso gut wie wir. Der Vorsprung der deutschen Hochschulen zu Beginn des 20. Jahrhundert ist am Ende des Jahrhunderts weitgehend verloren gegangen. Was ist geschehen?

Auch hier muß man wohl zunächst wieder den tiefen Einschnitt der Nazi-Jahre berücksichtigen. Der Verlust hochqualifizierter Forscher und Hochschullehrer durch rassische und politische Verfolgung, die Selbstbefleckung der Hochschulen durch Anpassung an Nazi-Forderungen und dann die verunsicherte Rückkehr der so beschädigten Universitäten spielen noch immer eine nicht zu unterschätzende Rolle. Aber dies ist doch nur ein Teil, wenn auch ein wichtiger, der Geschichte des Niedergangs der deutschen Universität.

Die deutschen Universitäten versuchten nach 1945 an die große Hochschultradition der Jahre vor 1933 anzuschließen. Sie gründeten dabei weiterhin auf der Überzeugung, daß mit nur wenigen Ausnahmen der Hochschulzugang über den Abschluß des Gymnasiums, das Abitur, erfolgen müsse. Das Abitur diente und dient insofern als automatischer Berechtigungsnachweis für das Studium an einer Universität. Zugleich blieb die tradtionelle Regelung des öffentlichen Dienstrechts bestehen, wonach ohne den Abschluß eines Studiums an einer *wissenschaftlichen* Hochschule (also an einer Universität) der Zugang zu weiterführenden, leitenden Posten im öffentlichen Dienst (genannt »höherer Dienst«) nur unter erheblichen Erschwernissen möglich ist. Wie lächerlich solche Regelungen heute sind, aber wie wirkungsvoll sie dennoch auch heute noch sein können, zeigte erst kürzlich der Streit um die Besetzung des Vorsitzenden der deutschen Regulierungsbehörde für Post und Telekommunikation: Der Vorschlag des Beirats, den früheren Geschäftsführungsvorsitzenden von Alcatel-SEL, Peter Landsberg, also einen ausgewiesenen Fachmann, zu berufen, wurde nach Zeitungsberichten vom zuständigen Bundespostminister Bötsch unter anderem mit dem Hinweis abgelehnt, diesem »fehle die Befähigung zum höheren Dienst«. Man stelle sich eine so unsinnige Begründung in den USA vor!

Eingeklemmt zwischen einer automatischen Berechtigung zum wissenschaftlichen Studium durch das Abitur und der ebenso einseitigen wie automatischen dienstrechtlichen Bevorzugung des Universitätsabschlusses, steuerten die Universitäten im Zeitalter wachsender Verwissenschaftlichung *aller* Berufszweige unaufhaltsam in ein Dilemma: Das Abitur wurde zum Ziel von immer mehr Eltern und Jugendlichen, weil es den Schlüssel zur Universität enthielt; und die wissenschaftliche Universität wurde zum Ziel aller Berufszweige, weil sie wiederum den Schlüssel für die höheren Besoldungsstufen im öffentlichen Dienst vergab. So gerieten beide, Abitur und Universität, unter einen zunehmenden Druck von immer mehr Bewerbern, ohne daß zugleich in den Universitäten veränderte Voraussetzungen für die nun völlig veränderte Zusammensetzung der Studentenschaft und die ganz andere Aufgabenstellung der Universitäten geschaffen wurden. Hierfür wäre eine strukturelle und systematische Stufung der verschiedenen Schul- und Universitätsabschlüsse erforderlich gewesen, wie sie zum Beispiel das amerikanische System bietet.

Ein Reformansatz der Regierung Brandt in dieser Richtung (zuständig zunächst Hans Leussink, dann ich selbst) scheiterte jedoch am Widerstand einer starren ideologischen Front von Bildungspolitikern auf beiden Seiten des Bundestages und der Länder: Die einen wollten das alte System für alle öffnen, die anderen wollten mit dem Abitur einen vergeblichen Abwehrkampf gegen die »Akademisierung« der Gesellschaft führen. Beides aber widersprach den Notwendigkeiten einer veränderten, wettbewerbsorientierten Berufswelt in Forschung und Praxis.

Es hat nach 1945 viele Versuche der Hochschulreform gegeben. Sie alle waren bemüht, durch entsprechende Gliederung des Hochschulsystems den offenkundigen Nivellierungsdruck wieder von den Universitäten zu nehmen. *Ein* wesentlicher Grund, warum alle Reformen im Ergebnis scheiterten, lag an der für das Deutsche Modell so typischen Verrechtlichung des Gleichheitsgrundsatzes. Denn angesichts der Unmöglichkeit, allen Abiturienten ein Studium ihrer Wahl an der Universität ihrer Auswahl zugänglich zu machen (so viele Studienplätze gab es nicht), begann man unter dem Druck von Prozessen und Verfassungsgerichtsurteilen bürokratisch festzustellen, wie viele Studienplätze eine bestimmte Universität in einer Fakultät habe und wer mit welchen Schulnoten wo studieren dürfe. Nicht die Universität, nicht die Hochschullehrer in Eigenverantwortung, sondern Gesetze, Gerichtsurteile, Behörden und Kommastellen in den Abiturnoten völlig verschiedener Schulen gaben am Ende den Ausschlag darüber, wer was wo studieren durfte.

Nun ist kein Zweifel, daß das Ideal der klassischen deutschen Universität, nämlich die »Einheit von Forschung und Lehre« (besser vielleicht: die »Gemeinsamkeit«) gerade eine besonders enge Verbindung von Hochschullehrern und Studenten voraussetzte. Aber genau das ist im Ergebnis heute in Deutschland sehr viel weniger gegeben als insbesondere an den angelsächsischen Universitäten. Der Grund: Die deutschen Universitäten haben in der Auswahl der Studenten – und damit auch bei der qualitativen Ausrichtung von Lehre *und* Forschung – keine Eigenverantwortung mehr. Ein solches System mag funktionieren, wenn der Schulabschluß hohe und in verbindlichen Kernfächern vergleichbare Ansprüche stellt. Das aber ging mit der quantitativen Ausweitung der Abiturabschlüsse zwangsläufig verloren.

Auch in den meisten anderen Feldern, die über die Qualität einer Universität entscheiden, liegt die Verantwortung heute nicht bei Gremien der Wissenschaft und der Lehre, sondern entweder bei staatlichen Stellen oder bei vielfach politisierten Hochschulgremien, die im Ergebnis oft eher nach Interessen (Arbeitsplätze, Besoldungsstrukturen, Prüfungserleichterung) entscheiden als nach dem einzigen Kriterium, das langfristig die Qualität und internationale Bedeutung einer Universität bestimmt: die Exzellenz in der Forschung und in der Ausbildung. Die deutschen Universitäten existieren heute weitgehend als Befehlsempfänger einer staatlichen Bürokratie der Länder; und dieses System gibt ihnen kaum Anreize für hervorragende Leistung in erfahrbarer Selbstverantwortung. Länder wie Baden-Württemberg, Bayern und Sachsen sind allerdings auf dem Wege, im Rahmen der begrenzenden Vorschriften der Bundesgesetzgebung Ansätze eines solchen System zu erproben. Die Volkswagen-Stiftung fördert ein Modell für innovative Strukturen der Hochschulverwaltung.

Viele internationale Beobachter der deutschen Universitäten rügen heute bei uns *einen* entscheidenden Mangel: Das Fehlen von Unabhängigkeit und Selbstverantwortung. Denn hieraus folgt ein weiterer Mangel: Zwischen den Hochschulen in Deutschland gibt es kaum Wettbewerb. Eingebunden in Bundesgesetze und die Absprachen der Länder-Kultusminister, fehlt so den Universitäten jene Dynamik des Wettbewerbs, die aus Wagemut neue Motivation und innovative Entwicklungen macht. Walter Rüegg, international anerkannter Schweizer Hochschulkenner, langjähriger Rektor der Universität Frankfurt am Main und Präsident der Westdeutschen Rektorenkonferenz im schwierigen Jahr 1967/68, sah schon 1985 hier den entscheidenden Grund für den fatalen Terrainverlust deutscher Universitäten im internationalen Vergleich: In seiner kritischen Schrift »Konkurrenz der Kopfarbeit« sieht er die deutschen Universitäten am Gängelband des Staates ohne Chance, sich einen hohen Rang im Wettbewerb zu erstreiten. Seither hat sich, schon aus finanziellen Gründen, die Lage noch weiter verschlechtert.

Warum gelingt es 16 Bundesländern, die ja für ihre Universitäten zuständig sind, nicht, *ihre* Universitäten zu reformieren? Eine Ursache finden wir wiederum in der Tendenz der letzten Jahrzehnte, gegenüber dem Prinzip der Eigenverantwortung und Dezentralisation dem Gesichtspunkt der Gleichheit durch Zentralisation ein übergroßes Gewicht zu verleihen. Während nach dem Grundgesetz die Länder für die Hochschulen zuständig waren, glaubten wir in den sechziger Jahren, daß den damals offenkundig werdenden Mängeln – ich erinnere an Georg Pichts »Bildungskatastrophe« – nur durch eine übergreifende Bundeszuständigkeit begegnet werden könne. So kam es in der Großen Koalition (1966–1969) nicht nur zu einer Grundgesetzänderung für eine Finanzreform mit schwerwiegenden Folgen für den Föderalismus, sondern auch zu einer neuen Kompetenz für eine Bundesrahmengesetzgebung auf dem Hochschulsektor.

Ich sage es auch mit Schuldbewußtsein: Zwar wurde Ende der

siebziger Jahre nicht *mein* Hochschulrahmenentwurf aus dem Jahre 1973, sondern eine stark verweichlichte Fassung dieses Entwurfs mit fatalen Fehlern verabschiedet. Doch wie dem auch sei, nach meiner heutigen Überzeugung ist der Weg einer so detaillierten Bundesgesetzgebung in Zeiten beschleunigten Wandels ohnehin ein Fehler. Was wir brauchen, ist die Bereitschaft zu neuen Formen der Hochschulorganisation, zu radikalen Innovationen der Hochschulstrukturen. Dies war auch Anfang der siebziger Jahre unser Ziel, aber im Rahmen des unausweichlichen, komplizierten Bund-Länder-Konsensverfahrens blieb dieses Ziel unerreichbar. Nach meinem Urteil gilt das auch heute noch für den zaghaften Versuch von Minister Rüttgers, eine durchgreifende Reform des Hochschulrahmengesetzes mit Zustimmung der Länder im Bundesrat zu erreichen. Die jetzige Bundesregierung hätte nach 1982 vermutlich allein mit der Abschaffung des Rahmengesetzes mehr für die Hochschulreform leisten können als durch alle ihre Reformbemühungen an Einzelparagraphen. Denn was wir brauchen, ist die Fähigkeit der Hochschulen, für sich selbst den Weg in das Jahrhundert der Wissenschaft zu finden. Dafür aber benötigen wir Vielfalt, Experimentierbereitschaft; Erfolge *und* Fehlschläge. Kurz: evolutionäres Lernen. Das aber kann kein zentralistisches Gesetz vermitteln.

Wenn wir anstelle des Hochschulrahmengesetzes eine Vereinbarung über die Länge der Schulzeit und über eine gegenseitige Anerkennung der Abschlüsse bewirkt hätten, die nach einem objektiven Qualifikationsverfahren der Hochschulen (z. B. wie in den USA) erteilt würden, dann könnte im Wettbewerb der Länder und der Wissenschaftsstandorte die Hochschulreform in Deutschland sehr schnell zu sichtbaren Ergebnissen führen. Eigenverantwortung hätte wieder Gewicht, Erfolge würden zurechenbar, und Wettbewerb würde die Entwicklung beflügeln. Das Kartell der Kultusminister und die Zwangsjacke des Rahmengesetzes aber wird das alles nicht ermöglichen.

Politische Erneuerung des Deutschen Modells

Konsens als Hindernis politischer Entscheidungsfähigkeit?

Es gibt immer mehr Autoren, die das Thema Globalisierung offenbar als eine Art Kassandra-Industrie begreifen. Ihre Bücher und Artikel verbreiten aber schon kaum mehr Schrecken; bei vielen Lesern lösen sie eher vertraute Gefühle der Bestätigung aus: Die Katastrophe muß kommen. Die große Mehrheit der Menschen – auf jeden Fall in unseren Breiten – erwartet wenig Gutes von der Zukunft. Die Botschaft lautet: Wir sind machtlos gegenüber den weltweiten Kräften der Finanzen und der Märkte. Könnten die Politiker wenigstens den Status quo garantieren – die weitaus überwiegende Zahl der Wähler würde sicherlich dafür stimmen.

Niemand aber konnte jemals den Status quo garantieren; wir werden es auch nicht können. Im Gegenteil, das Tempo der Veränderungen wird sich in den kommenden Jahren zunächst noch einmal erheblich beschleunigen, ob wir wollen oder nicht. Und zwar auch ganz unabhängig von der europäischen Währungsunion. Obwohl gegenwärtig keine völlig neuen Transportmittel in Sicht sind, die der weltwirtschaftlichen Entwicklung einen so grundsätzlichen Innovationsschub verleihen können wie einst Auto, Flugzeug, Pipeline oder die heute schon bekannten elektronischen Kommunikationstechnologien, so wird das Tempo der Veränderungen doch weiter zunehmen. Denn die moderne »Verkehrswirtschaft« der bereits vorhandenen Informationstechnologien beginnt erst, sich weltweit auszubreiten. Die Informationsindustrie befindet sich heute vielleicht da, wo die Automobilindustrie zur letzten Jahrhundertwende war, nämlich noch ganz am Anfang. Und hier stehen weitere Entwicklungsschritte bevor, die noch für eine lange Zeit ein schwindelerregendes Tempo der Veränderungen aufrechterhalten werden.

Das sind die Fakten. Von ihnen hat die Politik auszugehen. Die Menschheit wird zukünftig in immer größeren Räumen und in immer schärferer wirtschaftlicher Konkurrenz miteinander kommunizieren. Es gibt weder ein Zurück zu den überschaubaren Verhältnissen jener Zeit, bevor Flugzeug und Kommunikationssatelliten unsere Welt zum »global village« gemacht haben, noch gibt es irgendein Mittel, die weitere weltweite Kommunikations- und Wirtschaftsverflechtung aufzuhalten. Auch wenn es in dieser oder jener Branche einmal Verlangsamungen geben sollte – die fortschreitende Integration der Weltwirtschaft ist ein Faktum, von dem wir alle auszugehen haben.

Dasselbe gilt für die Folgen dieser Entwicklung, und zwar auf beiden Seiten der Medaille. Ich habe versucht, einige der erkennbaren und unausweichlichen Konsequenzen der ökonomischen Globalisierung für Gesellschaft, Wirtschaft und Politik zu beschreiben und zu zeigen, daß weder Wirtschaft noch Politik dem Zwang zum Wettbewerb entrinnen können. Aber Politik ist auch nicht machtlos. Allerdings, der Reformer muß die Kräfte der Veränderung kennen, um sie auch für seine Arbeit zu nutzen, wie der geschickte Segler den Gegenwind. Der Glasschneider muß immer härter sein als das Glas.

Und die Politik ist nicht machtlos. Schon die unterschiedliche und auch so unterschiedlich erfolgreiche Politik der Industriestaaten widerlegt die Behauptung, die »Globalisierung« habe der demokratischen Politik ihre Wirkungsmöglichkeiten genommen. Wie anders als eben durch unterschiedliche Politik ließen sich die seit Beginn der achtziger Jahre sehr verschiedenen Entwicklungen auch einiger kontinentaleuropäischer Staaten erklären? Und noch deutlicher wird dies, wenn man Kontinentaleuropa, die angel-

gegenwärtig erstaunliche Ergebnisse erfolgreicher Selbstbehauptung in der Globalisierung zeigt.

Doch wie steht es eigentlich wirklich um unsere deutsche »Konsensgesellschaft«? Der Konsens, der für unsere Gesellschaft akut am bedeutsamsten wäre, nämlich der politische, fehlt in Deutschland heute sehr viel auffälliger als bei unseren Nachbarn. Ausgerechnet dort, wo die wesentlichen Entscheidungen noch immer getroffen werden, in der Politik, bringen wir den notwendigen Konsens nicht mehr zustande. Wir haben weitgehend die Entscheidungsfähigkeit in unserem politischen Mehrparteiensystem verloren. Die Weichen für die Gesellschaft werden nicht mehr gestellt. Die Politik blockiert sich selbst.

Konsens setzt die Fähigkeit und Bereitschaft zu einer intellektuell sauberen Analyse der Realität voraus. Beides, Faktenredlichkeit und ein darauf gründender politischer Mindestkonsens, scheinen heute rar geworden, und zwar in allen politischen Lagern. Allzu oft und allzu gern versuchen wir, die Wirklichkeit dieser Welt, und zwar außen- und innenpolitisch, zugunsten eines schöneren Wunschbildes zu verdrängen und sie parteipolitisch einzufärben. Das gilt dann leider auch für viele Wähler, wenn sie politisch diskutieren.

Eine erfolgreiche Debatte über die Zukunft Deutschlands muß aber eine ehrliche Debatte sein können. Wir müssen uns dafür zunächst offen eingestehen, daß wir selbst immer auch das Widersprüchliche wollen: Freiheit *und* Gerechtigkeit; Spitzenleistungen *und* Gleichheit. Deswegen sind wir auch immer auf einen Kompromiß angewiesen. Wir dürfen uns nicht öffentlich darüber hinwegmogeln, daß jede liberale Wirtschaftsordnung zugleich Grundlage und Gefahr des Sozialstaats ist. Denn einerseits gibt es ohne Freiheit des Marktes keine Demokratie, andererseits ist aber eine liberale Gesellschaft, die *nur* der Kraft des Marktes und des Einzelnen vertraut, immer auch eine Lebensbedrohung der liberalen Gesellschaft selbst. Denn eine solche Gesellschaft müßte am Ende an den von ihr selbst erzeugten sozialen Spannungen zerbrechen. Der unberechenbare Aufstand träte an die Stelle der berechenbaren Reform. Nur Reformen aber können die Politik der sozialen Demokratie sein.

Ich habe zuvor nicht ohne Bedacht von einer »Rückkehr« in eine evolutionäre Phase gesellschaftlicher Entwicklung gesprochen, weil – historisch gesehen – die Periode einer scheinbar sicheren und berechenbaren Gestaltbarkeit des gesellschaftlichen Entwicklungsprozesses von viel kürzerer Dauer war, als uns heute vielleicht bewußt ist. Schon ein Blick auf die erste Hälfte dieses Jahrhunderts mit ihren europäischen Kriegen, Revolutionen, Wirtschaftskrisen und völlig unerwartet hereinstürzenden Verbrechen zeigt, wieviel Unberechenbarkeiten zu überwinden waren, bis der europäische Kontinent in der zweiten Hälfte des Jahrhunderts auf den ebenso unerwartet stabilen wie erfolgreichen Weg der Befriedung einschwenken konnte. Es ist also ein Irrtum, wenn wir meinen, es sei nur unsere Zeit, die von besonders tiefen Umbrüchen gezeichnet wurde: Wir empfinden das so, aber wer die europäische Geschichte der Neuzeit betrachtet, kann diesen Eindruck nicht bestätigen. Dampfmaschine, Eisenbahn, Elektrizität, Automobil, Flugzeug und Telefon haben in ihrer Zeit mindestens so tiefe gesellschaftliche Folgewirkungen ausgelöst wie heute Computer, Satellit und Internet. Allerdings: Die umfassende räumliche Integration der Erde und ihrer Bewohner zu einer nahezu nachbarschaftlichen Zeitgleichheit ist auch sozialpsychologisch ein Vorgang von noch einmal besonderer Qualität.

Wenn Politik die Aufgabe hat, den Menschen zu ermöglichen, ihr Leben in einem Gleichgewicht von Freiheit und Sicherheit selbst zu gestalten, dann muß Politik in unserer Zeit die Menschen zu einem möglichst hohen Maße von Selbstverantwortung befähigen: Denn wo die gewohnten Räume gesellschaftlicher Sicherheit aufreißen und neue Wettbewerbskräfte auf den einzelnen Menschen eindringen, wird er *seine* Freiheit und *seine* Sicherheit nur erhalten können, wenn er auch *selbst* befähigt wird, seine Interessen dort zu verteidigen, wo der bisherige gesellschaftliche Verband dies unter den neuen, grenzenlosen Bedingungen nur noch in beschränktem Umfange leisten kann. Der Mensch muß mehr Verantwortung für sich selbst übernehmen, nicht in erster Linie, weil der Staat sparen muß, wie wir fälschlich immer argumentieren, sondern weil in der veränderten Lage der Mensch wieder mehr auf sich selbst angewiesen sein wird; ob er's will oder nicht. Hierüber müssen wir einen neuen Konsens »erstreiten«.

Für die Wähler ist es schwer, dieser Einsicht zu folgen. Ihre Interessen sind an den Status quo gebunden, und eine gegebene Sicherheit aufzugeben, vom sicheren Lager aufzubrechen auf einen Weg mit noch nicht erkennbarem Ziel, dazu gehört Mut – oder der Zwang, die Notwendigkeit. Doch dieser Zwang wird spät spürbar, oft zu spät; für Unternehmen und Völker. Was also kann die Politik tun, um die Bürger rechtzeitig zum notwendigen Aufbruch zu bewegen?

Die nationale Politik ist weiterhin in der Verantwortung. Es gibt für sie keinen Ersatz; keine Internationalisierung, keine Europäisierung ist als neuer Schutzraum in Sicht. Deswegen schulden wir zunächst einen ehrlichen internationalen Vergleich unseres Sozialstaates mit dem unserer Wettbewerber und eine Übersicht über deren Antworten auf die erkennbaren Veränderungen. Wir müssen uns in der neuen Wettbewerbswelt auskennen, auch wenn wir die Lösungsversuche anderer Gesellschaften nicht einfach übernehmen können. Erfolgreiche Evolution lebt von aufmerksamer Information. Das weiß jedes gut geführte Unternehmen. Nur Information und Vergleich geben auch dem Wähler mögliche Anhaltspunkte für Alternativen.

Sodann kommt es aber entscheidend darauf an, daß die Politik imstande ist, auf die neuen Signale zu reagieren. Der gegenwärtige politische Reformstau in Deutschland zeigt, daß unser politisches System mit dem Tempo der Veränderungen heute offenbar nicht mehr Schritt halten kann. Während sich die meisten deutschen Unternehmen, insbesondere diejenigen, die bereits international operieren, wieder an die Spitze des weltweiten Wettbewerbs gesetzt haben, scheint die Politik in Deutschland langsamer und schwerfälliger zu sein als diejenige unserer wichtigsten Wettbewerber.

Im verschärften internationalen Wettbewerb verschmelzen aber, wie wir wissen, öffentliche und private Aufgaben zu integrierten Standortfaktoren. Beide müssen lernen, höhere Anpassungsgeschwindigkeiten an die sich schnell verändernden Weltmarktbedingungen zu realisieren; und zwar in gegenseitiger Abstimmung. Auch die Politik muß eben auf die wieder stärker gewordenen Kräfte der menschheitlichen Evolution reagieren lernen. Woran mag es liegen, daß wir so langsam geworden sind?

Obwohl inzwischen alle unsere Wettbewerber demokratische Strukturen aufweisen, sind diese Strukturen im einzelnen doch sehr unterschiedlich gebaut. Besondere Konstruktionsmerkmale weist auch das Deutsche Modell auf. Diese Einzelheiten verschiedener politischer Konstruktionen der Industrienationen zeigen unter dem Druck des verschärften internationalen Wettbewerbs sehr unterschiedliche Fähigkeiten zur Selbstbehauptung. Wir müssen dem nachgehen.

Konsens und Verhältniswahlrecht

Ein erster wichtiger Unterschied zeigt sich schon zwischen den vorrangig parlamentarischen Demokratien Europas und der Präsidialdemokratie der USA. Die direkte Wahl des Präsidenten mag viele Nachteile haben, zum Beispiel wenn Präsident und Kongreß-Mehrheit verschiedene Parteien repräsentieren. Die gegenseitige Blockade, der »gridlock in Washington«, hat über Jahre eine ebenso zentrale Rolle in den parteipolitischen Auseinandersetzungen der USA gespielt wie die gegenwärtige Debatte bei uns über »Blockaden« des Bundesrates. Zwei große Vorteile für die neuen Aufgaben des Staates weist jedoch das amerikanische Präsidialsystem auf: Der Präsident kann sein Kabinett aus der Gesamtheit der nationalen Eliten zusammensetzen und daher mehr wirtschaftlichen und wissenschaftlichen Professionalismus einbringen, während in Europa *politischer* Professionalismus meist die alleinige Grundlage der Kabinette ist. In den USA ist Politikerfahrung nur *ein* Aspekt.

Aus der direkten Wahl des Präsidenten ergibt sich aber in der praktischen Arbeit des politischen Alltags auch eine breitere Überparteilichkeit der politischen Führung des Staates. Und obwohl in den letzten Jahren auch in den USA der in Europa oft so unerträglich verletzende Streit der politischen Parteien zugenommen hat, ist in Amerika »bipartisanship«, »Zwei-Parteilichkeit«, oder noch besser »Überparteilichkeit«, noch immer ein sehr positiv besetzes Wort, und zwar nicht nur in Ausnahmesituationen. Ein Parteiwechsel hat deswegen auch dort nicht den Beigeschmack des Verrats. Das alles erleichtert eine objektivere Sachdebatte. Und das gilt besonders für die Medien, die dort jedenfalls, wo sie Qualität aufweisen, sehr viel weniger zum Meinungsjournalismus neigen.

Angesichts der die ganze Nation betreffenden technisch-wissenschaftlichen Veränderungen der Welt ist es eine wesentliche Voraussetzung wirkungsvoller Politik, daß sich diese den objektiven Faktoren mit weniger parteitaktischen Vorurteilen stellt. Und bei allen Schwächen des US-amerikanischen politischen Systems zeigt es hier im Vergleich mit Europa doch eine markante Überlegenheit: So feindselig man im Einzelfall mit Personen dort auch umgehen mag, es gibt in den USA eine sachbezogenere politische Debatte als in den meisten europäischen Staaten, und zwar auch in den Medien.

Aber auch innerhalb Europas haben sich sehr unterschiedliche parlamentarische System herausgebildet. Die Bonner Republik zum Beispiel mit ihrer ungewöhnlichen Stabilität – sechs Bundeskanzler in nun fast einem halben Jahrhundert – und ihren komplizierten Machtgleichgewichten zwischen Bund und Ländern; die italienische Demokratie mit Rekordzahlen in der entgegengesetzten Richtung; de Gaulles V. Republik mit ihrem komplizierten Zusammenspiel von präsidialen (direkt gewählten) und parlamentarischen Kompetenzen, die in der »cohibitation« politischer Gegner, wie gegenwärtig Präsident Chirac und Ministerpräsident Jospin, eine besonders komplexe Gestalt finden. Und dann natürlich das alte Westminster-System Großbritanniens mit jener ungewöhnlich starken Position des Premierministers, gegründet auf ein konsequenes Mehrheitswahlrecht und die klare Entscheidungsfähigkeit und Verantwortung der Zentralregierung.

Es würde hier zu weit führen, Stärken und Schwächen dieser vielfältigen Varianten parlamentarischer Demokratie im einzelnen darzustellen. In unserem Zusammenhang des wachsenden Einflusses internationaler Wettbewerbsbedingungen auf die nationalen Strukturen geht es entscheidend um die unterschiedliche Reaktionsfähigkeit, die Beweglichkeit und damit die Handlungsfähigkeit der Systeme. Dabei zeigt sich, daß Großbritannien, dessen Parlament auf dem Prinzip eines ungemilderten Mehrheitswahlrechts gründet (wer die Mehrheit im Wahlkreis hat, gewinnt ihn; keine Listen, kein zweiter Wahlgang), angesichts der klaren Mehrheiten zwar einerseits vermutlich Reformen zunächst eher herauszögert, dann aber bei entsprechender Führung (so in der Thatcher-Periode) zu einschneidenden Veränderungen auch sehr zügig fähig sein kann.

Die Systeme des Verhältniswahlrechts hingegen verhindern klare Mehrheiten und erzwingen fast immer eine Koalitionsbildung. So bewirken sie eher schrittweise und graduelle Reformen, aber vermutich im allgemeinn auch rechtzeitigere. Die so gewonnene, potentiell größere Sensibilität der Parlamente für Veränderungen und Reformbedarf setzt allerdings dann auch eine relativ undogmatische Koalitionsbereitschaft aller demokratischen Parteien und Fraktionen miteinander voraus.

Die Bundesrepublik Deutschland hat mit der 5 %-Klausel und mit dem Institut des konstruktiven Mißbrauensvotums einen Schutzwall der Regierungsstabilität geschaffen und damit ein eher auf Dauer als auf Beweglichkeit ausgerichtetes System. In den sechziger Jahren gab es in der alten Bundesrepublik Bestrebungen zur Einführung des Mehrheitswahlrechts, aber in der Großen Koalition 1966/69, die sich dies als eine ihrer vorrangigen Aufgaben vorgenommen hatte, scheiterte dann das Projekt; heute meine ich, das war kein Schaden. Eine Änderung des Wahlrechts ist gegenwärtig ohnehin nicht in der politischen Diskussion und wäre auch angesichts der Koalitionsbestrebungen beider großer Volksparteien (CDU/CSU mit der FDP und SPD mit Bündnis 90/Die Grünen) nicht realisierbar. Als Projekt konkreter Reformpolitik kann eine Wahlrechtsänderung daher heute kein pragmatischer Vorschlag sein.

Die Politik muß aber erkennen, daß nicht nur Unternehmen, Verbände und Sozialsysteme von den neuen Verkehrstechniken und Informationstechnologien betroffen sind, sondern auch – und gerade! – sie selbst als Teil des nationalen Wettbewerbssystems. Besonders in den kleineren Nationen Europas hat deshalb das Verhältniswahlrecht einen relativ undogmatischen Koalitionspragmatismus entstehen lassen. Vermutlich war in manchen Ländern die niedrigere Eingangsschwelle (weniger als 5 % Stimmanteile erhalten auch Parlamentssitze) für diesen Pragmatismus förderlich; Stabilität und Beweglichkeit sind eben keine Schwestern. In diesen Ländern werden, im Gegensatz zu Deutschland, auch »große« Koalitionen christlich-demokratischer oder rechtsliberaler Parteien mit Sozialdemokraten oder auch Linkssozialisten nicht nur als ein Notnagel betrachtet. Der dadurch unvermeidlich offenere Dialog zwischen allen demokratischen Parteien hat in diesen Ländern ebenfalls zu einem verhältnismäßig hohen Maß an parteipolitischer Versachlichung, pragmatischer Beweglichkeit und damit größerer Reformfähigkeit geführt. Dies erlaubte der Politik vermutlich, sachgerechter und schneller als wir auf die internationalen Veränderungen zu reagieren und zu den notwendigen Anpassungen zu gelangen.

Wenn von Individuen und Unternehmen im verschärften weltweiten Wettbewerb ein höheres Maß an Anpassungsfähigkeit gefordert werden muß, dann muß dies auch für das politische System gelten. Es ist unverständlich und borniert, wenn Politiker von Unternehmen und Arbeitnehmern eine beschleunigte Anpassung an die neuen Verhältnisse fordern, aber selber nicht einmal öffentlich darüber nachdenken wollen, was sie selbst in *ihrem* Verantwortungsbereich ändern müßten, um unter den veränderten Bedingungen die ihnen in der Gesellschaft zugewiesenen Aufgaben sachgerechter zu erfüllen. Wer zum Beispiel die Entscheidungsprozesse der heutigen Europäischen Union kennt und auch nur einmal versucht sich vorzustellen, wie eine erweiterte Europäische Union im wirtschaftlichen Weltwettbewerb gegenüber den schlagfertig organisierten USA handlungsfähig sein könnte, wenn die deutsche Koalitionsphobie der Sozialdemokraten gegenüber den Christdemokraten in Europa übernommen würde, der wird verstehen, was ich meine.

Doch bleiben wir in Deutschland. Die kritische Beurteilung, die Deutschland als Standort in der internationalen Beurteilung seit einigen Jahren erfahren hat, gründet, wie ich schon feststellte, nicht in erster Linie auf einem Zurückbleiben des wissenschaftlichen und privatwirtschaftlichen Potentials, sondern auf dem Verharren der Politik auf veralteten Regelsystemen. Es ist die Politik, die heute das schwächste Glied im Verbund des Standortsystems Deutschland darstellt. Es sind auch die dem öffentlichen Bereich zugeordneten Verantwortungen, die vergeblich der Erneuerung harren: von den Universitäten bis zur gesetzlichen Reform der Sozialsysteme. Und es ist schon erstaunlich, daß die Parteipolitiker aller Farben sich über mangelnde Fortschritte in allen anderen Bereichen der Gesellschaft ereifern, daß aber die Politik selbst mit der Verfassungsreform 1994 wohl die schwächste aller Reformen seit 1989 produziert hat. Sicher, es gab viele Gründe hierfür – aber nicht nur das Faktum des miserablen Ergebnisses der Verfassungskommission (wenn man es ein solches überhaupt nennen will) bleibt bestehen: Das schlimmste ist, daß damals und heute über die Funktionsfähigkeit des Leistungssystems

Politik faktisch überhaupt nicht debattiert wurde und wird. Ein Unternehmen, das auf veränderte Herausforderungen so antworten würde wie die deutsche Politik in den beiden letzten Jahrzehnten und dabei so offenkundig in immer größere Schwierigkeiten geriete, hätte längst zum Konkursrichter gehen müssen.

Wenn nämlich das politische System im Verhältniswahlrecht funktionstüchtig sein soll, dann müssen die demokratischen Parteien *alle* möglichen Anstrengungen machen, um in diesem System strukturell unklarer Mehrheiten, aber flexibler Reformfähigkeit (dies sind die Nachteile und die Vorteile des Verhältniswahlrechts), auch die notwendige Beweglichkeit zu erzielen. Das aber heißt, eine generelle Koalitionsfähigkeit aller Parteien miteinander *als Normalsituation* zu ermöglichen.

Ein besonderer Appell ist hier nach meiner Erfahrung an CDU/CSU und SPD zu richten: Es steht heute kein Feind mehr »rechts«; Extremisten auf beiden Seiten sind gleichermaßen gefährlich; CDU und CSU sind deswegen nicht der soziale Beelzebub, sondern ebenfalls sozial orientierte Parteien mit etwas anderen Akzenten, wie es eben im Mehrparteiensystem notwendig ist; die SPD will keinen Staatssozialismus; die FDP ist auch nicht nur eine »Klientel-Partei« der Besserverdienenden (auch wenn sie selbst dieses törichte Mißverständnis erzeugt hat), sondern eine Partei mit scharfem Akzent auf Wettbewerb und Eigenverantwortung, jedoch mit geringerem sozialen Engagement; die Grünen sind eine fortschrittliche demokratische Partei, zeigen aber bisher nur bei wenigen Mitgliedern erkennbaren wirtschaftlichen Sachverstand und nur unzureichenden pragmatischen Realismus in vielen anderen Feldern; der PDS schließlich kann man im Osten ihr Engagement abnehmen, doch sie versteht nichts von Wirtschaft und bleibt eine kommunistische Nachfolgepartei mit zu undeutlichem Demokratiebekenntnis.

In diesem Sinne sollten die Parteien versuchen, miteinander umzugehen. In Westminster mögen britische Parteien beliebig aufeinander eindreschen: Sie werden einander im Zweifel niemals gegenseitig brauchen. Dieser Stil taugt aber nicht mehr für kontinentale Verhältniswahlrechte: Hier muß *jeder* damit rechnen, eventuell den anderen einmal zu brauchen. Eine Große Koalition, gut vorbereitet, könnte wichtige Dinge bewegen; eine schwarz-grüne Koalition könnte so fruchtbar sein wie einst die sozial-liberale.

Offenheit für die andere Position und fairer Stil sind deswegen lebenswichtig für Demokratien mit Verhältniswahlrecht. Es gibt Politiker in Bonn, die begriffen haben, daß Stil *auch* Politik macht. Wenn ich heute als Beobachter den Debattenbeiträgen von Wolfgang Schäuble (CDU), Hans-Ulrich Klose (SPD), Joschka Fischer (Grüne) oder Wolfgang Gerhardt (FDP) zuhöre, dann wünsche ich mir, daß dies in etwa der Umgangston in der politischen Öffentlichkeit würde: Es könnte ja ein Vorbote sein auch für eine größere Handlungsfähigkeit des Bundestages in Zukunft.

Rückkehr zu einem eigenverantwortlichen Föderalismus

Verletzender Streit zwischen Parteien und Fraktionen war aber bisher eine unvermeidliche Begleiterscheinung unserer Demokratie. Ein sachlicher Umgangston wäre zwar wünschenswert, auch für die Glaubwürdigkeit des politischen Prozesses beim Bürger, aber wichtiger noch ist die sachliche Bereitschaft zur Zusammenarbeit aller Parteien und die Fähigkeit zu pragmatischer Koalitionsbildung. Doch damit allein werden wir den Reformstau im politischen System nicht aufbrechen. Es gibt heute zwar eine breite Übereinstimmung, daß wir überall mehr Flexibilität gewinnen, mehr privatwirtschaftliche Organisationsformen und weniger staatliche Regulierungen haben sollten. Das Wort Deregulierung war vor fünf Jahren noch ein politischer Kampfbegriff; heute ist es eine, wenn auch oft sehr verschieden interpretierte, Konsensformel aller Parteien. Viele unserer Nachbarn sind inzwischen auf die Überholspur für Reformen eingeschwenkt. Warum kommen wir in Deutschland trotz dieser breiten, grundsätzlichen Übereinstimmung kaum weiter?

Die Antwort scheint mir verblüffend einfach, doch fand man sie bis vor kurzem noch kaum im Vordergrund der öffentlichen Debatte: Politiker und Parteien sind inzwischen nahezu machtlos gegenüber der Selbstblockade derjenigen Institutionen, die einmal für flexible föderale Entscheidungen geschaffen wurden: Bundestag und Bundesrat. Vor aller Augen findet seit Jahren eine Entwicklung statt, in der sich beide Institutionen im Gegensatz der Parteien verkämpfen und am Ende dann ein anonymer, für diese große, allgemeine Verantwortung kaum legitimierter Vermittlungsausschuß zur faktischen Bundesregierung wird.

Das deutsche Verfassungssystem hat sich von einer föderalistischen Konzeption (getrennte Bund-Länder-Verantwortung mit Bundesrat als Vertretung unabhängiger Länderinteressen auf der Ebene des Bundes) zur Praxis eines wildwüchsigen Dschungels von politischer Unverantwortung entwickelt, in dem heute keine der Gebietskörperschaften eine eigene, erkennbare und überprüfbare Verantwortung für ihre Entscheidungen noch wirklich trägt.

Es ist zwar richtig, daß die Länder im Bundesrat auch Gesamtverantwortung für die Bundespolitik mittragen sollen. Aber dies doch eben aus der Sicht der *Länderinteressen* und nicht als Bundesparteien. So sollte es sein – diese Absicht entspricht aber längst nicht mehr der Wirklichkeit. In der politischen Praxis berichten zum Beispiel Medien und Parteipolitiker heute ohne jedes Stocken in der Stimme, daß der SPD-Parteivorsitzende Oskar Lafontaine »die Länder im Bundesrat wieder voll im Griff habe«; und man berichtet es mit Zustimmung, so als sei der Bundesrat eine Art Bundesparteitag, wo innerparteilicher Konsens eine Errungenschaft darstellt. Der SPD-Chef handelt aber heute nicht anders als sein Vorgänger Kohl als Oppositionsführer während der sozialliberalen Koalition. Als Parteipolitiker, nicht als saarländischer Ministerpräsident, ist Lafontaine zu dieser Haltung faktisch auch verdammt. Auch Parteien stehen ja im Wettbewerb.

Indem im Bundesrat für die jeweilige »Mehrheit« die Interessen der Bundesparteien weitgehend an die Stelle der Länderinteressen getreten sind, wird in zentralen Fragen, wie z. B. der Finanz- und Haushaltspolitik, Deutschland heute von dem für niemand erkennbar verantwortlichen Vermittlungsausschuß regiert. Es ist zwar richtig, daß in dieser Legislaturperiode (seit 1994) 230 von 283 Gesetzen (nach einer Meldung der »Welt« vom 30. Juli 1997) den Bundesrat »mühelos passiert« haben. Niemand bestreitet auch die meist sachorientierte Arbeit im Vermittlungsausschuß, und es ist auch gut, daß dieser »nicht-öffentlich« tagt. Es geht jedoch um die *Klarheit der Verantwortungen*.

Es gibt zwei Kammern und Vermittlungsgremien auch in den USA oder der Schweiz – aber eben auf der jeweiligen Verantwortungsebene. Im Gegensatz zu den USA oder der Schweiz praktizieren wir aber gar keinen Föderalismus mehr, der ja konzeptionell immer durch eine klare Verantwortungstrennung der verschiedenen Ebenen der Gebietskörperschaften gekennzeichnet sein muß. Unsere zeit- und geldaufwendige Praxis muß vielmehr als eine die Entscheidungsverantwortung vertuschende Bund-Länder-Konsensmaschinerie bezeichnet werden. Im Gegensatz zu Japan oder zu Großbritannien haben wir daher keinen handlungsfähigen Zentralstaat, denn die Länder haben wesentliche Zuständigkeiten auf Bundesebene; und im Gegensatz zur Schweiz und zu den USA haben wir keinen handlungsfähigen Föderalismus, weil die Verantwortungen der Verfassungsebenen im Entscheidungsprozeß nicht klar genug getrennt sind. So sind wir ein entscheidungsschwacher Zwitter geworden. Hierfür nur einige *Beispiele:*

Die Länder sind für die Hochschulen verantwortlich; der Bund entscheidet und zahlt aber mit beim Hochschulbau und ist für die sogenannte Rahmengesetzgebung zuständig. Niemand kann daher heute sagen, wer für die bedauernswerte Lage der deutschen Hochschulen wirklich verantwortlich ist. Weder sind es die Landesregierungen, die für Geld im Hochschulbau und bei der Organisation auf die Rahmengesetzgebung des Bundes verweisen; der

Bund wiederum verweist auf die Zuständigkeiten der Länder. Bestenfalls sind also beide gemeinsam verantwortlich. Im Zentrum aber finden wir irgendwelche gemischten Ausschüsse, die Kultusministerkonferenz oder auch wieder den Vermittlungsausschuß als unsichtbare Strippenzieher der Entscheidungen.

Wenn eines Tages die Pflegeversicherung eine Kostenexplosion erfährt, wie dies in den Niederlanden der Fall war, wem haben wir das dann zuzurechnen: Den Beitragszahlern? Der Bundesregierung? Der SPD-Opposition? Der Länderkammer Bundesrat? Erinnern wir uns nicht mehr an die lächerliche Debatte zur Gegenfinanzierung durch Feiertage wie den Buß- und Bettag, über die Bund und Länder miteinander stritten? Die Entscheidung fiel dann irgendwo in einer unklaren Verantwortungszone; sie fiel im Niemandsland der von Kompromissen verschleierten Verantwortungslosigkeit. Es wird wohl wieder der Vermittlungsausschuß gewesen sein, der dann verantwortlich zu machen wäre. Wo sitzt er, wer wählt ihn? Politisch heißt am Ende die Antwort: Verantwortlich war niemand.

Wer trägt eigentlich die Verantwortung dafür, daß die Gemeinden die Verpflichtung erhielten, bis 1996 Kindergartenplätze für *alle* Kinder zu schaffen? Sorgt jetzt die Bundesregierung für die Erfüllung dieser Aufgabe, weil sie damals diesen Weg fand, um im Abtreibungsstreit einen Kompromiß zu erreichen? Wie sollen die Gemeinden das bezahlen? Wohin also mit dem politischen Ärger über solche Entscheidungen zu Lasten Dritter? In den Vermittlungsausschuß? Er wird vom Wähler nicht gewählt.

Wir haben gesehen: Der nationale Staat hat auch im globalen Wettbewerb eine zentrale Rolle. Aber unser Staat verfügt in dieser veränderten Lage über keine handlungsfähige Struktur. Während die Wirtschaft sich dezentralisiert, haben wir unser politisches System entweder zentralisiert oder durch unüberschaubare Doppelzuständigkeiten in eine Zentralisation ohne Entscheidungsfähigkeit der Zentrale verwandelt. Wir werden mit der Erneuerung des Deutschen Modells, das für den globalen Wettbewerb so viele konstruktive Bauelemente in sich trägt, nicht weiterkommen, solange wir an dieser Stelle keine Abhilfe schaffen.

Um in Deutschland heute gesellschaftliche Reformen in Gang zu bringen, ist eine radikale Entzerrung von Bundes- und Länderzuständigkeiten notwendig. Wieder stoßen wir hier auf das Thema Eigenverantwortung: Sie ist nämlich das konzeptionelle Fundament des Föderalismus. Ein formaler Föderalismus ohne nachvollziehbare Eigenverantwortung ist kein Föderalismus, sondern organisierte Unverantwortung. Politik muß in Deutschland wieder entscheidungsfähig werden, um verantwortbar zu sein. Dazu brauchen wir erkennbare und zurechenbare Eigenverantwortung der Föderalismus-Partner.

Es geht bei den in Deutschland anstehenden Reformen also nicht in erster Linie um die Wirtschaft oder um die Wissenschaft oder um technologische Innovation; es geht nicht vorrangig um mehr Geld oder um härteres Sparen. Die Schlüsselreformen liegen heute im Feld der Politik selbst, in der Arbeitsweise unseres politischen Systems. Und hier kann die Politik wirklich von der Wirtschaft lernen: Es sind immer organisatorische Strukturen, die Arbeitsweisen und Mentalitäten prägen – und nicht umgekehrt. Ohne organisatorische Veränderungen in der Politik wird es auch bei Wirtschaft und Wissenschaft in Deutschland nicht wirklich vorangehen. Hier liegt deswegen die zentrale Aufgabe.

Betrachtet man die politischen Diskussionen, die in Deutschland nun schon jahrzehntelang über die Strukturen unseres föderalistischen Systems geführt werden, so standen bisher drei Themen im Vordergrund: *Erstens* die Frage der sogenannten »Subsidiarität«; sie bedeutet im Kern: Was auf einer jeweils unteren Ebene sachkundig entschieden werden könnte, sollte wenn irgend möglich auch dort entschieden werden. *Zweitens* die Frage der Verteilung der gemeinsamen Steuereinnahmen; also: Welche Anteile am Steuerkuchen sollen Bund oder Ländern, und dort dann wieder Land und Gemeinden, zustehen? Und *drittens* wird die Länderneugliederung diskutiert, also eine Zusammenfassung der heute leistungsschwachen Länder; sie ist angeblich sogar Voraussetzung allen Fortschritts.

In der öffentlichen Diskussion dagegen spielte bislang die alles entscheidende Frage – Wie kann im »kooperativen« Föderalismus die Gefahr gegenseitiger Blockade vermindert werden? – eine völlig untergeordnete Rolle. Um aber handlungsfähig zu werden, müßten Bund, Länder und Gemeinden nicht nur möglichst klar abgegrenzte Entscheidungsbefugnisse haben, jeweils entsprechend ihrer Nähe zum Sachgegenstand der Entscheidung, sondern es müßte *auch* sichergestellt werden, daß beide Ebenen für ihre Entscheidungen politisch in Wahlen und finanzpolitisch in ihren Haushalten verantwortlich *haften*.

Wenn ein Wirtschaftsbetrieb sich so organisieren würde, daß Entscheidungsbefugnis und finanzielle Folgenverantwortung auch in der Führung voneinander getrennt wären, dann wüßte jeder: Diese Betrieb wird pleite gehen. Denn wo der eine das Sagen hat und der andere für die Kasse verantwortlich ist, dort kann es keine Entscheidungsverantwortung geben – und ohne diese Eigenverantwortung gibt es eben auch keine Erfolge: Warum sollte das in der Politik anders sein?

Die Bürger in Deutschland ärgern sich über die »Blockadepolitik« in Bonn; sie meinen, »die da oben sollten sich doch mal zusammensetzen und die Sachen sachlich entscheiden«. Aber »die da oben« unterliegen im heutigen System unserer politischen Entscheidungsprozesse anderen Gesetzen. Professor Fritz Scharpf vom Max-Planck-Institut für Gesellschaftsforschung in Köln hat sich seit Jahren mit den schwerwiegenden Folgen der Verantwortungsvermischungen im deutschen Politiksystem beschäftigt und die heutige Lage seit langem vorausgesagt. Aber er schiebt den Politikern, die im Rahmen der *heutigen* Organisation des Entscheidungssystems arbeiten müssen, nicht die Schuld an ihrem Verhalten zu: Es sind Mängel im organisatorischen System, die er als die Ursache der Blockaden und des Reformstaus erkennt. Die Organisation des Entscheidungsprozesses – nicht Böswilligkeit oder Unfähigkeit einzelner Politiker – bestimmt die Mentalität der Entscheider und das Ergebnis der Entscheidungen. Beseitigen allerdings könnten diese Mängel nur die Politiker selbst.

Scharpf schrieb kürzlich in der »Frankfurter Allgemeinen«: »Überall versagen die alten Strukturen gegenüber den neuen Verhältnissen, überall weiß man das und jammert darüber, und überall weiß man, daß das Nötige und Mögliche *nicht* geschehen wird. Die Erklärung liegt in unserer politischen Verfassung, die – verständlich nach den Erfahrungen der Nazizeit – vor allem darauf angelegt ist, Machtmißbrauch durch Machtverteilung zu verhindern.«

Da ist viel Wahres dran. Aber ein System der Machtkontrolle muß noch kein System der Entscheidungsunfähigkeit sein. Die Verfassungsstruktur der Bundesrepublik ist gewiß schon wegen der Länder komplizierter zu handhaben als zum Beispiel die britische; dafür aber bietet sie mindestens theoretisch die Chance zu dezentraler Verantwortung. Und diese kann ein Schlüssel zum Überleben in der Globalisierung sein. Aber in dieser föderalistischen Verfassungsstruktur ist nicht vorgesehen, daß zum Beispiel Koalitionen aus »Lagerperspektiven« und daher mehr nach den archaischen Gefühlen von Parteitagsdelegierten als nach den Interessen der Bürger zustande kommen. Unsere Verfassungsstruktur schreibt auch nicht vor, daß es faktisch keinen Zusammenhang zwischen Entscheidungsbefugnis und Finanzhoheit gibt; daß also Bund und Länder ihre Aufgabenteilung und Ausgabenverantwortung nicht auch auf eine eigenständigere Einnahmeverantwortung beider Ebenen gründen könnten.

In letzter Zeit ist endlich eine zunehmende Kritik an der Arbeitsweise des politischen Systems hörbar geworden. Olaf Henkel, Präsident des Bundesverbandes der Deutschen Industrie, hat im Sommer 1997 angeregt, die Strukturen zu überdenken: Wahlrecht, Zahl der Länder, Rolle des Bundesrates waren die Stichworte. In Bonn zeigte man sich empfindlich. »Systemveränderer«, hieß es erschrocken. Die noch immer von »Weimar« gebrannten Kinder fürchten eine »Systemdebatte«, so als könnten wir unserer Demokratie nicht sicher sein. Welch ein Irrtum! »Weimar« könnte uns drohen, wenn wir die Funktionsfähigkeit des organistorischen Systems unserer Politik *nicht* diskutierten!

Der wissenschaftliche Beirat zum Bundesministerium der Finanzen erstellte schon im Mai 1996 ein Gutachten, das, bis auf einige wenige Zeitungszeilen, in der Öffentlichkeit faktisch unbeachtet geblieben ist. Darin heißt es:

»Bei der Verteilung der Steuern und bei den innerstaatlichen Transfers zeigt sich also ein Phänomen, das die föderale Ordnung in Deutschland zu korrumpieren droht: Die *Politikvermischung*. Alle Ebenen sind gleichsam für alles zuständig – wirken an jedweder Gesetzgebung mit – und damit ist keine Ebene voll verantwortlich. Schon gar nicht wissen die Bürger, wem sie was zu verdanken haben, wen sie zur Rechenschaft ziehen können. Die Behandlung des Jahressteuergesetzes 1996 markiert einen Höhepunkt des undurchsichtigen politischen Manövrierens, das die Bürger vermutlich zunächst mit Interesse, später mit Zorn und schließlich mit Resignation verfolgen.

Damit liegt offen zutage, wo ein Ausgangspunkt zur Besserung liegt. Die Verantwortungsbereiche von Bund und Ländern müssen entflochten werden.«

Klarer kann man die Problematik nicht formulieren. Von einer »gestärkten Eigenverantwortung der staatlichen Ebenen« erwartet der Beirat mit Recht auch eine verbesserte »Verwendung der volkswirtschaftlichen Ressourcen *sowohl* im öffentlichen Sektor *als auch* zwischen dem öffentlichen und dem privaten Sektor«. Stärkung der Eigenverantwortung auf allen Ebenen war ja auch das Instrument, mit dem auch die großen Unternehmen sich wieder wettbewerbsfähig gemacht haben.

Der Beirat schlägt dafür eine Veränderung im Steuersystem vor, durch die den Ländern insgesamt mehr Eigenverantwortung übertragen werden würde. Parallel zur Rückübertragung von

Zuständigkeiten an die Länder hält der Beirat unter anderem auch die Einführung eines Landeszuschlags oder eines Landeshebesatzrechtes zur Einkommensteuer und bei der Körperschaftsteuer für sinnvoll. Die Einzelheiten eines solchen, sicher auch komplizierten Vorschlags können hier nicht ausgebreitet werden. Es geht hier um *Gegenstand* und *Richtung* der Reformen am Modell Deutschland. Wichtigster *Gegenstand* ist die Wiederherstellung von Eigenverantwortung der politischen Institutionen, und *Richtung* ist die Entflechtung von Zuständigkeiten.

Wenn wir den deutschen Föderalismus mit dem System von Zuständigkeiten und Entscheidungsprozessen in den USA oder in der Schweiz vergleichen, dann weist Deutschland eindeutig den höchsten Grad an Entscheidungsverflechtung und den geringsten Grad an Eigenverantwortung der verschiedenen Verfassungsebenen auf. Das Thema Neugliederung, das bei uns eine so große Rolle spielt, wird dagegen in den beiden anderen föderalistischen Systemen mit Recht faktisch überhaupt nicht diskutiert: Auch in den USA gibt es nämlich starke und schwache Einzelstaaten; Kalifornien hat 50mal mehr Einwohner als Vermont, aber es geht auch. Jeder der Staaten muß eben auf seine Weise, und in *eigener* Verantwortung mit den Entwicklungen fertig werden. Es gibt in den USA Bundeshilfen, aber keinen Finanzausgleich zwischen den Einzelstaaten. Nur so wird auch in Deutschland der Föderalismus praktizierbar werden.

Wie Deutschland in diesem Prozeß die Gewichte zwischen den Ländern, insbesondere die Frage der sogenannten »gleichen Lebensbedingungen« (Art. 106 im Grundgesetz) regeln sollte, das kann hier ebenfalls nicht diskutiert werden. Eines allerdings ist sicher: Allzu viel, allzu detaillierte Gleichheit *muß* auf Kosten der Eigenverantwortung, der Wettbewerbsstärke und der Entscheidungsfähigkeit der Länder gehen. Im Gegenteil sollte man erkennen: Wenn der Bund auch auf dem Sektor der Sozialpolitik den Ländern mehr Spielraum für unterschiedliche Lösungen einräumen könnte – auch das läßt sich in den USA studieren –, würde die Kreativität unseres Sozialsystems im Wettbewerb sicher manchen positiven Impuls erfahren.

Als ein zentrales Ergebnis meiner Untersuchungen halte ich fest: Der Reformstau in Deutschland, die wachsenden Zweifel an der Zukunft des Standortes Deutschland sind nicht das Ergebnis einer mangelnden Handlungsbereitschaft der Wirtschaft, der Tarifparteien, der Universitäten oder der Labors; und sie sind auch nicht die Folge einer uneinsichtigen Anspruchshaltung der Bürger oder Bürgerinnen; der Kern der Probleme liegt auch nicht in der föderalen Konstruktion des deutschen Modells, das nicht als solches versagt. Es versagt die Praxis, die Ausgestaltung des Föderalismus. Wir haben ein deformiertes Steuerungssystem unseres Sozialstaates, das mangels klarer Zuordnung von Verantwortungen so nicht mehr funktionieren kann.

Es geht nicht um eine andere Verfassung; es geht auch nicht um eine ohnehin aussichtslose Totalreform der Finanzverfassung; es geht nicht um Länderneugliederung oder Verhältniswahlrecht; es geht vielmehr um die Beseitigung überflüssiger und schädlicher Politikverflechtungen von Bund und Ländern, um einen praktischen Ansatz für mehr föderale Eigenverantwortung. Der Stein muß nur ins Rollen gebracht werden, die Zustimmung wäre schon heute gewiß. Und diese Richtung heißt: Wiederherstellung einer überprüfbaren Eigenverantwortung der politischen Institutionen durch eine Entflechung ihrer Aufgabenüberschneidung. Sie heißt: Stärkung der Verantwortung auch bei den Staatseinnahmen. Der Bund könnte bei den Hochschulen anfangen und so ein deutliches Signal setzen: das Hochschulrahmengesetz und das Hochschulförderungsgesetz zur Disposition stellen, den Ländern Geld und Eigenverantwortung zurückgeben, wenn man sich dafür auf die Zahl der Schuljahre und ein faires Verfahren der Qualitätskontrolle für die Zulassung von Hochschulen in Selbstverwaltung einigt.

In diesen Zusammenhang gehört natürlich auch die Reform der kommunalen Finanzen. Das Deutsche Modell gründet ja nicht nur auf staatlichem Föderalismus, sondern auch auf kommunaler Selbstverwaltung. Dezentrale Verantwortung der Kommunen ist nicht nur ein demokratischer, sonden eben auch ein organisatorischer Baustein unseres Sozialstaats (Subsidiarität). Dazu gehörten aber, wie aus dem Gutachten des Wissenschaftlichen Beirats beim Bundesfinanzministerium zu folgern wäre, *auch* eine größere Eigenständigkeit in den Steuereinnahmen. Dies soll ja nun im Zusammenhang mit dem Wegfall der Gewerbekapitalsteuer ermöglicht werden. Ohne diese größere Einnahmehoheit ist Eigenverantwortung der Kommunen letztlich eine Farce. Aus diesem Grund muß die Reform der Gewerbesteuer und eventueller Ersatzsteuern auch aus dieser Perspektive betrachtet werden. Gewerbesteuerwettlauf ist zwar ärgerlich für jeden Bürgermeister – ich weiß das sehr wohl –, aber eben auch eine Quelle dezentraler Motivation und Entwicklungsstärke. Hierher gehören auch Ansätze für eine erweiterte Anwendung des Volksentscheids auf kommunaler Ebene, wenn – und *nur* wenn – die Bürger dabei zugleich auch über die Finanzierung entscheiden müssen.

Was ist zu tun? Eine große Verfassungsreform oder auch nur eine mit dieser Aufgabe betraute »Enquête-Kommission« von Bund und Ländern hätte wenig Aussicht auf Erfolg; denn sie würden doch nur von den bestehenden Interessen besetzt werden und daher wieder nichts Entscheidendes bewegen. Was wir brauchen, das wäre ein mutiger Politiker von Gewicht, der die Chancen des Deutschen Modells sieht und das Thema der Wiederherstellung von Eigenverantwortung *auch in der Politik* in den Mittelpunkt seiner Partei rückt. Der die Entscheidungslähmung der Politik in Deutschland dort geißelt, wo sie wurzelt: nämlich in der Verfassungspraxis und ihren Regelungen; der praktische Vorschläge der Entflechtung zwischen Bund und Ländern vorlegt.

Eigenverantwortung muß als umfassendes *positives* Reformkonzept das heute im Mittelpunkt stehende zentrale *Negativziel* des »Sparens« politisch ablösen.

Wenn wir heute unter dem Reformstau ächzen und meinen,

nur ein »großer Durchbruch« könne die Befreiung bringen, dann sollten wir erinnern, daß große Reformen oft nur durch die Bewegung scheinbar kleiner Hebel in Gang gekommen sind. Man studiere aus dieser Sicht noch einmal die jeweils nur in wenigen Regierungsmonaten zustandegekommenen großen Stein-Hardenbergschen Kommunalreformen und die Humboldtsche Universitätsreform zu Beginn des 19. Jahrhunderts. Auch der heutige Reformstau in Deutschland könnte durch einige wenige Entscheidungen gelöst werden, die zu mehr Eigenverantwortung auf allen Ebenen führen würden. Das Land würde aufatmen und sich bald wieder finden. Aber wer weist die Richtung?

Haben wir Deutschen die richtige Einstellung zur Weltinformationsgesellschaft?

Politik wird nicht im luftleeren Raum gemacht. Die Wähler müssen bereit sein zu folgen. Wieviel Eigenverantwortung eine Gesellschaft realisieren kann, wird zwar darüber entscheiden, wieviel Innovationskraft sie entwickelt. Aber die Fähigkeit zur Eigenverantwortung ist, wie wir gesehen haben, keine »genetische« Veranlagung von Menschen. Sie ist das Ergebnis der Umstände, unter denen die Menschen aufwachsen, lernen, arbeiten und leben. Deutsche Einwanderer wurden in den USA zu »Amerikanern« mit allen ihren Eigenschaften, ebenso wie Briten, Iren, Italiener oder Chinesen; all diese Nationen brachten allerdings auch ihre Familientraditionen und ihre religiösen Gewohnheiten mit in die Neue Welt, und zwar oft mit erstaunlich langfristigen Prägungen. Können wir Deutschen leisten, was die Welt uns heute abfordert?

Wir sind von unserem Gesellschaftsmodell ebenso geformt wie andere Völker von dem ihren. Dieses Deutsche Modell, wir haben es gesehen, sucht Beständigkeit, Berechenbarkeit, Sicherheit und Ordnung. Solange wir weitgehend Herr der Rahmenbedingungen unserer Gesellschaft waren, das heißt solange die dynamischen Kräfte der Veränderung vorwiegend aus dem von uns »beherrschten« nationalen Raum kamen, konnten wir unsere Wünsche nach Ordnung und Berechenbarkeit mit den dynamischen Kräften der Entwicklung erfolgreich in Einklang bringen. Nun aber haben wir eine andere Situation.

Der globale Austausch von Ideen, Wissen, Fertigkeiten und Technik führt zu einem immer schnelleren Tempo der Innovation in allen Feldern der Gesellschaft. Ist das Deutsche Modell diesem Tempo »mental« gewachsen?

David Soskice vom Wissenschaftszentrum Berlin schrieb kürzlich unter dem Titel: »Stakeholding Ja; das Deutsche Modell Nein« für seine britischen Leser, man habe in Großbritannien in den fünfziger Jahren das französische Modell der *planification* beachtet; in den siebziger und achtziger Jahren sei man den skandinavischen Konzeptionen des Sozialstaates und in den neunziger Jahren dann dem Deutschen Modell nähergekommen. Betrachte man aber heute das angelsächsische und das Deutsche Modell, so falle auf, wieviel mehr das angelsächsische Konkurrenz und Innovationsbereitschaft fördere. Das Deutsche (wie auch das japanische) Modell habe Vorteile in der Perfektionierung qualitativ hervorragender Industrieprodukte; das risikoorientierte und damit innovativere angelsächsische Modell hingegen habe mit seinen deregulierten Rahmenbedingungen »überwältigende relative Vorteil auf dem Gebiet von Dienstleistungen, die in internationaler Konkurrenz stehen«. Und Soskice fährt fort: »Fast alle radikalen Innovationen in den neuen Technologien (Halbleiter, Biotechnologie) sind aus den USA und zu einem etwas geringeren Teil aus Großbritannien gekommen, aber faktisch nichts aus Deutschland. Darüber hinaus ist auch das Feld komplexer Sytemtechnologie (Telekommunikation, Großflugzeuge, Softwaresysteme) ein Gebiet, in dem die angelsächsischen Wirtschaftsstrukturen einen Systemvorteil haben ... In all diesen Sektoren sind hohe wirtschaftliche Anreize und die Fähigkeit zu schnellen Unternehmensentscheidungen von vitaler Bedeutung. Und dies ist der Grund, warum die weiter deregulierten Wirtschaftssysteme hier auch bessere Leistungen erbringen.«

Werner Sombarts schon einmal zitierte polemische Gegenüberstellung der »Helden und Händler« hat einen nicht polemischen Kern, allerdings mit ganz anderen Wahrheiten: Das risikoscheue Organisationsvertrauen der Deutschen steht einem risikobereiten Selbstvertrauen der Angelsachsen gegenüber: Beide, US-Amerikaner und Briten, erinnern sich ja auch in ihrer noch bewußten Geschichte an keine fremden Truppen auf ihren Territorien; beide beherrschen gewissermaßen »insular« ihre nationalen Grenzen; beide sind daher stark von den Sicherheitsgrundsätzen einer Seemacht bestimmt; beide haben einen hochentwickelte Sinn für Seefahrt, Handel und Bankgeschäfte. Das Selbstvertrauen beider ist auch in Phasen des Rückschlags beneidenswert.

»Angst« aber ist ein deutsches Fremdwort in der englischen Umgangssprache. Wenn Thomas von Randow in einer Juni 1997-Ausgabe der ZEIT über das Mars-Abenteuer der NASA unter der Überschrift schreibt: »Paßt gut auf – Millionen von Menschen zittern um den kleinen Mars-Roboter« – und man vergleicht diesen Ton mit der Lust, Leichtigkeit und Professionalität des jungen kalifornischen Forscherteams, dann wirft das auch ein Schlaglicht auf die Unterschiede zwischen uns und den Amerikanern.

Unsere Mentalität schöpft heute wenig Lust, wenig Zuversicht und wenig Tatkraft aus der neuen Zeit. Wir fürchten mehr, als wir erwarten; wir verteidigen mehr, als wir erobern. Die deutschen Unternehmer leisten ihre gute Arbeit, aber die Gesellschaft und ihr Abbild, die Politik, gewinnen keinen Schwung. Eine betuliche Selbstgerechtigkeit hat die Oberhand gewonnen. Nicht die Grundkonstruktion des Deutschen Modells, sondern seine perfektionistische Handhabung und die Auswirkungen dieser Handhabung auf die Einstellung der Deutschen sind zu einem Handicap im Umgang mit der neuen Zeit geworden.

Aber wiederum: Die Mentalität ist niemals nur Tradition und Prägung; sie ist, wie uns Norbert Elias lehrt, wesentlich immer auch das Ergebnis von gegenwärtigem Umfeld und Lebensumständen. Eine Gesellschaft, die zwar auf vielen Ebenen dezentrale Entscheidungen theoretisch vorsieht (Kommunen, Länder, Betriebe, Universitäten), aber durch Gesetze und Praxis diese Ebenen dann daran hindert, wirklich Verantwortung zu übernehmen, *muß* Frust, Trägheit und schlechte Laune erzeugen. Lebensfreude entsteht aus erfolgreich bestandener Veranwortung; Kraft wächst aus bestandenem Risiko. Wenn wir die Verantwortungen wieder stärker dahin verlagern, wo sie im Deutschen Modell ursprünglich angesiedelt waren, dann wird auch bei uns wieder ein zuversichtliches Gesellschaftsklima entstehen. »Subsidiarität« ist nicht nur ein Konzept, das das Verhältnis der Gebietskörperschaften (Bund, Land, Gemeinde) zueinander betrifft, sondern eben auch das Gesamtverhältnis des Staates zu den Bürgern, der Gemeinschaft zum Individuum.

Die neuen Risiken einer weltoffenen Gesellschaft zeigen schon jetzt Spuren in der jüngeren deutschen Generation, die weniger verwöhnt und weniger betulich zu werden verspricht als die vorangegangene Generation der achtundsechziger Besserwisser. Es ist die Aufgabe der Politik, die Weichen für mehr Eigenverantwortung in *allen* Lebensbereichen zu stellen, damit auch aus der persönlichen Erfahrung von Erfolg und Fehlern wieder eine Motivation für wirkliche Solidarität und gesellschaftspolitische Verantwortung entstehen kann.

Das Deutsche Modell verfügt über viele wesentliche Bausteine für eine solche Erneuerung, die Voraussetzung unserer erfolgreichen sozialen Selbstbehauptung im Zeitalter der Globalisierung sein wird. Zum Beispiel in der pragmatischen Nähe von Kapital und Arbeit im Betrieb; in der solidarischen Organisation eines in den Ergebnissen noch immer leistungsfähigen Systems der Sozialversicherung; im dualen Ausbildungssystem und schließlich in einer föderalen Dezentralisation. Überall könnte durch eine Rückkehr zu den Grundprinzipien des Deutschen Modells die ehemals so fruchtbare Mischung aus Gemeinsinn, Mitverantwortung der Bürger und Eigenverantwortung wieder erneuert werden.

Es ist die Praxis der Politik, die hier einen unverantwortlichen Reformstau hat entstehen lassen. Die Politik fordert Reformen von den anderen ein – von Unternehmen, Gewerkschaften, Sozialversicherungen, öffentlichen Einrichtungen und Bürgern –, aber unseren größten Reformbedarf, den ihrer eigenen unzeitgemäßen Arbeitsweise, stellt sie nicht einmal öffentlich zur Diskussion.

Wir Deutschen mögen in unserer Einstellung zu Sicherheit und Ordnung für das Zeitalter beschleunigter globaler Evolution manche Nachteile haben; aber ich bin sicher, diese lassen sich angesichts der flexiblen Grundstrukturen des Deutschen Modells dann wieder in wettbewerbsfähige Vorteile einer pragmatischen verantwortungsvollen Solidarität umformen, wenn die Politik die dafür erforderliche und mögliche Hilfestellung bietet. Wenn wieder entsprechende Rahmenbedingungen für mehr Eigenverantwortung auf allen Ebenen geschaffen werden. Dafür aber muß die Politik mit den Reformen bei sich selbst beginnen.

Wir alle, auch die Politiker, können heute unsere Zukunft weniger übersehen, als das früher möglich war. Nur eine größere Fähigkeit zur Weiterentwicklung unserer Gesellschaft kann die Antwort auf die beschleunigte Evolution der Menschheit sein. Wir Deutschen müssen die Globalisierung nicht fürchten, wenn wir diejenigen Reformen unseres *politischen* Systems in Gang setzen, ohne die auch die Reformen unserer anderen gesellschaftlichen Institutionen nicht möglich sein werden.

Um diese offenere Entwicklung unserer Gesellschaft für die Begegnung mit den neuen Wirklichkeiten der Weltmärkte zu ermöglichen, schulden wir uns eine neugierige Offenheit im politischen Dialog, die nicht an den alten Parteigrenzen haltmacht. Toleranz gegenüber Andersdenkenden, auch in den eigenen Reihen, wird eine immer wichtigere Tugend in Zeiten des Umbruchs; denn es geht darum, neue Tatsachen zu bewältigen, nicht alte Meinungen zu bestätigen. Im nationalen Interesse schulden wir den Wählern politischen Mut zu Entscheidungen gerade dort, wo Parteien und Verbände bisher bezogene Positionen verlassen müßten. Kalkulierte Risikobereitschaft wird auch in der Politik unerläßlich, um eine positive Evolution der Gesellschaft in Gang zu setzen. Aber auch dazu könnte gerade unser Föderalismus ungewöhnlich große Möglichkeiten bieten – wenn wir ihm nur erlaubten, föderalistisch zu sein.

In erster Linie brauchen wir allerdings die ehrliche Bestandsaufnahme der Lage und eine nüchterne Einschätzung derjenigen Kräfte, die über alle Grenzen hinweg auch unsere Gesellschaft des Deutschen Modells immer stärker bestimmen werden. Begegnen wir dieser Wirklichkeit dann in Verantwortung *und* Entscheidungsfähigkeit, jeder an seiner Stelle, dann kann auch wieder Selbstvertrauen erwachen und die schleichende Wehleidigkeit überwunden werden. Erneut: nicht das Sparen ist die erste Forderung der Stunde, sondern politische Führung zur Verantwortung. Keine »geistige Führung« im Sinne moralischen Schwadronierens, sondern politische Führung durch klare Zielbestimmung und durch die Bereitschaft, auf risikoreichem Gelände voranzugehen.

Es ist entscheidend, daß wir in diesem schwierigen Prozeß, losgelöst von allen vorübergehenden wirtschaftlichen Schwankungen, die Bedeutung der demokratischen Institutionen würdigen und verteidigen. Die Verfassung und ihre Regelsysteme organisieren den »Stoffwechsel«, die Gesundheit der Gesellschaft. Freiheit wird von Institutionen geschützt, nicht von guten Absichten. Demokratische Institutionen und die von ihnen gesetzten Regelsysteme sind die Voraussetzungen von Selbstverantwortung – und umgekehrt. Freiheit muß deswegen auch im Mittelpunkt aller institutionellen Reformen bleiben. Wer Demokratie und Wohlstand allzu eng und allzu kurzfristig miteinander verbindet, der lebt nicht sicher auf demokratischem Grund.

Nachwort: Ein europäischer Ausblick

Deutschland trägt mit der großen Errungenschaft der Sozialen Marktwirtschaft und seines wirtschaftlich erfolgreichen Sozialstaats auch eine gewichtige europäische Verantwortung. Noch haben zwar auch wir den weiterführenden Weg nicht gefunden; Reformstau und politische Stagnation kennzeichnen heute unsere Lage. Und dennoch ist es kein falscher Ehrgeiz, kein vorlauter Nationalismus, wenn wir uns vornehmen, hier wieder Vorbild in Europa zu werden. Ein wettbewerbsfähiger Sozialstaat – das ist historisch Deutschlands ureigenste Domäne.

Es käme einer Kapitulation gleich, wenn wir die Tradition des Deutschen Modells unter dem Druck der Informationsgesellschaft und ihrer »Tochter« Globalisierung einfach aufgeben wollten, um die sicherlich erfolgreichen angelsächsischen Reformen von Margaret Thatcher und Ronald Reagan zu kopieren.

Deutschland hat eine andere Gestalt, eine andere Herkunft – und wir müssen mit unserer Herkunft in die neue Zeit gehen. So wie die skandinavischen Länder darum ringen, ihre sozialen und gesellschaftlichen Traditionen zu bewahren; so wie die Schweiz darum bemüht ist, ihr einmaliges bürgernahes, demokratisches System in den Stürmen der europäischen und der Welt-Integration zu retten; ja, so wie Großbritannien mit sich kämpft, um sich selbst nicht in Europa zu verlieren: so müssen auch wir Deutschen bemüht sein, in Kenntnis der immer stärker werdenden Kräfte des Marktes unsere positiven Erfahrungen, unser Deutsches Modell des Konsenses und der sozialen Marktwirtschaft, so weit wie möglich in die kommende Zeit zu tragen und sie in Europa zu verankern.

Hier, in einer europäischen Erweiterung eines funktionstüchtigen Deutschen Modells, möchte ich deswegen auch Deutschlands Gewicht in Europa ebenso deutlich vertreten sehen wie dies kürzlich Premierminister Blair für Großbritannien die Europäer wissen ließ: Deutsche Interessen an erster und zweiter Stelle ... Es sind ja auch die Interessen Europas.

Ludwig Erhard, der Begründer der »Sozialen Marktwirtschaft« und Erneuerer des deutschen Sozialstaates nach 1945, erkannte früh die Notwendigkeit einer Fortentwicklung seines Gebäudes. Er hatte schon auf dem Düsseldorfer CDU-Parteitag vom März 1965 mit einer grundsätzlichen Überholung der Sozialen Marktwirtschaft beginnen wollen. Die Debatte über »Gemeinschaftswerk« und »formierte Gesellschaft«, die dann in einem, wie ich heute meine, voreiligen Spott seiner Kritiker erstickte, führte zwar nicht weiter. Doch Erhards Worte auf dem CDU-Parteitag seien in Erinnerung gerufen. Er sagte damals:

»Die Bundesrepublik soll – darin sehe ich meinen Auftrag – ein Land werden, in dem Staat und Gesellschaft sich zu einem weit ausgreifenden Fortschrittswillen vereinen und versöhnen. Der Staat soll nicht autoritär planen, und die Gesellschaft darf nicht eine chancenreiche Zukunft für eine bessere Gegenwart des bloßen Konsums preisgeben. Wir wollen ... mehr sein als ein Konsumverein.«

»Öffentliche Voraussicht und private Initiative müssen sich verbünden, um Deutschland gegen Krisen gefeit sein zu lassen und für die Mehrung seiner politischen Kraft, seiner geistigen und technischen Leistung, seines ökonomischen Fortschritts einstehen zu können. Kurzum: Wir haben in der Ordnung unserer Gesellschaft die Voraussetzungen für eine neue kulturelle und zivilisatorische Höhe unseres Staates und unseres Volkes zu bereiten.«

Würden wir hierüber noch heute schmunzeln? Der Optimismus Erhards war vielleicht sehr »deutsch« im Sinne der gesellschaftspolitischen Traditionen, die ich beschrieben habe. Aber heute, 30 Jahre später, sucht ganz Europa nach einem solchen Weg. Karl Schiller hatte die Erhardschen Strukturen weitergedacht und fortentwickelt. Gesetzlich ausformulierte Grundsätze für »Stabilität und Wachstum« boten für die siebziger Jahre einen nutzvollen Rahmen. Schiller versuchte, den traditionellen Konsens sozial ausgewogener wirtschaftlicher Entwicklungen in einer »konzertierten Aktion« institutionell zum Angelpunkt zu machen. Heute ist dieser Ansatz nicht mehr lebendig.

Die Arbeit als Ware – die Arbeit als Dienst; der Arbeiter als Verkäufer seiner Ware – der Arbeiter als Gemeinschaftsbeteiligter: Dies waren die historischen Gegensätze zwischen der Adam-Smith-Rezeption im angelsächsischen Bereich und einer deutschen Antwort auf die Probleme der Industriegesellschaft im 19. Jahrhundert. Entsteht dieser Disput von neuem? Gewiß, im Augenblick bedürfen wir in Deutschland und auf dem europäischen Kontinent wieder einer Stärkung der Eigenverantwortung und mehr verantworteter, also zurechenbarer Dezentralisation. Aber gerade in einer globalisierten Wirtschaft wird ein »spürbarer Staat« zur unerläßlichen Voraussetzung für den Gemeinsinn. Denn im globalisierten Konflikt wird der Gemeinsinn nicht mehr »von selbst« aus dem demokratischen Konflikt innerhalb der Gesellschaft erwachsen können. Dazu sind die Menschen in ihren Interessen inzwischen international zu »offen«. Das zeigen heute nicht nur die USA, sondern auch Großbritannien. Der Versuch einer Gegenentwicklung des »Kommunarismus« in den USA hat eine starke europäische, vermutlich auch deutsche Wurzel. Aber ohne die verbindenden Strukturen des Staates oder der kommunalen Verwaltung wird Kommunarismus nur ein Feigenblatt für Solidarität bleiben. Wir brauchen gerade im Prozeß der Globalisierung die Fortentwicklung eines Modells, in dem auch der Staat mit *seinen* Instrumenten um eine solidarische Ordnung bemüht ist.

Auch die erste industrielle Revolution begann mit einem Vorsprung angelsächsischer Individualität, aber sie endete mit der deutlichen Überlegenheit des sozialstaatlichen Modells deutscher Prägung. Heute scheinen in einer neuen Phase des Aufbruchs wieder die angelsächsischen Länder einen Vorsprung zu gewinnen. Vernachlässigen sie aber nicht erneut die angemessene Ordnung sozialer Strukturen? Auch die Informationsgesellschaft wird sie brauchen.

Im Sturzbach wissenschaftlicher, technischer, wirtschaftlicher und damit auch sozialer Veränderungen werden wir, so meine ich, nur mit einer klaren und auch durchsetzbaren *Ordnung* frei und solidarisch überleben. Diese muß flexibel genug sein, um in den Sturmgewässern der Globalisierung zu segeln: Aber eben doch eine Ordnung sein. Ist das aber so, dann könnte das Deutsche Modell am Ende dem angelsächsischen Modell doch wieder erfolgreich Konkurrenz machen.

So liegt in einer kritischen Besinnung Deutschlands auf die Bindekraft seines Sozialstaats als »Ersatz« eines ehemals so emotionalen Nationalgefühls eine große Chance: Deutschland könnte sich im europäischen Raum ohne nationalen »Ballast«, wie ich es einmal nennen möchte, als besonders fähig erweisen, mit den Problemen der europäischen Integration *und* der Globalisierung zugleich sozial und wettbewerbsfähig umzugehen. Bei aller berechtigten Kritik an der Schwerfälligkeit unserer Reformpolitik heute und auch an manchen Fehlentwicklungen des Deutschen Modells sehe ich angesichts unserer besonderen sozialstaatlichen Traditionen und der fortbestehenden Strukturen dezentraler Flexibilität auch hierfür noch immer eine ganz besondere Chance. Und eine große deutsche Verantwortung in Europa.

Nehmen wir uns also trotz der schwierigen Bedingungen der deutschen Vereinigung dieser Aufgabe phantasievoll und energisch an. Weltoffen, erfahren im Schmerz der Geschichte und frei von verengendem Ballast. Hören wir auf zu klagen und zeigen wir, daß wir, daß die Deutschen es wieder zusammenbringen können.

Dann wird sich auch die Kluft zwischen Ost und West in unserer Nation schließen. Die Bindung der Nation aber könnte zugleich aus historischer und modernern Quelle fließen: aus einem hervorragend wettbewerbsfähigen und erfolgreichen demokratischen deutschen Sozialstaat in Europa.